CONSTITUCIÓN DE LA REPÚBLICA BOLIVARIANA DE VENEZUELA 1999

委内瑞拉玻利瓦尔共和国宪法
1999

CON LA ENMIENDA N° 1, SANCIONADA
POR LA ASAMBLEA NACIONAL EL 14-01-2009,
APROBADA POR EL PUEBLO SOBERANO
EN REFERENDUM CONSTITUCIONAL EL 15-02-2009
Y PROMULGADA POR EL PRESIDENTE
DE LA REPÚBLICA BOLIVARIANA DE VENEZUELA
HUGO CHÁVEZ FRIAS, EL 19-02-2009

及由国民大会 2009 年 1 月 14 日制定，人民主权经宪法公民
投票 2009 年 2 月 15 日通过，并由委内瑞拉玻利瓦尔共和国总统
乌戈·查韦斯·弗里亚斯 2009 年 2 月 19 日颁布的第一修正案

中国检察出版社

图书在版编目（CIP）数据

委内瑞拉玻利瓦尔共和国宪法：西班牙、汉语/潘灯译. —北京：中国检察出版社，2015.11
ISBN 978-7-5102-1446-2

Ⅰ.①委… Ⅱ.①潘… Ⅲ.①宪法-委内瑞拉-西班牙语、汉语 Ⅳ.①D977.41

中国版本图书馆CIP数据核字（2015）第141045号

委内瑞拉玻利瓦尔共和国宪法

出 版 人：阮丹生
翻　　译：潘　灯
审　　校：徐世澄
责任编辑：周　密　王　欢　杜鸿波
特约编辑：李松锋　李依苇
责任印制：张郑元　王英英
技术编辑：蒋　龙
封面设计：尚夏丹

出版发行：中国检察出版社
社　　址：北京市石景山区香山南路111号（100144）
网　　址：中国检察出版社（www.zgjccbs.com）
编辑电话：（010）88960622
发行电话：（010）68650015　68650016　68650029
开　　本：720 mm×960 mm　16开
印　　张：33.25印张
字　　数：330千字
印　　刷：中煤涿州制图印刷厂北京分厂
版　　次：2015年11月第一版　2015年11月第一次印刷
书　　号：ISBN 978-7-5102-1446-2

china.embajada.gob.ve

中国检察出版社
官方微博

中国检察出版社
官方微信

定　　价：130.00元

LA ASAMBLEA NACIONAL CONSTITUYENTE

En nombre y representación del pueblo soberano de Venezuela, en ejercicio del poder constituyente originario otorgado por éste mediante referendo aprobado democráticamente el veinticinco de abril de mil novecientos noventa y nueve, para transformar el Estado y crear un nuevo ordenamiento jurídico que permita el funcionamiento efectivo de una democracia social y participativa, y en concordancia con el artículo 1º del Estatuto de Funcionamiento de la ASAMBLEA NACIONAL CONSTITUYENTE,

CONSIDERANDO

que el día quince de diciembre de mil novecientos noventa y nueve el pueblo de Venezuela, mediante referendo constituyente, aprobó la Constitución de la República Bolivariana de Venezuela, la cual fue proclamada por la Asamblea Nacional Constituyente el día veinte de diciembre de mil novecientos noventa y nueve,

DECRETA

la siguiente:

EXPOSICIÓN DE MOTIVOS DE LA CONSTITUCIÓN DE LA REPÚBLICA BOLIVARIANA DE VENEZUELA

TÍTULO I
PRINCIPIOS FUNDAMENTALES

El primer Título de la Constitución, referido a los principios fundamentales, consagra la condición libre e independiente de la República Bolivariana de Venezuela; condición permanente e irrenunciable que fundamenta en el ideario de Simón Bolívar, el Libertador, su patrimonio moral y los valores de libertad, igualdad, justicia y paz internacional.

De esta manera se rescata el legado histórico de la generación emancipadora, que en la gesta heroica de la independencia de Venezuela luchó para forjarnos una patria libre, soberana e independiente de toda potencia extranjera. Al mencionar la figura paradigmática de esa revolución inicial, el Libertador Simón

全国制宪大会

以委内瑞拉享有主权的人民为名，代表委内瑞拉享有主权的人民行使一九九九年四月二十五日通过民主地公民投票获得的原始制宪权，为变革国家、设置新的法律秩序以使社会民主和参与民主得以有效运行，根据《全国制宪大会运行规章》第一条，同时

鉴于

《委内瑞拉玻利瓦尔共和国宪法》由委内瑞拉人民于一九九九年十二月十五日经过制宪公投通过，并由全国制宪大会于一九九九年十二月二十日公布，

颁布

如下：

委内瑞拉玻利瓦尔共和国
宪法制宪说明

第一编
基本原则

《宪法》第一编规定基本原则，赋予委内瑞拉玻利瓦尔共和国自由和独立，赋予建立在解放者西蒙·玻利瓦尔思想上的道德遗产以及自由、平等、正义和国际和平的价值垂范百世永不磨灭。

以此《宪法》重拾从事解放事业的一代人，在建立自由、主权和独立于所有外来势力的祖国的努力抗争中，在实现委内瑞拉的独立的英雄伟业中，形成的历史遗产，这场最初

Bolívar, se recoge el sentimiento popular que lo distingue como símbolo de unidad nacional y de lucha incesante y abnegada por la libertad, la justicia, la moral pública y el bienestar del pueblo, en virtud de lo cual se establece que la Nación venezolana, organizada en Estado, se denomina República Bolivariana de Venezuela.

Se define la organización jurídico–política que adopta la Nación venezolana como un Estado democrático y social de derecho y de justicia. De acuerdo con esto, el Estado propugna el bienestar de los venezolanos, creando las condiciones necesarias para su desarrollo social y espiritual, y procurando la igualdad de oportunidades para que todos los ciudadanos puedan desarrollar libremente su personalidad, dirigir su destino, disfrutar los derechos humanos y buscar su felicidad.

Los principios de la solidaridad social y del bien común conducen al establecimiento de ese Estado social, sometido al imperio de la Constitución y de la ley, convirtiéndolo, entonces, en un Estado de derecho. Estado social de derecho que se nutre de la voluntad de los ciudadanos, expresada libremente por los medios de participación política y social para conformar el Estado democrático. Estado social y democrático de derecho comprometido con el progreso integral que los venezolanos aspiran, con el desarrollo humano que permita una calidad de vida digna, aspectos que configuran el concepto de Estado de Justicia.

Se corresponde esta definición con una de las principales motivaciones expresadas en el Preámbulo, es decir, el fin supremo de refundar la República para establecer una sociedad democrática. Ya no sólo es el Estado el que debe ser democrático, sino también la sociedad. Siendo democrática la sociedad, todos los elementos que la integran deben estar signados por los principios democráticos y someterse a ellos.

Se establece que la educación y el trabajo son los procesos fundamentales para garantizar los fines del Estado. De esta manera, los ciudadanos y las organizaciones sociales tienen el deber y el derecho de concurrir a la instauración y preservación de esas condiciones mínimas y de esa igualdad de oportunidades, aportando su propio esfuerzo, vigilando y controlando las actividades estatales,

委内瑞拉玻利瓦尔共和国
全国制宪大会

革命的模范人物——解放者西蒙·玻利瓦尔，凝聚人民的共识，将其作为民族团结、不懈奋斗和无私地为自由、正义、道德和人民福祉奉献的象征。将委内瑞拉民族组成的国家命名为委内瑞拉玻利瓦尔共和国。

《宪法》规定委内瑞拉作为一个法治、公正的民主社会国家所采取的政体形式。据此，国家捍卫委内瑞拉人民的福祉，为委内瑞拉人民的社会和精神发展创造必要条件，保障每个公民平等地、自由地发展其个性、掌握其命运，享有人权和追求幸福。

社会团结和共同利益原则引导社会国家的建立，而服从宪法和法律的权威则使社会国家成为法治国家。源于公民意志的法治的社会国家，通过公民政治参与和社会参与的自由表达塑造民主国家。民主法治和社会国家推动实现委内瑞拉人民所希望的整体进步和人的发展，使人民有尊严地生活，这些构成了公正国家的概念。

这一定义是宪法序言的表述中体现的主要的立法动因，也是为建立民主社会而重建共和国的终极目标。不仅国家应当民主，社会也应当民主。所谓社会的民主，就是所有组成社会的要素都应当符合各类民主原则，同时受到这些原则的制约。

规定教育和工作是保障国家实现其目的的基本过程。因此，在为教育和工作建立、维持最低条件和创造平等机会方面，公民和社会组织有义务和权利进行参与并且贡献其努力，同时监督国家各项活动，提醒其他公民进行必要的相互合作，促进在社会和国家秩序

5

concienciando a los demás ciudadanos de la necesaria cooperación recíproca, promoviendo la participación individual y comunitaria en el orden social y estatal, censurando la pasividad, la indiferencia y la falta de solidaridad. Las personas y los grupos sociales han de empeñarse en la realización y ejercicio de sus derechos y en el cumplimiento de sus deberes, mientras que el Estado es un instrumento para la satisfacción de tales fines.

Por todo ello se incorporan al texto constitucional como valores superiores del ordenamiento jurídico del Estado y de su actuación, la vida, la libertad, la justicia, la igualdad, la solidaridad, la democracia, la responsabilidad individual y social, la preeminencia de los derechos humanos, la ética pública y el pluralismo político.

En cuanto a la estructura del Estado venezolano, el diseño constitucional consagra un Estado Federal que se define como descentralizado, para así expresar la voluntad de transformar el anterior Estado centralizado en un verdadero modelo federal con las especificidades que requiere nuestra realidad. En todo caso, el régimen federal venezolano se regirá por los principios de integridad territorial, cooperación, solidaridad, concurrencia y corresponsabilidad que son característicos de un modelo federal cooperativo, en el que las comunidades y autoridades de los distintos niveles político–territoriales participan en la formación de las políticas públicas comunes a la Nación, integrándose en una esfera de gobierno compartida para el ejercicio de las competencias en que concurren. De esta manera, la acción de gobierno de los municipios, de los estados y del Poder Nacional se armoniza y coordina, para garantizar los fines del Estado venezolano al servicio de la sociedad.

Se modificó el artículo tradicional sobre el idioma oficial al declarar que el idioma oficial de Venezuela es el castellano, pero se reconocen los idiomas de los pueblos indígenas como oficiales en las comunidades donde son lenguas maternas, pudiendo usarse al igual que el castellano.

En las disposiciones fundamentales se consagran los principios de supremacía y fuerza normativa de la Constitución, según los cuales ella es la norma de mayor jerarquía y alcanza su vigencia a través de esa fuerza normativa o su capacidad de operar en la vida histórica de forma determinante o reguladora. Dichos

中的个人参与和社区参与，对负面、消极和不团结的行为进行审查。国家作为满足上述目的的工具的同时，个人和社会组织应当实现并且行使其权利、履行其义务。

因此，宪法文本将国家的法律秩序及其运行，以及生命、自由、公正、平等、团结、民主、个人和社会责任、人权至上、公共伦理和政治多元作为最高价值。

对于委内瑞拉的国家结构，宪法设计出分权的联邦国家结构，以表达将之前的中央集权国家变革为具有现实需求特征的真正联邦模式的决心。委内瑞拉联邦体制的治理原则是领土完整、合作、团结、共同参与和问责制，这些都是合作型的联邦模式的特点。在此基础上，将政治区划中不同层级的组织和机关的治理领域进行整合，由其共同行使职权，参与国家的共同公共政策的制定。通过这种方式融洽和协调市、州和国家权力的治理行为，以确保委内瑞拉作为国家服务社会的各项目标得以实现。

《宪法》修改了对官方语言的传统规定，宣布委内瑞拉的官方语言是卡斯蒂利亚语。但是，承认在土著部落中，作为母语使用的土著语言可以作为该部落的官方语言，与卡斯蒂利亚语并列使用。

在基本规则中规定了宪法的权威性和规范性原则。根据这一原则，宪法是具有最高位阶的规范，并且通过其规范性产生效力，或者以决定性或调整性的方式在历史生活中发挥

REPÚBLICA BOLIVARIANA DE VENEZUELA
ASAMBLEA NACIONAL CONSTITUYENTE

principios constituyen el fundamento de todos los sistemas constitucionales del mundo y representan la piedra angular de la democracia, de la protección de los derechos fundamentales y de la justicia constitucional.

Con base en lo anterior, todos los órganos que ejercen el Poder Público, sin excepción, están sometidos a los principios y disposiciones consagrados en la Constitución y, por tanto, todos sus actos pueden ser objeto del control jurisdiccional de la constitucionalidad.

TÍTULO II
DEL ESPACIO GEOGRÁFICO Y DE LA DIVISIÓN POLÍTICA

Capítulo I
Del territorio y demás espacios geográficos

Se realizaron cambios importantes en la definición del *espacio geográfico* venezolano. En este sentido se adoptó la expresión más amplia de espacio geográfico para sustituir la de *territorio*. En efecto, espacio geográfico alude a los espacios continentales, insulares y marítimos, quedando el territorio como componente del primero de los citados. Sin embargo, no se altera la determinación del espacio geográfico nacional al reiterar la versión tradicional de la Constitución del año 1830 y que se repite hasta la de 1961, es decir, el que correspondía a la Capitanía General de Venezuela para el 19 de abril de 1810.

No obstante, se agregó la frase *con las modificaciones resultantes de los tratados y laudos arbitrales no viciados de nulidad.* Con ello se corrige la omisión del Congreso Constituyente de 1961 con relación a los laudos y arbitrajes determinantes de nuestras fronteras actuales, como son los de los años 1865, 1891, 1899 y 1922; y se establece de una manera categórica que Venezuela no reconoce los laudos viciados de nulidad, como es el caso del Laudo de París de 1899, que despojó a Venezuela del espacio situado en la margen occidental del río Esequibo.

作用。这些原则构成了世界各国宪政制度的基础，作为民主、保护基本权利和宪法司法化的基石。

基于上述规定，行使公权力的机构无一例外地都必须遵守宪法的原则和规定，因而，行使公权力的机构的所有行为都应当成为合宪性司法监督的对象。

第二编
地理空间和行政区划

第一章
领土和其他地理空间

《宪法》在规定委内瑞拉"地理空间"时，作出了重大变化。在此方面，使用更为宽泛的地理空间表达方式以代替"领土"的表述。事实上，地理空间是指大陆、岛屿和海洋，当然大陆是最为重要的组成部分。然而，1830年《宪法》传统版本确定的国家地理空间并未发生变化，而且在1961年予以重述，即国家地理空间对应为1810年4月19日委内瑞拉总督辖区的地理空间。

但是，增加了"根据生效的条约和仲裁进行的变更"的表述。以此纠正1961年制宪会议，以及1865年、1891年、1899年和1922年关于确定我国现有领土边界的决定和仲裁的失误。并且以断然的方式作出规定：诸如1899年的巴黎裁决剥夺埃塞奎博河西岸区域作为委内瑞拉区域的不公正裁决均为无效，委内瑞拉一概不予承认。

Por otra parte, se deslinda conceptualmente el espacio insular como parte de la organización político–territorial de Venezuela y como espacio sujeto a la soberanía venezolana. Por tal razón se mencionan las islas por sus nombres y se extiende en ámbito de la soberanía hasta las demás islas, islotes, cayos y bancos situados o que emerjan dentro del mar territorial, en el que cubre la plataforma continental o dentro de los límites de la zona económica exclusiva.

Como una consecuencia de los valores fundamentales que inspiran a la República Bolivariana de Venezuela, se declara expresamente al espacio geográfico venezolano como zona de paz, en virtud de lo cual se prohíbe establecer en él bases militares extranjeras o cualquier instalación de potencia o coalición de potencias que tengan propósitos militares.

Capítulo II
De la división política

Con el fin de organizar políticamente la República se divide el territorio nacional en el de los estados, el del Distrito Capital, el de las dependencias federales y el de los territorios federales, mientras que el territorio se organiza en municipios. En este sentido, la Constitución prevé que mediante una ley orgánica que garantice la autonomía municipal y la descentralización político–administrativa, se regule la división político–territorial de la República.

Por otra parte, se establece la ciudad de Caracas como la capital de la República y asiento de los órganos del Poder Nacional, lo cual no impide el ejercicio del Poder Nacional en otros lugares de la República.

Destaca en este Capítulo que mediante ley especial se establecerá la unidad político–territorial de la ciudad de Caracas que integre, en un sistema de gobierno municipal a dos niveles, los municipios del Distrito Capital y los correspondientes del Estado Miranda. En todo caso, dicha ley establecerá su organización, gobierno, administración, competencia y recursos, para alcanzar el desarrollo armónico e integral de la ciudad, garantizando el carácter democrático y participativo de su gobierno.

委内瑞拉玻利瓦尔共和国
全国制宪大会

　　另一方面，概念性地作出规定，将岛屿也作为委内瑞拉政治区划的一部分，作为委内瑞拉行使其主权的空间。因此，《宪法》列举了各岛名，并且规定委内瑞拉得以行使主权的范围，包括领海、大陆架和专属经济区内存在的和未来出现的的岛屿、小岛、礁石和空地。

　　作为委内瑞拉玻利瓦尔共和国渴求的基本价值，《宪法》明确宣布委内瑞拉地理空间是和平之地，在国内禁止建立外国军事基地，禁止任何强权或者强权联盟建设有军事目的的设施。

第二章
政治区划

　　为在政治上组建共和国，国家领土划分为州、首都区、联邦属地和联邦区域，同时规定领土以市为单位。因此，《宪法》规定，通过组织法保障市政自治和行政分权，规定共和国的政治区划。

　　另一方面，规定加拉加斯市是共和国首都和国家权力机关所在地，但是本规定不影响国家权力在共和国其他地方的行使。

　　本章强调了通过特别法对加拉加斯市的领土和行政区划进行规定。加拉加斯市包括首都区和米兰达州内的两级市政管理。该特别法应当明确加拉加斯市的组织、政府、管理、职权以及资源，以促进加拉加斯市的和谐整体发展，保障政府的民主性和公众参与性。

11

TÍTULO III

DE LOS DERECHOS HUMANOS Y GARANTÍAS, Y DE LOS DEBERES

Capítulo I
Disposiciones generales

Inspirada por las principales tendencias que se han desarrollado en derecho comparado y en los tratados internacionales sobre derechos humanos, la Constitución reconoce expresamente el principio de progresividad en la protección de tales derechos, conforme al cual el Estado garantizará a toda persona natural o jurídica, sin discriminación alguna, el respeto, el goce y el ejercicio irrenunciable, indivisible e interdependiente de los mismos.

Se reconocen como fuentes en la protección de los derechos humanos a la Constitución, a los tratados internacionales suscritos y ratificados por la República en esta materia, y a las leyes que los desarrollen. Al respecto, con el objeto de reforzar la protección de los referidos derechos, se establece que los tratados, pactos y convenciones internacionales en esta materia, suscritos y ratificados por Venezuela, prevalecen en el orden interno en la medida en que contengan normas sobre el goce y ejercicio de los derechos humanos más favorables a las contenidas en la Constitución y en las leyes, siendo sus disposiciones de aplicación directa e inmediata por los tribunales de la República y demás órganos que ejercen el Poder Público. Por ello, en el caso de que un tratado internacional suscrito y ratificado por Venezuela reconozca y garantice un determinado derecho humano, en forma más amplia y favorable que la Constitución, prevalece en todo caso el instrumento internacional y debe ser aplicado en forma preferente, directa e inmediata por los tribunales y demás órganos del Estado.

Se reconocen los derechos al libre desenvolvimiento de la personalidad y a la igualdad. En relación con este último, se refuerza y amplía la protección constitucional al prohibir no sólo las discriminaciones fundadas en la raza, el sexo o la condición social, sino además, aquellas que, en general, tengan por objeto o por resultado anular o menoscabar el reconocimiento, goce o ejercicio en condiciones de igualdad, de los derechos y libertades de toda persona. Lo anterior

委内瑞拉玻利瓦尔共和国
全国制宪大会

第三编
人权和保障以及义务

第一章
一般规定

受比较法和有关人权的国际条约的主要趋势的启发，《宪法》明确承认在保护上述权利时应当遵循不断推进的原则。依据这一原则，国家毫无任何歧视地保障每个自然人和法人尊重、享有和行使人权。人权不可放弃，不可分割且相互依存。

承认《宪法》、共和国签署和批准的人权条约和规定人权的立法是人权保护的渊源。为加强对相关上述权利的保护，共和国签署和批准的人权相关国际条约、协定或者公约的效力优先于国内法。条约包含的权利内容比《宪法》和共和国的法律更有利于权利的享有和行使时，法院和其他公权力机关应当直接适用条约的规定。因此，委内瑞拉签署和批准的国际条约承认和保障的某项确定的人权，比《宪法》规定的权利更广泛、更有利于当事人时，国际条约的规定具有优先效力，并且法院和其他国家机关应当优先、直接和立即予以适用。

承认人人享有自由发展其个性和获得平等的权利。就平等权而言，宪法保护的效力和范围不仅及于不得基于种族、性别、社会地位方面的原因进行歧视，同样包括不得作出旨在或者造成取消或阻碍平等地承认、享有和行使各项权利和自由的行为。如此规定是因

obedece a que en la práctica la dinámica social suele presentar situaciones de discriminación que deben su origen a razones distintas de la raza, el sexo o la condición social.

Por otra parte, la Constitución amplía conceptualmente la protección de los derechos humanos con una marcada influencia *ius naturalista,* al disponer que la enunciación de los derechos y garantías contenidos en la Constitución y en los instrumentos internacionales sobre derechos humanos no debe entenderse como negación de otros que, siendo inherentes a la persona, no figuren expresamente en ellos. Por tal motivo se establece que la falta de ley reglamentaria de esos derechos no menoscaba el ejercicio de los mismos. Además, a fin de incluir dentro de tal protección a los derechos inherentes a las personas jurídicas, se elimina la distinción que hacía la Constitución de 1961 y que abarcaba únicamente a los derechos inherentes a la persona humana.

Se consagra la garantía de no retroactividad de las leyes y de las disposiciones normativas y se amplía su alcance a fin de que en caso de dudas sobre su vigencia temporal, se aplique la norma que beneficie al reo.

Se mantiene la garantía según la cual todo acto dictado en ejercicio del Poder Público que viole o menoscabe los derechos garantizados por la Constitución y la ley es nulo; y los funcionarios públicos que lo ordenen o ejecuten incurren en responsabilidad penal, civil y administrativa, según los casos, sin que les sirvan de excusa órdenes superiores. La Constitución incluye dentro del supuesto de esta garantía, los derechos humanos garantizados por la Constitución, así como los reconocidos por las leyes, en atención al sistema de fuentes que en esta materia consagra el texto constitucional, y con el objeto de ampliar y reforzar la protección de los derechos humanos.

Se reconocen los derechos de acceso a la justicia y tutela judicial efectiva, en virtud de los cuales toda persona puede acceder a los órganos de administración de justicia para obtener la tutela judicial efectiva de sus derechos e intereses, incluidos los colectivos o difusos. A tal efecto, los referidos órganos están representados por las cortes y tribunales que forman parte del Poder Judicial, así

为，在社会变动的实践中，产生歧视往往是基于不同种族、性别、社会地位而产生。

另一方面，受"自然法学派"的显著影响，《宪法》扩大了对人权保护的范围，规定《宪法》和国际文件中关于权利和保障的明确指定，并不表示为对其他没有明确规定的人的固有权利的否认。为此，规定此类权利没有受到法律明确规定的，不得损害该权利的行使。此外，为了将法人的固有权利也纳入保护范围，本规定摒弃了1961年《宪法》对自然人和法人所作的区分，不再将保护范围仅局限于自然人的固有权利。

确保法律和规范性规定不具有回溯力，并且将该规定的效力进行了扩展，以便对临时生效的法律和规范性规定存在疑问时，也应当适用最有利于被告的规范。

任何公权力行为侵犯或者损害宪法和法律保障的权利的，确保其一律无效；发布上述命令或者实施上述行为的公职人员根据相关情形应当承担刑事、民事和行政责任，并且不得以执行上级命令为抗辩理由。《宪法》将其保障的和法律承认的各项人权纳入其中，旨在将此类事项的法律渊源体系确定为宪法文本而予以重视，以期扩大和加强对各项人权的保护。

承认人人有权实现正义和获得有效司法救济的权利，因此，人人有权诉诸司法管理机关以维护其集体和个人的权利和利益。上述机关以作为司法权组成部门的高等法院为代

como por los demás órganos del sistema de justicia previstos en la Constitución, entre los cuales se encuentran los ciudadanos que participan en la administración de justicia o que ejercen la función jurisdiccional de conformidad con la ley.

Como una de las implicaciones del Estado democrático y social de Derecho y de Justicia en que se constituye a Venezuela por obra de la Constitución, y con el fin de erradicar uno de los principales problemas de la Nación venezolana, en virtud del cual el Poder Judicial se caracterizó por su corrupción, lentitud e ineficacia y, especialmente, por restringir el acceso de la población de escasos recursos a la justicia; la Constitución exige al Estado garantizar una justicia gratuita, accesible, imparcial, idónea, transparente, autónoma, independiente, responsable, equitativa y expedita, sin dilaciones indebidas, sin formalismos o reposiciones inútiles.

De esta forma se consagra la justicia gratuita como un derecho humano que encuentra su principal fundamento en los derechos a la igualdad y a la tutela judicial efectiva que reconoce la Constitución y que tiene por objeto permitir el libre acceso de toda persona a la justicia sin discriminación alguna. Como una de las consecuencias del referido derecho, la Constitución establece en su Título V, Capítulo III, que el Poder Judicial no está facultado para establecer tasas, aranceles, ni exigir pago alguno por sus servicios, al tiempo que prevé el servicio de defensa pública.

El amparo se reconoce como una *garantía del derecho constitucional*, cuya finalidad es la tutela judicial reforzada de los derechos humanos, aun de aquellos inherentes a la persona humana que no figuren expresamente en la Constitución o en los instrumentos internacionales sobre derechos humanos. Al respecto se dispone que el procedimiento que deberá establecer la ley correspondiente en materia de amparo constitucional, será oral, público, breve, gratuito y no sujeto a formalidad, todo ello con el objeto de garantizar su eficacia.

En lo que se refiere al *hábeas corpus* o amparo a la libertad o seguridad personal, se establece una acción popular y se prevé que el detenido sea puesto bajo custodia del tribunal correspondiente de manera inmediata.

表，也包括《宪法》规定的司法体系中公民参与司法管理或者依据法律规定行使司法职能的其他机关。

　　作为已经成为《宪法》规定的"法治、公正的民主社会国家"的诸多应有之义之一，同时旨在根除委内瑞拉全国最主要的问题之一——司法权的腐败、拖沓、无效，特别是稀缺的司法资源限制了人民得以实现正义，《宪法》要求国家保障司法无偿、得以行使、公正、适当、透明、自治、独立、负责、公平和高效，免受不正当拖延和冗长手续，对权利和利益的恢复应当切实有效。

　　以这种方式将"司法无偿"原则贯穿到人权保护当中，作为宪法承认的各项平等权利和有效司法保护的主要依据，将人人可以不受任何歧视地自由获得正义作为其目标。作为这一权利的体现，《宪法》第五编第三章规定，司法权机关无权设立收费制度，也不得因接受公共辩护服务而要求当事人支付费用。

　　宪法保护制度作为"宪法性权利的保障"，旨在加强人权的司法保护，其保护的范围包括《宪法》和关于人权的国际文件中没有列明但属于人固有的权利。为此，申请宪法保护的请求应当采取口头、公开、便捷和免费的形式，不受程式限制，并且确保其有效性。

　　对于"人身保护令"，即对人身自由和安全的保护，设立民众诉讼制度，并且规定将被羁押者立即移送到法院，不得进行任何拖延。

Se reconoce por vez primera en el constitucionalismo venezolano, el *hábeas data* o el derecho de las personas de acceso a la información que sobre sí mismas o sobre sus bienes consten en registros oficiales o privados, con las excepciones que establezca la ley. *El hábeas data* incluye el derecho de las personas de conocer el uso que se haga de tales registros y su finalidad, y de solicitar ante el tribunal competente su actualización, rectificación o destrucción, si fuesen erróneos o afectasen ilegítimamente sus derechos.

Por otra parte, como una conquista de la lucha por la protección integral de los derechos humanos, la Constitución impone al Estado la obligación de investigar y sancionar legalmente los delitos contra los derechos humanos cometidos por sus autoridades, al tiempo que establece, sin excepción, que las violaciones de tales derechos y los delitos de lesa humanidad serán investigados y juzgados por tribunales ordinarios, a fin de excluir tribunales militares o de excepción de cualquier investigación al respecto.

Igualmente se impone al Estado la obligación de indemnizar integralmente a las víctimas de violaciones de los derechos humanos que le sean imputables, o a sus derechohabientes, incluido el pago de daños y perjuicios, todo lo cual constituye una consecuencia del principio de la responsabilidad patrimonial del Estado, reconocido por la Constitución.

Capítulo II
De la nacionalidad y de la ciudadanía

Sección primera: de la nacionalidad

Se mantienen los criterios atributivos de la nacionalidad originaria propios de la tendencia constitucional venezolana, marcada por la presencia del *ius soli* absoluto y del *ius sanguinis*.

En esta materia destaca que siendo la nacionalidad venezolana por nacimiento un derecho inherente a la persona humana, no podrá privarse de ella a quienes, conforme a la Constitución, cumplieren los requisitos para obtenerla.

在委内瑞拉的历次宪法中首次承认"信息保护令"，即除非法律另有例外规定，公民享有获得官方或者私人记录中有关其自身和其财产相关的信息、数据的权利。"信息保护令"还包括获知上述信息和数据的使用情况和使用目的的权利，以及向有管辖权的法院申请更新、修改或者消除错误的和不合法地影响到其权利的信息和数据的权利。

另一方面，作为全面保护各项人权的奋斗成果，《宪法》要求国家有义务调查并且依法惩处权力机关侵犯人权的犯罪行为。同时规定，侵犯人权和危害人类罪的行为，毫无例外地由普通法院进行调查和判决，以排除军事法院的调查、判决和与此相关方面的其他任何调查。

同样规定，对于人权受到侵犯的受害者或者其权利继承人，国家应当承担责任的，国家有义务承担完全赔偿责任，包括支付损害金和补偿金，将此作为构成《宪法》承认的国家应当承担的财产责任原则的结果。

第二章
国籍和公民身份

第一节　国籍

关于委内瑞拉《宪法》规定的取得原始国籍的属性标准，继续适用绝对的"出生地原则"和"血统原则"。

在这一方面强调的是，依据《宪法》规定的条件生来取得委内瑞拉国籍，属于固有的人权，不得予以剥夺。

En cuanto a la nacionalidad derivada o por naturalización, en aras de garantizar el vínculo y compromiso efectivo de los venezolanos por naturalización con la Nación venezolana, con su pueblo, sus costumbres y su destino, se exige que las personas que opten a la carta de naturaleza, posean domicilio con residencia ininterrumpida en el territorio de Venezuela de, por lo menos, diez años inmediatamente anteriores a la fecha de la respectiva solicitud. Esta exigencia se rebaja a cinco años, en el caso de aquellas personas que tuvieren la nacionalidad originaria de España, Portugal, Italia, países latinoamericanos y del Caribe. En todo caso, la expresión *residencia ininterrumpida* a que se refiere el texto constitucional, debe interpretarse en el sentido de que la persona interesada no se haya ausentado del territorio nacional con el ánimo de establecerse permanente y definitivamente en el extranjero. Ello no impide, por tanto, que dicha persona se ausente temporalmente del territorio nacional por razones de turismo, trabajo, estudios u otros de similar naturaleza, siempre que tengan carácter temporal.

Se consagra sin discriminación alguna el derecho del cónyuge extranjero casado con venezolano o venezolana por nacimiento, de obtener la nacionalidad venezolana por naturalización, transcurridos por lo menos cinco años a partir de la fecha del matrimonio.

Por otra parte, siguiendo las orientaciones de los ordenamientos constitucionales contemporáneos, se admite la doble nacionalidad y el carácter renunciable de la nacionalidad venezolana, todo ello con el objeto de facilitar a la República la suscripción de tratados internacionales en la materia.

Finalmente, con el objeto de completar y darle eficacia a la regulación constitucional se promueve la suscripción de tratados internacionales en materia de nacionalidad con los estados o países fronterizos y, especialmente, con España, Portugal, Italia, países latinoamericanos y del Caribe.

Sección segunda: de la ciudadanía

Esta Sección, al referirse a la ciudadanía, expresa la condición jurídica o vínculo de una persona con el Estado, que le permite el ejercicio de los derechos

对于因加入取得委内瑞拉国籍或者因归化取得委内瑞拉国籍，为保证归化取得委内瑞拉国籍的人对委内瑞拉国家、民族、风俗和命运保持联系和具有切实承诺，要求取得归化入籍证的外国公民必须在其申请入籍日截止前，连续在委内瑞拉居住满十年。原始国籍为西班牙、葡萄牙、意大利、拉丁美洲国家和加勒比海国家的，上述居住期限减少为五年。在任何情况下，宪法文本中"连续居住"的表述应当解释为，当事人非因持续、确定地居住于外国的意愿，离开委内瑞拉国境。本规定不包括因暂时性旅游、工作、学习或者其他类似性质活动，暂时地离开委内瑞拉国境。

无歧视性地规定，与生来取得委内瑞拉国籍的委内瑞拉人缔结婚姻关系的外国配偶，自婚姻缔结之日起五年后，可以因归化取得委内瑞拉国籍。

另一方面，顺应当代《宪法》制度的浪潮，《宪法》接受双重国籍，也承认委内瑞拉国籍的可放弃性。上述规定旨在便于共和国签署此方面的国际条约。

最后，为完善《宪法》规定并且使得《宪法》规范得以生效，推动与相邻国家，尤其是与西班牙、葡萄牙、意大利、拉美和加勒比地区国家签署的关于国籍方面的国际条约。

第二节
公民身份

该节关于公民身份，规定个人具有的法律身份或者与国家之间的联系，以及公民据此可以享有的政治权利。获得该身份，原则上要求委内瑞拉人符合《宪法》规定的行使政治

políticos. Dicha condición en principio pertenece a los venezolanos y venezolanas no sujetos a interdicción civil ni a inhabilitación política, en las condiciones de edad que establezca la Constitución para el ejercicio de los derechos políticos. No obstante, se otorga potestad electoral activa a los extranjeros que hayan cumplido dieciocho años de edad, con más de diez años de residencia en el país y no estén sometidos a interdicción civil o inhabilitación política, para votar en las elecciones parroquiales, municipales y estadales.

En esta materia destaca, además, la ampliación de los derechos políticos de los venezolanos por naturalización con el objeto de integrarlos más estrechamente a la vida y destino del país. Por ello se les permite el desempeño de cargos públicos hasta ahora reservados constitucionalmente a los venezolanos por nacimiento. Así, los venezolanos por naturalización, si tienen domicilio con residencia ininterrumpida en el país no menor de quince años, podrán desempeñarse como diputados a la Asamblea Nacional, aunque no podrán ejercer la Presidencia o Vicepresidencia de dicho cuerpo; como ministros, menos en los cargos relacionados con la seguridad de la Nación, finanzas, energía y minas y educación; o como gobernadores o alcaldes, excepción hecha de los Estados fronterizos.

Además se reconoce a los venezolanos por naturalización que hubieren ingresado al país antes de cumplir siete años de edad y hayan residido permanentemente en él, la posibilidad de gozar los mismos derechos de los venezolanos por nacimiento, en virtud de lo cual podrán acceder a todos los cargos públicos. En todo caso, la *residencia permanente* a que se refiere el texto constitucional en esta materia, debe interpretarse en el sentido de que la persona interesada no se haya ausentado del territorio nacional con el ánimo de establecerse permanente y definitivamente en el extranjero. Ello no impide, por tanto, que dicha persona se ausente temporalmente del territorio nacional por razones de turismo, trabajo, estudios u otros de similar naturaleza, siempre que tengan carácter temporal.

权利的年龄要求，并且未被剥夺公民权利和政治权利。但是，对于年满十八岁、在委内瑞拉居住满十年，未被剥夺公民权利和政治权利的外国人，赋予其在地方行政区、市和州的选举中的投票权。

在此方面强调，还扩大因归化取得委内瑞拉国籍的公民的政治权利，以使得其与国家生活和命运具有更紧密的联系。因此，除宪法保留的仅能由因出生取得委内瑞拉国籍的公民可担任的公职外，因归化取得委内瑞拉国籍的公民可以担任其他公职。为此，因归化取得委内瑞拉国籍的委内瑞拉人只要至少在委内瑞拉定居满十五年，可以担任国民大会议员，但不得担任国民大会主席和副主席，可以担任与国家安全、财政、能源、矿业或教育相关的各部之外的各部部长，还可以担任除位于边境地区之外的州或市的州长或市长。

此外，承认七岁前因归化取得委内瑞拉国籍且在委内瑞拉连续居住的委内瑞拉人，享有与因出生取得委内瑞拉国籍的人同样的权利，可以担任所有公职。在任何情况下，宪法文本在此方面中"连续居住"的表述应当解释为，当事人非因持续、确定地居住于外国的意愿离开委内瑞拉国境。本规定不包括因暂时性旅游、工作、学习或者其他类似性质的活动，暂时地离开委内瑞拉国境。

Capítulo III
De los derechos civiles

En el Capítulo III se recogen y amplían los derechos civiles de las personas, con base en una regulación progresiva que establece normas y principios contenidos en tratados internacionales suscritos y ratificados por la República en materia de derechos humanos.

Se reafirma el derecho a la vida como derecho fundamental, base para disfrutar y ejercer los demás derechos, comprometiendo al Estado a proteger la vida de las personas que se encuentren privadas de su libertad, como procesados o condenados, cualquiera fuere el motivo, así como la de aquellas personas que estén prestando servicio militar o civil, o sometidos a su autoridad en cualquier otra forma.

Se prohíbe en forma absoluta y sin excepciones, aun en estado de emergencia o de excepción o restricción de garantías, practicar, permitir o tolerar la desaparición forzada de personas. Se establecen mayores garantías para proteger el derecho de las personas a su integridad física, psíquica y moral, así como el debido proceso, el cual se aplicará a todo tipo de actuaciones judiciales y administrativas.

En el marco de la protección a las personas, se prevén los principios que orientarán la organización y funciones de los cuerpos de seguridad del Estado, los cuales deberán adecuar su actuación al respeto a la dignidad de las personas y sus derechos humanos, en razón de lo cual el uso de armas y sustancias tóxicas estará sujeto a los principios de necesidad, conveniencia, oportunidad y proporcionalidad.

Se garantiza la libertad de expresión sin que sea posible censura alguna. Por ser consustancial con ese derecho, quien lo ejerza asume la plena responsabilidad por todo lo expresado. Asimismo se reconoce el derecho a una información veraz, oportuna, imparcial y sin censura. Esta regulación responde a la necesidad de elevar a rango constitucional los parámetros éticos indispensables para el ejercicio del derecho a la información, con el objeto de que los medios de comunicación

第三章
公民权利

共和国签署和批准的人权相关国际条约中规定的规范和原则应当不断发展。以该不断发展规则为基础，第三章吸纳和扩大了各项公民权利。

重新确认生命权属于基本权利，生命权是享有和行使其他权利的基础，规定国家保护被追诉人、被执行人等因各种原因被剥夺自由的人的生命，以及在军事组织服役者、在民事组织供职者或者在任何形式的权力部门供职者的生命。

即使在紧急状态、例外状态或者权利限制状态下，也毫无例外地禁止实施、以及不得允许或者纵容强迫失踪的行为。规定了在采取各类司法措施和行政措施时，对享有身体、精神和道德的完整性权利的保护提供最大保障，并且规定了采取各类司法措施和行政措施的必要程序。

在保护公民的框架内，提供指导国家安全部队组成和运作的原则。国家安全部队的行为应当与尊重人的尊严和各项人权相适应。据此，国家安全部队在使用武器和有毒物质时，受到必要性、便利性、适时性和比例原则等限制。

保障言论自由不受任何审查。每个人在行使该权利的同时，相应地对其表达的所有内容承担全部责任。同样地，承认公民具有获得真实、及时、公正和未经审查信息的权利。该规定需要将行使获得信息的权利的必要伦理标准上升为《宪法》应当规定的内容，以使得大众媒体作为该权利内容的组成部分，以及作为发布信息的义务承担者。设立信息自动

como parte de su actividad y de la responsabilidad que ella genera, establezcan mecanismos de autoevaluación informativa a los que tenga acceso toda persona, natural o jurídica, pública o privada, que se considere perjudicada por informaciones emitidas por los medios de comunicación y que tengan relación con ella, a fin de que se revise la veracidad y oportunidad de la información.

El derecho a la información veraz, oportuna, imparcial y sin censura, acogiendo una tendencia presente en derecho comparado, versa sobre hechos que constituyan información y que sean transmitidos por los medios de comunicación, no sobre las opiniones o juicios de valor que los medios de comunicación o periodistas ofrezcan sobre tales hechos.

De igual manera se garantiza el derecho de los niños y adolescentes a recibir una información adecuada para su desarrollo integral, en virtud de lo cual los medios de comunicación deberán ajustar su actividad y programación a tales fines, con el objeto de permitir un sano y normal desarrollo del proceso educativo y de formación de las futuras generaciones.

Capítulo IV
De los derechos políticos y del referendo popular

Sección primera: de los derechos políticos

En materia de derechos políticos se incluyen modificaciones sustanciales en relación con la Democracia Representativa y de Partidos establecida en la Constitución anterior.

Se inicia el Capítulo con la consagración amplia del derecho a la participación en los asuntos públicos de todos los ciudadanos y ciudadanas, ejercido de manera directa, semidirecta o indirecta. Este derecho no queda circunscrito al derecho al sufragio, ya que es entendido en un sentido amplio, abarcando la participación en el proceso de formación, ejecución y control de la gestión pública. Como contrapartida el Estado y la sociedad deben facilitar la apertura de estos espacios para que la participación ciudadana así concebida se pueda materializar.

评估机制，使得公私自然人、法人在成为媒体所发布信息的受害方和相关人员时，可以对信息的准确性和适时性进行核查。

从目前比较法的趋势上看，获得真实、及时、公正和未经审查信息的权利，所针对的是组成信息的行为和通过媒体传播信息的行为，但是不包括进行上述行为的媒体和记者提出的观点和作出的价值判断。

同样地，确保儿童和青少年有权获得适合其全面发展的信息。为此，媒体应当调整其活动和传播内容，旨在对后代进行的教育和培训得以健康、正常地进行。

第四章
政治权利和公民投票

第一节　政治权利

就政治权利，在此前《宪法》规定的代议制民主和政党民主方面，本《宪法》进行了实质性修改。

该章之初，规定所有参与公共事务的公民，通过直接、半直接或者间接的方式享有广泛的权利。该权利不仅局限于投票权，应当从广义进行理解，包括参与组建、实施和监督公共事务的过程。作为权利相对方的国家和社会，应当为开放上述权利空间提供便利，以使得公民参与的设想得以实现。

Esta regulación responde a una sentida aspiración de la sociedad civil organizada que pugna por cambiar la cultura política generada por tantas décadas de paternalismo estatal y del dominio de las cúpulas partidistas que mediatizaron el desarrollo de los valores democráticos. De esta manera, la participación no queda limitada a los procesos electorales, ya que se reconoce la necesidad de la intervención del pueblo en los procesos de formación, formulación y ejecución de las políticas públicas, lo cual redundaría en la superación de los déficit de gobernabilidad que han afectado nuestro sistema político debido a la carencia de sintonía entre el Estado y la sociedad.

Concebir la gestión pública como un proceso en el cual se establece una comunicación fluida entre gobernantes y pueblo, implica modificar la orientación de las relaciones entre el Estado y la sociedad, para devolverle a esta última su legítimo protagonismo. Es precisamente este principio consagrado como derecho, el que orienta este Capítulo referido a los derechos políticos.

Se reconoce el sufragio como un derecho, mas no como un deber, a diferencia de la Constitución de 1961. Se establece el ejercicio del mismo mediante votaciones libres, universales, directas y secretas. La consagración de la personalización del sufragio debe conciliarse con el principio de la representación proporcional, requerido para obtener órganos conformados de manera plural, en representación de las diferentes preferencias electorales del pueblo.

En cuanto a la definición de los electores se da ese carácter a los venezolanos y venezolanas que hayan cumplido dieciocho años de edad, ampliándose este derecho a los extranjeros que hayan cumplido dicha edad, pero limitado a las elecciones parroquiales, municipales y estadales, exigiéndose en todo caso como condición el que tengan más de diez años de residencia en el país.

En cuanto a las diferentes etapas de los procesos electorales se otorga a los ciudadanos amplias posibilidades de participación superando las restricciones del sistema partidocrático que nos rigió. En este sentido, tanto en la fase de la postulación de candidatos como en el ejercicio de la supervisión y vigilancia del proceso electoral se consagra constitucionalmente la participación por iniciativa propia, de partidos políticos o de otras asociaciones con fines políticos.

有组织的市民社会力图改变几十年来国家政治家长化和被政党精英控制的局面。上述规定回应了民意，顺应了民主价值观的发展。通过这种方式承认公共政策的形成、制定和执行需要人民的参与，因此人民的参与不再受到选举过程的限制。我国的现有政治体系缺乏国家与社会之间的和谐，执政方式的这一不足可以通过人民的上述参与予以克服。

将公共管理设计为执政者和人民进行沟通的过程，改变国家与社会之间关系的导向，将社会回归国家与社会之间关系的主导地位。正是将这一原则视为法则，以此来指引本章对各项政治权利的规定。

与1961年《宪法》不同的是，本《宪法》将投票作为一项权利而不是义务进行规定，确立了自由、广泛、直接和无记名的选举原则，明确了个人投票应当与比例代表制原则相协调，根据多元的方式组成机构，代表选民的不同诉求。

选民，应当是年满十八岁的委内瑞拉人。此项权利还扩大到外国人，即年满十八岁、在委内瑞拉居住满十年以上的外国人在地方行政区、市和州的选举中也具有选举权。

在选举过程的不同阶段，赋予公民广泛参与的可能性，这一规定超越了原来的政党专制制度的限制。就此而言，无论是在候选人的提名阶段，还是在选举过程中的行使监督和监控方面，《宪法》就政党或者其他政治团体的主动参与进行了规定。

El derecho a desempeñar funciones públicas y ejercer cargos de elección popular se les otorga de manera igualitaria a los electores venezolanos y venezolanas, que sepan leer y escribir, con las solas restricciones derivadas del propio texto constitucional o de las condiciones de aptitud exigidas por las leyes, para determinados cargos.

Como una respuesta a las demandas de los venezolanos ante las graves desviaciones del sistema político y a la corrupción desmedida, se incluye la prohibición de optar a cargos de elección popular a aquellas personas que hayan sido condenadas por delitos cometidos durante el tiempo en que ejercieron las funciones públicas, así como otros delitos que afecten el patrimonio público.

En el mismo contexto de la anterior disposición, se consagra el derecho al control por parte del pueblo de los representantes electos, el cual abarca la rendición de cuentas públicas, transparentes y periódicas. Tal derecho obliga al representante a cumplir a cabalidad con el programa de gobierno presentado al electorado, así como a mantener una comunicación permanente con el pueblo que lo eligió.

En este Capítulo se produce la ruptura con el sistema partidocrático que ocupó un largo espacio en nuestra historia política reciente, al eliminarse la sumisión de la participación democrática a la organización en estructuras partidistas como único vehículo a utilizar. Por el contrario, se consagra el derecho de asociación con fines políticos con amplitud, garantizando la aplicación de principios democráticos en la constitución, organización, funcionamiento e igualdad ante la ley, dado el interés público de las actividades que cumplen las organizaciones con fines políticos. De esta manera se establece con rango constitucional limitaciones importantes a la conformación de cúpulas partidistas y a la estructuración vertical de organización política que lejos de fomentar y desarrollar la cultura y los valores propios de la democracia han obstaculizado su profundización.

Se prevé igualmente el control del financiamiento de estas organizaciones, así como los límites de gastos en campañas electorales, y el establecimiento de mecanismos de control para garantizar la licitud de las contribuciones y el manejo pulcro de las mismas.

　　平等地赋予具有读写能力的委内瑞拉选民行使公共职能的权利，以及通过公民选举行使职务的权利。除宪法文本中规定的限制和法律中对特定职务具有特定任职资格的限制外，上述权利不得受到其他限制。

　　作为对委内瑞拉人民对严重背离政治体系和严重腐败行为的态度的回应，对于任职期间被作出有罪判决的，以及犯有侵犯公共财产罪行的，不得参加公民选举职位的竞选。

　　关于选举，同时规定人民对选出的代表进行监督的权利，其中包括人民从其选出的代表处定期获得根据其工作所作的公开的和透明的记录。赋予人民以要求代表充分地向选民提交履职方案的权利，以及同选举其的人民之间保持密切沟通。

　　该章规定与委内瑞拉近段政治历程中长期采用的政党专制制度形成了割裂，不再将参与民主的主体局限于政党结构中的组织。相反，规定了以广泛的政治目的结社的权利，保障民主原则在其设立、其组织、其运行和法律面前一律平等方面得以实施，使得政治性组织在开展其活动时实现公共利益。政党精英化和党派政治组织的垂直结构，不利于培育和发展自身的民主文化和民主价值观，阻碍了民主的深化。《宪法》以上述规定的方式，从宪法层面对政党精英化和党派政治组织的垂直化作出了重要限制。

　　同时规定，对此类组织的资助进行控制，对竞选开支进行限制，同时建立机制保证对此类组织的合法捐助，确保其清廉运行。

La Constitución consagra como un derecho político consustancial con la vida democrática, el de la manifestación pacífica y sin armas. Dadas las trágicas y dramáticas experiencias vividas por los venezolanos en el ejercicio de este derecho a expresar su descontento con el ejercicio de las funciones de gobierno, se incluyen prohibiciones que persiguen limitar la acción represiva de los cuerpos policiales y de seguridad. En este sentido se consagra la prohibición del uso de armas de fuego y sustancias tóxicas para enfrentar manifestaciones pacíficas.

Igualmente se reconocen y garantizan los derechos de asilo y refugio, como principios reconocidos universalmente.

Sección segunda: del referendo popular

En relación con los medios de participación en los cuales se concretizan los derechos de los ciudadanos a ejercer su soberanía, se consagran las diversas formas de referendo popular a la que se dedica una sección en particular que regula el referendo consultivo, revocatorio, aprobatorio y abrogatorio.

Capítulo V
De los derechos sociales y de las familias

Los derechos sociales contenidos en la Constitución consolidan las demandas sociales, jurídicas, políticas, económicas y culturales de la sociedad en un momento histórico en que los venezolanos y venezolanas se redescubren como actores de la construcción de un nuevo país, inspirado en los saberes populares que le dan una nueva significación al conocimiento sociopolítico y jurídico del nuevo tiempo.

La corresponsabilidad entre sociedad y Estado, el sentido de progresividad de los derechos, la indivisibilidad e interdependencia de los derechos humanos constituyen una herramienta doctrinaria que define una nueva relación de derechos y obligaciones entre sujetos que participan solidariamente en la construcción de una sociedad democrática, participativa, autogestionaria y protagónica. La equidad de género que transversaliza todo el texto constitucional

《宪法》将公民和平地且不携带武器的示威作为民主生活中固有的政治权利。鉴于此前委内瑞拉人民通过行使该项权利向政府行使的职能表达不满时的悲惨经历，《宪法》还对警察和安全部队在镇压行动中的行为作出了禁止性和限制性规定，即禁止使用武器和有毒物质应对和平示威。

同样地，作为普遍承认的避难权和庇护权，《宪法》予以承认和保障。

第二节　公民投票

公民投票作为公民行使其主权的参与方式，《宪法》专设一节规定了公民投票的不同形式，包括咨询性公民投票、撤销性公民投票、通过性公民投票和废除性公民投票。

第五章
社会和家庭权利

民众智慧启迪了新国家的建立，也为新时代的社会政治和法律认知赋予了新的意义。在重新承认委内瑞拉人作为新国家的建设者的历史性时刻，《宪法》规定的社会权利加强了这一时刻的社会、法律、政治、经济和文化需求。

社会与国家之间的责任、权利的进步意义、各项人权的不可分割性和相互依存性共同构筑了理论工具，用以定义共同构筑一个民主、参与、自我管理和主人翁式的社会中各主体权利和义务的新关系。性别平等原则贯穿整个宪法文本，定义了新的法律关系、家庭关系、政治关系、社会经济关系和文化关系。性别平等作为新的社会的特征，表现在男女机

define la nueva relación que en lo jurídico, en lo familiar, en lo político, en lo socioeconómico y cultural, caracteriza a la nueva sociedad, en el uso y disfrute de las oportunidades. Queda evidenciado a lo largo de todo el texto constitucional el uso del género femenino, expresamente indicado de acuerdo con las recomendaciones de la Organización para la Educación y la Cultura de las Naciones Unidas (Unesco) y de diversas organizaciones no gubernamentales, todo lo cual se inscribe dentro del principio de igualdad y no discriminación reconocido por el texto constitucional, con el objeto de evitar dudas o equívocas interpretaciones de la Constitución.

La participación directa de la gente en la toma de decisiones para la solución de sus problemas y los de su comunidad, crea una nueva relación ciudadana que en el ámbito de los derechos sociales, desarrolla la tríada solidaria entre sociedad, familia y Estado, lo que coloca al legislador y a los órganos que integran el sistema de justicia, en un nuevo espacio de interpretación de la democracia social y del Estado de Derecho y de Justicia.

La pluralidad de las familias, el rescate de la tradición oral de los ancianos y de las ancianas, como patrimonio familiar para una educación cotidiana; la garantía de la autonomía funcional de los seres humanos con discapacidad o necesidades especiales; la ciudadanía progresiva de los niños y de las niñas definidos como prioridad absoluta del Estado; los adolescentes y jóvenes entendidos como sujetos estratégicos para el desarrollo sustentable; el significado del trabajo productivo del ama de casa; el consumo protegido y la seguridad alimentaria; la vivienda como hábitat que humaniza las relaciones familiares y comunitarias; la información como mecanismo que coadyuva a la formación de la cultura ciudadana, son nuevos elementos elevados a rango constitucional que requieren una interpretación acorde con su finalidad, no sujeta a formalismos jurídicos alejados de la realidad social.

Se garantiza para todos la seguridad social, la cual debe responder a los conceptos de solidaridad, universalidad, integralidad, unicidad, participación y eficiencia. La salud, asociada indisolublemente a la calidad de vida y al desarrollo humano, constituye un derecho social fundamental que el Estado garantiza a partir de un sistema sanitario de servicios gratuitos, definido como único, universal, descentralizado y participativo. Asimismo, consecuente con el principio

会的平等。如同联合国教科文组织（Unesco）和多个非政府组织在其建议中明确指出的那样，整个宪法文本使用了阴性表述，这是宪法文本中承认的平等原则和无歧视原则的题中之义，避免了对《宪法》的解释时产生疑问或者出现模棱两可的情况。

人们在解决自身问题和所在社区的问题时直接参与决策，创建社会权利领域的新公民关系，形成社会、家庭和国家的三者互动。因此，需要将立法者和司法系统的组成机构置于社会民主和法治公正国家的新的诠释空间。

将家庭的多元化、年长者口头遗产的抢救视为家庭财富，并且作为日常教育的内容；确保残疾人或者有特殊需要的公民的功能性自治；国家把儿童逐渐成长为公民作为绝对优先的事项；将青少年作为可持续发展的战略主体；承认家庭主妇承担了生产性劳动；确保粮食消费和维护粮食安全；在家庭和社区的人际关系中住房作为栖息地的属性；信息作为有助于培养公民文化的机制等，上述内容是提高到宪法层面进行规定的新内容，需要根据其目的进行解释，但是法律层面的规定不得远离现实生活。

确保所有人享有社会保障，并且应当在整体、普遍、全面、一致、可参与和效率的层面对社会保障的概念进行理解。健康，同生活质量和人类发展息息相关，是一项基本的社

de corresponsabilidad, la Constitución promueve la participación ciudadana en la formulación y ejecución de las políticas y planes de salud, a fin de lograr un ambiente sano y saludable.

En el campo laboral se reconocen los derechos individuales al trabajo, a la estabilidad y a las vacaciones, así como los derechos colectivos de sindicalización, contratación colectiva y derecho a la huelga por parte de los trabajadores y de las trabajadoras.

Todos estos derechos constituyen la base fundamental del nuevo ordenamiento jurídico en el que la vida, la ética, la moral, la libertad, la justicia, la dignidad, la igualdad, la solidaridad, el compromiso, los deberes ciudadanos y la seguridad jurídica son valores que concurren en la acción transformadora del Estado, la Nación, el gobierno y la sociedad, en un propósito de realización compartida para producir la gobernabilidad corresponsable, la estabilidad política y la legitimidad jurídica necesarias para el funcionamiento de la sociedad democrática.

Capítulo VI
De los derechos culturales y educativos

A través de artículos específicos transversalizados axiológica-mente, en la Constitución quedan expresados los criterios y ejes fundamentales que reconocen y sintetizan los derechos culturales y educativos.

En las primeras disposiciones de este Capítulo se garantiza la absoluta libertad en la creación cultural, tanto para la inversión en ella como para su producción y divulgación. Conforme a esta libertad el Estado reconoce el derecho a la propiedad intelectual de la obra creada. Se otorga rango constitucional a la protección, preservación, conservación y restauración del patrimonio cultural venezolano y, con ello, a la memoria histórica de la Nación, lo cual obliga crear una legislación que consagre la autonomía de la administración cultural. Esa legislación debe estimular a quienes puedan y quieran enriquecer dicho patrimonio, y también debe establecer sanciones o penas a las personas naturales o jurídicas que le infieran daños o perjuicios.

委内瑞拉玻利瓦尔共和国
全国制宪大会

会权利，国家对提供免费服务的、唯一性的、普遍性的、分权性的和参与性的卫生系统提供保障。

在就业方面，承认个人从事劳动的权利、获得稳定就业的权利和享受假期的权利，同时承认结成工会的集体权利、进行集体谈判的权利和劳动者罢工的权利。

生活、伦理、道德、自由、正义、尊严、平等、团结、守信、公民义务和法律保障是国家机关、国家、政府和社会转型活动中蕴含的价值。前述规定的诸项权利构成了彰显这些价值的新的法律制度的根本性基础，以期共同实现民主社会的运行所必需的治理问责性、政治稳定性和合法正当性。

第六章
文化教育权

《宪法》通过符合主流价值的具体条款，表述了承认和总结各项文化教育权利的基本标准和基本轴线。

在该章最初的规定中，规定了对文化创作的投资、产出和传播提供完全自由的保障。根据该项自由，国家承认作品中的知识产权。将保护、保存、保持和恢复委内瑞拉的文化遗产和国家的历史记忆列入宪法层面的规定，因此要求通过立法赋予文化管理的自治。该立法应当对得以和希望丰富上述遗产的个人进行激励，也应当对造成上述遗产损害和伤害的自然人或法人进行制裁或者处以刑罚。

Adicionalmente se enfatiza el principio de igualdad de las culturas y el de la interculturalidad, y se destaca la promoción de las expresiones populares que conforman y modelan cada naturaleza autóctona regional, para luego constituir una entrecruzada sumatoria de creaciones que configuren el conjunto definitorio de la Nación.

Para lograr esos objetivos constitucionales, la legislación correspondiente deberá establecer incentivos y estímulos para quienes promuevan, apoyen, desarrollen o financien, actividades relacionadas con la cultura, tanto en el país como en el exterior.

Se garantiza a los trabajadores culturales su incorporación a un sistema de seguridad social; y se prevé a través de una legislación perentoria la figura del mecenazgo.

El articulado garantiza igualmente, la obligatoriedad de la información cultural, con el objeto de corregir la desigualdad comunicacional que frente a nuestra propia cultura exhiben los medios de comunicación. Por ello se establece el deber de dichos medios de coadyuvar a la difusión de los valores y aportes de los creadores venezolanos.

Las disposiciones siguientes están dedicadas a derechos y definiciones de carácter educativo.

Es innecesario, por reiterativo, exponer motivaciones para justificar el carácter insoslayablemente fundamental y prioritario que tiene la educación para cualquier sociedad. Por consiguiente se proclama la educación como un derecho humano y como un deber constitutivo de la raíz más esencial de la democracia, y se la declara gratuita y obligatoria, y la asume el Estado como función indeclinable y de servicio público.

De acuerdo con la Constitución, la educación es plural en su apertura a todas las corrientes del pensamiento universal, como instrumento del conocimiento científico, humanístico y tecnológico. Debe estar orientada al desarrollo pleno de la personalidad para el disfrute de una existencia digna, que transcurra con una

此外，多种文化和文化间的平等原则，促进形成和构成不同区域性质的文化的大众表达，并且在此基础上，使得构成民族整体特征的多种文化相互交织融合。

为实现《宪法》规定的上述目标，相关立法应当对在国内外推动、支持、发展或者资助文化相关活动的人士进行奖励和鼓励。

确保社会保障制度覆盖文化工作者，并且通过强制性立法对此予以规定。

法律条文同样保证文化信息的强制性，以纠正大众媒体在自身文化传播方面出现的不平等。因此，对上述媒体设立义务，以帮助委内瑞拉的创造者传播其价值观。

之后的条款着眼于教育的权利和定义。

没有必要重申教育在任何社会中不可或缺的基础性质和优先性质。因此，《宪法》规定了获得教育是一项人权，是民主的最重要根源的构成性义务。设立免费的义务教育制度，并且规定提供免费的义务教育是国家应当承担的不可豁免的职责，也是国家应当承担的公共服务。

根据《宪法》的规定，教育应当具有多元性，应当向各种普遍性思潮开放，应当成为人们获得科学、人文和技术知识的途径。教育要面向人格的全面发展，贯穿劳动的伦理评价和公民参与意识，以使受教育者获得有尊严的社会地位。教育的目的是使得每一位委内

valoración ética del trabajo y con una conciencia de participación ciudadana. El propósito es que cada venezolano se sienta parte de una sociedad democrática, de la cual sea activamente solidario en su transformación hacia un país con una firme identidad geohistórica nacional y, al mismo tiempo, con vocación latinoamericana y universal.

A tales fines la educación debe ser integral de calidad, permanente, en igualdad de condiciones y oportunidades para acceder a ella; igualdad que incluye a quienes califiquen en condiciones especiales, o estén discapacitados, o que se encuentren privados de su libertad.

Se incluye en el proceso educativo formal el nivel maternal, y se establece con carácter obligatorio hasta el nivel medio diversificado. En las instituciones del Estado se consagra la gratuidad de la educación en todos los niveles hasta el pregrado universitario.

En todo caso, la inversión presupuestaria que para estos fines realice el Estado tendrá carácter prioritario y estará en concordancia con las recomendaciones de la Unesco en esta área.

Se reconoce el derecho de las personas naturales y jurídicas de fundar y mantener instituciones educativas privadas, previa aceptación del Estado y bajo su estricta inspección y vigilancia. Esa exigencia constitucional responde al hecho de que si bien existen centros de educación privada que con probidad, eficiencia académica y honestidad, han aportado y aportan una invalorable contribución a la formación de venezolanos, lamentablemente, también es verdad que a lo largo del tiempo han proliferado, sin control alguno, deplorables centros educativos cuyo único objetivo es el lucro desmedido, el cual ha generado la violación de la normativa legal y el irrespeto a la dignidad humana, a través de comportamientos ajenos a los nobles propósitos del apostolado educativo y con actuaciones que han defraudado la más hermosa fe y confianza de gran cantidad de estudiantes.

La legislación debe garantizar la dignificación del docente, tanto del que ejerce en las instituciones públicas como en las privadas, consagrando un régimen de remuneración, prestaciones y seguridad sociales que le garanticen niveles de vida acordes con su elevada misión. A los efectos de su ingreso, ascenso y

瑞拉人成为民主社会的一员，成为坚定的朝着民族认同的国家转型过程中的积极支持者，同时成为拉丁美洲事业和全球事业的奉献者。

为达到上述目标，教育应当是持续的有质量的整体教育，所有人都有平等的条件和机会接受教育。这里所谓的平等，也包括那些处于特殊情况的人，包括残疾人和被剥夺自由的人。

正规的教育阶段包括了学前教育，直到分科阶段的中等教育，均具有义务教育的性质。在公立机构举办的教育中，进入大学之前的各级教育均规定为免费。

在任何情况下，国家为达到上述目标而设立的预算具有优先性质，并且应当符合联合国教科文组织提出的建议。

承认自然人和法人具有经国家批准举办和运营私立教育机构的权利，但是其应当接受国家的严格检查和监督。尽管存在一些正直诚实、贡献学术产出的私立教育机构，它们对委内瑞拉人的培养已经作出并且还在作出极大的贡献；但遗憾的是，由于没有进行控制，随之也出现了一批可悲的、将大肆盈利作为其唯一目标的教育机构，它们违反法律规定，侵犯人民尊严，其行为背离了教育的崇高目标，辜负了大批学生的美好信仰和信任。因此，需要《宪法》对上述行为作出规定。

立法应当确保公立或者私立教育机构中教职人员的尊严，通过薪酬、社会福利和社会保障制度，保证教职人员获得与其崇高使命相适应的生活水平。对于教育系统内部的录

permanencia en el sistema educativo, los docentes deberán someterse a una rigurosa evaluación que responda a criterios de méritos éticos y académicos, con prescindencia de cualquier injerencia partidista.

Para ser incluidas en los diseños curriculares, se les dio rango constitucional a las materias relativas al ambiente, a lo lingüístico y a lo geohistórico. En efecto, la formación ambiental debe estar presente en todos los niveles del sistema educativo, aun en la educación no formal. La enseñanza de la lengua castellana es obligatoria hasta el ciclo diversificado, tanto en las instituciones públicas como privadas. Esta misma obligatoriedad se establece para las materias patrias, la historia de Venezuela y la geografía de Venezuela, rescatando así su categoría de materias autónomas ante la imperiosa necesidad de afianzar la identidad nacional. Coadyuvará a lograr este objetivo la enseñanza del ideario bolivariano, igualmente establecida como obligatoria en el artículo 107 de la Constitución.

Se enfatiza la necesidad de incorporar al sistema educativo el manejo de las innovaciones tecnológicas y el desarrollo de servicios públicos de radios, televisión, redes bibliotecarias e informáticas, con el objeto, además, de permitir el acceso universal a la información.

La Constitución delega en la ley la determinación de las profesiones que requieren título y las condiciones que debe cumplirse para ejercerlas, incluyendo la colegiación. Al respecto, la Disposición Transitoria Decimoquinta dispone que hasta tanto se apruebe la legislación en esa materia, se mantendrá en vigencia el ordenamiento jurídico aplicable antes de la sanción de la Constitución.

Por otra parte, la ley deberá garantizar que en las asociaciones gremiales y colegios profesionales se establezcan estructuras organizativas que permitan afiliaciones, gerencias académicas y gestiones electorales más adecuadas a la calidad profesional de sus integrantes y directivos.

Además, por ser inherente a la naturaleza de la universidad, se reconoce la autonomía universitaria como principio y jerarquía que permite a los profesores, estudiantes y egresados de su comunidad, dedicarse a la búsqueda del conocimiento a través de la investigación científica, humanística y tecnológica,

用、晋升和留任，教育机构应当严格评估道德和学术的标准，不受任何党派的干涉。

把有关环境、语言、地理历史相关的教学纳入课程体系，并且赋予其以宪法层面进行规定的地位。其中，环境教育应当在包括非正式教育在内的教育体系各层级中进行。卡斯蒂利亚语是公立和私立学校在分科教育前的必修内容。同样地，面对加强国家认同感的迫切需要，将爱国教育、委内瑞拉历史和委内瑞拉地理教学不再作为各教学单位可以自主设立的课程，而是作为必修内容。为有助于实现这一目标，在《宪法》第107条规定，将玻利瓦尔思想教学也作为必修内容。

强调在教育系统中加入科技创新手段，以及发展公共领域中的电台、电视台、图书馆和信息网络，以此使得大众可以广泛地获取信息。

《宪法》授权法律对从事某行业的学历、应当满足的相应条件和职业资格进行规定。根据过渡性规定第十五条的规定，在上述的立法通过前，现行法律制度仍然有效。

另一方面，法律应当保障行业联合会和职业社团有权采用最适合其组成人员和领导成员职业要求的组织结构，组成其会员组织、学术组织和经选举产生的管理组织。

此外，大学自治作为大学的内在属性，应当承认大学自治作为一项原则和制度的地位，允许教师、学生和毕业生为国家的精神利益和物质利益从事科学、人文和技术研究。

para el beneficio espiritual y material de la Nación. Esa autonomía universitaria implica, en especial, la libertad para planificar, organizar, elaborar y actualizar los programas de investigación, docencia y extensión, así como la inviolabilidad del recinto universitario. En todo caso, la autonomía universitaria debe garantizar una permanente adecuación de la institución al incesante desarrollo del conocimiento.

Como consecuencia de lo anterior, también se dispone que las universidades autónomas se darán sus propias normas de gobierno, funcionamiento y administración, bajo el control y vigilancia que establezca la ley. Por su parte, las universidades nacionales experimentales para alcanzar su autonomía deberán cumplir con los requisitos que establezca la ley.

La ciencia, la tecnología, el conocimiento en general, la innovación y sus aplicaciones y los servicios de información, se declaran de interés público, por ser instrumentos fundamentales para el desarrollo económico, social y político del país, así como para la seguridad y soberanía nacional. A tales fines, el Estado creará un sistema nacional de ciencia y tecnología que agrupe, coordine y fomente el desarrollo de la investigación en el país, al cual destinará recursos suficientes. La empresa privada también deberá contribuir con sus recursos al desarrollo de esta actividad.

Uno de los mandatos más significativos de la Constitución en esta materia, es el que obliga al Estado a garantizar el cumplimiento de los principios éticos y legales, en las actividades relacionadas con la investigación científica, humanística y tecnológica, todo lo cual será regulado por la ley.

Siendo el deporte, la educación física y la recreación actividades indispensables de toda persona para su integral desenvolvimiento corporal y espiritual, así como para su incorporación al desarrollo del país, con el objeto de formar una población sana y apta para el estudio y el trabajo, se reconocen tales actividades como un derecho humano, cuyo libre ejercicio beneficia la calidad de vida individual y colectiva. En consecuencia, su enseñanza y práctica se inscriben dentro del proceso educativo y son materia obligatoria en instituciones públicas y privadas hasta el ciclo diversificado. Los recursos para su promoción y desarrollo estarán garantizados por el Estado como parte de una política de educación y salud pública.

委内瑞拉玻利瓦尔共和国
全国制宪大会

这里的大学自治特别是指研究、教学和项目扩展的规划、组织、制定和更新，以及大学校园的不可侵犯。在任何情况下，大学自治都应当保证该机构持续地适应知识的不断发展。

正因如此，《宪法》同样规定自治的大学在法律的控制和监督下，采用自己的规则进行管理和运行。其中，实验型的全国性大学的自治，应当满足法律规定的条件。

科学、技术、广义的知识、创新及其应用和信息服务应当实现公共利益，同时也是国家经济、社会和政治发展，以及维护国家安全和主权的重要手段。为此，国家设立全国性的科学技术制度，集中、协调和促进国内研究的开展，并且依法对其配置足够的资源。私营企业也应当为上述活动的开展贡献资源。

《宪法》如此规定的最大意义之一在于，强制国家保障道德和法律原则得以在与科学、人文和技术有关的研究活动中实施，同时，以上所有的活动都应当受到法律的规范。

体育、体育教育和休闲活动是所有人身心全面发展中不可或缺的内容，同时也有利于国家的发展。为形成适应学习和工作的健康人群，《宪法》承认上述活动属于人权，该权利的自由行使有利于提高个人和集体的生活质量。因此，将体育教育和实践作为教育的一部分，并且作为所有公立和私立学校在分科教育前的必修课程。国家保障对推广和发展上述活动提供资源应当作为教育和公共健康政策的一部分。

Lo anterior responde, además, a que concibe la recreación no sólo como ocio, sino como una actividad individual y colectiva que permite el desarrollo espiritual y la gestación de elevadas formas de conciencia sociocultural.

Finalmente, en esta materia, el Estado garantizará la atención integral de los deportistas sin discriminación alguna, así como el apoyo al deporte de alta competencia. Además, con el objeto de garantizar la eficacia de los postulados constitucionales, el Estado promoverá la evaluación y regulación de las entidades deportivas del sector público y del sector privado, conforme a los mecanismos que prevea la ley, la cual también establecerá incentivos y estímulos a las personas y comunidades que promuevan a los atletas y desarrollen o financien planes, programas y actividades deportivas en el país.

Capítulo VII
De los derechos económicos

En este Capítulo, referido a los derechos económicos, se establece el derecho que tienen los consumidores a disponer de bienes y servicios de calidad y a un tratamiento digno y no discriminatorio. En consecuencia, el Estado se obliga a tomar las medidas necesarias para combatir toda práctica que afecte la libre formación de precios, sea ella originada en la morfología del mercado, como los monopolios, o en el abuso de posición dominante.

El derecho de propiedad se garantiza sin ambigüedades, sin obviar las consideraciones de utilidad pública e interés general, en tanto que la acción del Estado, considerada como esencial en la definición de un marco institucional apropiado para el crecimiento y el bienestar, está sometida al imperio de la ley.

Capítulo VIII
De los derechos de los pueblos indígenas

Actualmente habitan en Venezuela, al igual que en el resto del continente americano, pueblos cuya existencia antecede a la llegada de los primeros europeos, así como a la formación de los estados nacionales, razón por la cual se les denomina pueblos indígenas. Sus antepasados ocuparon durante miles de

前条所谓的休闲，不仅仅理解为娱乐，还包括促进精神发展和孕育高级形式的社会文化观念的个人和集体活动。

在这一方面诸多规定的最后，规定国家对运动员提供全面保障，不得对其进行任何歧视；同时，对高水平的竞技运动提供支持。此外，为确保宪法性规定的效力，国家依照法律规定的机制，推动公立和私立体育组织的评价和管理。法律同样对鼓励和激发个人、社区提升运动员水平，以及发展或者资助委内瑞拉国内的体育计划、体育项目和体育活动进行规定。

第七章
经济权

本章提及的经济权，是指消费者有尊严地和不被歧视地享有获得有质量的商品和服务的权利。因此，国家强制采取必要措施，防止任何源于诸如垄断或者滥用主导地位等市场形态的行为影响价格的自由形成。

财产权受到绝对的保护。不排除在考虑公共事业、整体利益和国家行为时，为增长财富和确保福利，将财产权定义在适当的框架内，并且使其受到法律的约束。

第八章
土著人民的权利

同美洲大陆的其他地区一样，目前在委内瑞拉还居住着这样一批人群，他们的祖先在第一批欧洲人到来之前就已经存在于这片土地，这些族群的存在早于国家的建立，因此我们将其称之为土著人民。土著人民的历代先祖数千年生活于此，他们在发展社会、政治和经济的组织方式方面，以及文化、语言和技术上彼此不同，并且为当时的欧洲人所认知。

años estas tierras, desarrollando formas de organización social, política y económica, culturas, idiomas y tecnologías muy diferentes entre sí y respecto a las conocidas por los europeos de entonces. Ante la invasión, conquista y colonización europea, los indígenas defendieron heroicamente sus tierras y vidas. Durante más de quinientos años han mantenido su resistencia y lucha por el reconocimiento pleno de su existencia como pueblos, así como del derecho sobre sus tierras, lo cual hoy se materializa con la refundación de la República.

De la misma manera, como consecuencia de esta lucha y de sus particulares condiciones de vulnerabilidad, los derechos de los pueblos indígenas han sido reconocidos internacionalmente como derechos específicos y originarios.

Este mismo reconocimiento en la Constitución implica un profundo cambio de perspectiva política y cultural que reorienta la conducción del Estado venezolano, al reconocer su carácter multiétnico, pluricultural y multilingüe.

En el seno de los diferentes ordenamientos jurídicos latinoamericanos se han realizado notables esfuerzos en el avance, reconocimiento y profundización de los derechos de los pueblos indígenas, tanto en el ámbito legislativo como en el constitucional. En este sentido, es importante destacar que la mayoría de las constituciones latinoamericanas actuales establecen principios claros sobre los derechos de los pueblos indígenas, como un reconocimiento a la diversidad cultural de América Latina.

En Venezuela también se ha dado un progresivo reconocimiento jurídico de la realidad de la diversidad cultural nacional representada por los pueblos indígenas venezolanos, tanto legal como jurisdiccionalmente. Así el Estado venezolano recoge una situación de hecho preexistente, que al mantenerse históricamente, fortalece el sentido de pertenencia nacional, al valorarse el aporte de la indianidad en la formación de la venezolanidad y de sus instituciones sociales básicas.

En este sentido, en el ordenamiento jurídico venezolano existen muchas referencias normativas distintas relativas a la realidad indígena, las cuales incluyen leyes aprobatorias de tratados internacionales en materia de derechos indígenas, así como diferentes leyes orgánicas, ordinarias y especiales así como

面对欧洲人的侵略、征服和殖民，土著人民英勇地捍卫着他们的土地和生活。五百多年以来，土著人民为获得对其民族存在的完全承认，以及对其土地享有的权利的完全承认，其作出的抗争从未停止。随着共和国的重建，这些承认在今天得以实现。

同样地，源于土著人民的抗争，也是源于其特有的脆弱性，土著人民的权利作为特定权利和原始权利，得到了全世界范围的承认。

《宪法》对此同样予以承认。这意味着政治观和文化观的深刻变化，重新指引委内瑞拉对其多民族、多元文化和多种语言的特征予以承认。

在拉丁美洲不同的法律规定中，无论是在法律层面还是在宪法层面，为推动、承认和深化土著人民的权利作出了巨大努力。因此有必要强调，大部分拉丁美洲的现行宪法都对土著人民享有权利方面规定了明确的原则，这也是对拉丁美洲文化多样性的认可。

在委内瑞拉，以委内瑞拉土著人民为代表的文化多样性的现实，得到了法律和司法的逐步认可。委内瑞拉基于既存的现实状况，一贯地坚持并且加强民族归属感，在委内瑞拉民族的建构和其基本社会的构成中评价土著人民的贡献。

因此，委内瑞拉的法律规定中存在诸多有关土著人民现实的不同规范性叙述，其中包括对有关土著权利的国际条约予以批准的法律，以及各种组织法、普通法和特别法、法令、部门规章和条例，这些法规从国家层面对相关民族地区进行规范。同样地，考虑到土

decretos, resoluciones ministeriales y reglamentos, que regulan diferentes áreas vinculadas a su realidad en el contexto nacional. Igualmente, dentro de las instituciones del Estado existen dependencias específicas para atender los diversos aspectos de la realidad de los pueblos indígenas, dentro de su complejidad. Por su parte, en tiempos recientes, la jurisprudencia venezolana ha desarrollado también el contenido de los derechos humanos de los indígenas, en diferentes sentencias para casos específicos.

Sobre esta base el Capítulo referido a los derechos indígenas reconoce ampliamente la existencia de los pueblos indígenas, sus formas de organización, culturas e idiomas propios, así como sus hábitats y los derechos originarios sobre las tierras que ancestral y tradicionalmente ocupan y que son indispensables para garantizar su continuidad biológica y sociocultural, las cuales además son asiento de sus referentes sagrados e históricos. Todo ello implica un profundo cambio en la perspectiva política y jurídica del país.

Se establece que las tierras indígenas son inalienables, imprescriptibles, inembargables e intransferibles y que corresponde al Estado, conjuntamente con los pueblos indígenas, la demarcación de dichas tierras. Una ley especial desarrollará lo específico de tal demarcación a fin de asegurar la propiedad colectiva de las tierras a los pueblos y comunidades indígenas que las habitan.

Se garantiza la integridad de los hábitats indígenas y se consagra el aprovechamiento racional de los recursos naturales allí existentes. Se reconoce el derecho de las comunidades indígenas a recibir información previa y a ser consultadas sobre actividades de aprovechamiento de los recursos naturales. Los beneficios que corresponden a los pueblos indígenas por concepto de este aprovechamiento por parte del Estado serán de carácter colectivo.

En oposición a las políticas indigenistas que hasta ahora imperaron en el país y que han significado la destrucción y desaparición de sus culturas, se consagra el derecho de cada pueblo indígena a mantener y desarrollar su identidad étnica y cultural, cosmovisión, valores, espiritualidad y preservar sus lugares sagrados y de culto. La valoración del patrimonio cultural y lingüístico de los pueblos indígenas concierne a

著人民各方面事务的复杂性，在国家机关中设立专门的部门处理相关事务。而另一方面，委内瑞拉在关于土著人民的人权方面，也新近产生了针对具体案件的各类判例。

在此基础上，本章所谓土著人民的权利是指，广泛承认土著人民的存在、其组织形式、其自身的文化和语言、其居住地，以及其继续行使源自其祖先的和传统的土地的原始权利。这些不仅是土著人民神圣的历史宝库，同样对保障其在物种和社会文化方面的延续性方面不可或缺。对上述权利的承认，意味着国家的政治观和法律观产生了深刻的变化。

《宪法》规定土著人民的土地不可剥夺、不可侵犯、不可查封和不可转让，国家和土著人民一同对上述土地进行划分。为确保在上述土地上居住的土著人民和土著部落的集体所有权，通过特别法对前述划分进行专门规定。

保障土著人民居住地的完整性，保障土著人民合理利用其居住地的自然资源。在上述自然资源的利用活动中，承认土著部落具有事先得到通知，并且接受磋商的权利。上述开发中获得的利益，属于国家和土著人民集体所有。

不同于国家现行的有关土著人民的政策对土著文化的破坏和毁灭，《宪法》赋予每一位土著人民维护和发展其民族认同、文化认同、世界观、价值观、精神世界，以及保护其

todos los venezolanos; en consecuencia, el Estado velará por el mantenimiento, continuidad, enriquecimiento y reproducción del mismo.

Dado que toda sociedad posee su propio sistema y procesos de socialización y de endoculturación mediante los cuales educan a sus miembros según sus costumbres y tradiciones, el Estado reconoce y respeta los sistemas educativos de los indígenas y garantiza la atención educativa, mediante la modalidad de un régimen de educación intercultural bilingüe, que combina la educación formal con los sistemas educativos tradicionales indígenas e implica igualmente el uso de las lenguas maternas y el castellano.

Como parte de la valoración del patrimonio cultural indígena, el Estado reconoce las prácticas médicas tradicionales de los pueblos indígenas, las cuales hasta el presente han sido desconocidas y descalificadas. El Estado garantizará a los pueblos indígenas, mediante una perspectiva intercultural que permita la combinación de los dos saberes, la salud integral adaptando los servicios de salud a las especificidades y necesidades culturales de cada uno de los pueblos indígenas.

Los pueblos indígenas tienen el derecho de mantener y promover sus prácticas económicas, por lo que no se les podrá imponer planes y proyectos de desarrollo ajenos a sus intereses y necesidades. El Estado asegurará dentro de una perspectiva de desarrollo sustentable, con identidad y en articulación con la economía nacional, los recursos financieros, la capacitación y la asistencia técnica requerida, así como la participación en la economía del país.

Con el fin de salvaguardar los conocimientos, saberes, prácticas e innovaciones intelectuales y recursos genéticos de los pueblos indígenas, de la apropiación ilegal y el aprovechamiento comercial por parte de personas naturales y jurídicas, el Estado garantiza y protege la propiedad colectiva de los mismos prohibiendo su patentabilidad.

Al garantizarse la participación política de los pueblos indígenas con una representación en la Asamblea Nacional y en los cuerpos deliberantes de las entidades federales y locales con población indígena se consagra una de las

宗教和祭祀场所的权利。土著人民文化和语言遗产的评估与全体委内瑞拉人休戚与共，因此国家十分重视其保护、延续、丰富和重现。

每个社会都有其社会化、文化养成的特有体制和进程，在这一过程中根据其习俗和传统对社会成员进行教育。因而国家通过跨文化的双语教育模式，将常规教育和传统的土著教育制度相结合，平行使用土著母语和卡斯蒂利亚语，以承认和尊重土著人民的教育制度，保证对教育的重视。

土著人民的传统医学中即便存在尚未认知和不被认可的部分，但是其作为土著文化遗产开发的一部分，国家对其予以承认。国家从将传统和现代医学知识相结合的跨文化角度，提供与每一个土著人民的文化特性和文化需求相适应的健康服务，保障土著人民获得整体健康。

土著人民有权维持和发展自己的经济活动，经济发展的计划和项目不得背离土著人民的利益和需求。国家在可持续发展的框架下，根据国家经济的性质和流通秩序保证相关的财政资源、培训和必要的技术支持，以及确保其参与国家经济。

为保护土著人民的认知、知识、智力实践和创新，以及基因资源不被自然人和法人非法占用和用作商业用途，国家保障和保护上述资源归集体所有，禁止对其进行专利登记。

在政治参与方面，各土著人民有代表参与国民大会，有代表加入土著人民所在联邦和

principales aspiraciones de los pueblos indígenas, tal como se expresa en las Disposiciones Transitorias. Ello les permitirá estar presentes en la elaboración de las distintas leyes y reglamentos del país, además de garantizarles su participación directa en las instancias de toma de decisiones de los poderes públicos que integran el Estado.

Los pueblos indígenas forman parte de la sociedad nacional y del pueblo venezolano que se reconoce como único, soberano e indivisible. El uso del término pueblo, tal como lo expresa claramente el texto constitucional, significa el reconocimiento de su identidad específica, de las características sociales, culturales y económicas que les son propias y que los diferencian del resto de la sociedad, por tanto el uso de dicho término no podrá interpretarse en el sentido que se le da en el derecho internacional.

Pero aunado a este Capítulo dedicado a los derechos indígenas, la Constitución consagra otras disposiciones en la materia.

Así, la Constitución establece que las lenguas indígenas tienen un valor primordial en sí mismas por ser el máximo instrumento intelectual de los pueblos que las usan, el más completo inventario de su cultura y la mejor imagen de su vida inmaterial y espiritual.

Por constituir un derecho de los pueblos indígenas y un patrimonio cultural de la Nación y de la humanidad, además del castellano, los idiomas indígenas también son de uso oficial para los pueblos indígenas y deben ser respetados en todo el territorio de la República. En tal virtud, los idiomas indígenas se emplearán en todos los procesos administrativos y judiciales en que sean necesarios.

Por otra parte, se prevé que la legislación municipal establezca la organización del régimen de gobierno y administración local que corresponderá a los municipios con población indígena, tomando en cuenta la organización social y cultural específica de cada municipio indígena, sus autoridades tradicionales, así como el tipo de economía que estas comunidades practiquen, a fin de establecer una administración municipal que reconozca la capacidad de participación indígena en su hábitat y en el marco de su desarrollo sociocultural. Asimismo, se excluyen las

委内瑞拉玻利瓦尔共和国
全国制宪大会

地方的审议性机构是土著人民的主要诉求之一，《宪法》对此方面予以保障，过渡性规定中也对其进行了规定。除了保障土著人民在组成国家的公权力机关中直接参与作出决定的过程，《宪法》还规定土著人民有权参与制定国家的各项法律法规。

土著人民是作为整体的、具有主权和不可分割的委内瑞拉社会和委内瑞拉民族的一部分。宪法文本对于在此使用的术语——"人民"，有着明确的解释，即对其特定身份的承认，以及对其自身的社会、文化和经济方面的特征与社会中的其他人群的差异而予以承认。因此，不得将这里的"人民"解释为国际法中该术语的含义。

除了在本章赋予土著人民的权利外，《宪法》的其他部分也对此进行了规定。

《宪法》规定土著语言作为土著人民使用的最强大的智力工具，作为其文化最完整的清单，作为对其精神生活最好的无形反映，具有核心的价值。

为将使用土著语言设立为土著人民的一项权利，以及将土著语言作为国家和人类的一项文化遗产，规定除了卡斯蒂利亚语外，土著语言也是土著人民的官方语言，应当在委内瑞拉国内受到尊重。在必要的行政和司法程序中，准予使用土著语言。

另一方面，在土著人民所在城市关于管理和行政机关设置的市政立法中，应当考虑该城市特有的社会文化组织、传统的权力机关以及土著人群参与经济的类型，以期建立承认

tierras correspondientes a las comunidades y pueblos indígenas de la calidad de ejidos.

Por último, la Constitución se refiere al derecho que tienen los pueblos indígenas de seguir practicando sus sistemas normativos internos, para la regulación, sanción y restauración de la paz social. Este derecho a la justicia es un mecanismo de protección a los indígenas venezolanos, que históricamente han vivido en una sociedad que los excluyó y discriminó; en este caso no se trata de códigos o leyes escritas, sino de formas de justicia que han permitido a estos pueblos regularse internamente, enfrentar los conflictos y seguir manteniendo la cohesión colectiva mediante la aplicación de un sistema normativo reparatorio.

Capítulo IX
De los derechos ambientales

En lo que se refiere a los derechos ambientales, la Constitución, además de establecer por vez primera en nuestra historia constitucional un Capítulo especialmente dedicado a los mismos, supera, con una visión sistemática o de totalidad, la concepción del conservacionismo clásico que sólo procuraba la protección de los recursos naturales como parte de los bienes económicos.

En efecto, anteriormente la protección jurídica del ambiente se caracterizaba por una regulación parcial cuyo principal objeto era la conservación de los recursos naturales. Ahora, impulsados por una necesidad y una tendencia mundial, los postulados constitucionales exigen que la normativa en esta materia responda a políticas ambientales de amplio alcance que se inscriban en los parámetros contenidos en los tratados internacionales de carácter ambiental, todo ello con el objeto de garantizar un desarrollo ecológico, social y económicamente sustentable, en el que el uso de los recursos por parte de las presentes generaciones no comprometa el patrimonio de las futuras.

La Constitución, en su Preámbulo, señala entre los fines que debe promover nuestra sociedad, la protección del equilibrio ecológico y de los bienes jurídicos ambientales como patrimonio común e irrenunciable de la humanidad. Consecuente con ello, el texto constitucional se caracteriza por desarrollar con la

土著部落参与其居住地和当地社会文化发展框架内事务的市政管理模式。属于土著人民和土著部落的土地不属于上述规定的范围。

最后,《宪法》保障土著人民在调整、确认和恢复其社会和平时,继续适用其内部规范制度的权利。这项实现正义的权利是对长期生活在受排挤和受歧视中的委内瑞拉土著人民的保护机制。上述内部规范制度,不是指制定法典和制定法,而是指允许土著人民在其内部自我调节、解决冲突,并且通过使用规范的补偿制度继续保持集体的凝聚力的实现正义的方式。

第九章
环境权

对于环境权,《宪法》除了在制宪历史上第一次专设一章进行规定外,还以系统或者整体的观点,超越了只追求将自然资源作为经济的一部分的传统、保守的认识。

总之,之前的环境立法重在片面地以调节实现环境保护,其主要目的是保护自然资源。而现在,受到世界性需求和全球趋势的推动,宪法条文要求,环境领域的规范应当与有关环境性质的国际条约规定的广泛的环保政策相对应。所有这些,都是为了确保生态、社会和经济的可持续发展,使得当代人在利用资源时不对后代人应当享有的遗产进行侵犯。

《宪法》在其序言中指出,应当推动我们的社会对生态平衡,以及作为人类共同和不可分割遗产的环境资源进行保护。为此,宪法文本突出了以下特点:发展所对应的必要广

amplitud necesaria, los derechos y deberes ambientales de cada generación, y por reconocer el derecho que ellas tienen a un medio ambiente seguro, sano y ecológicamente equilibrado. Destaca, en este sentido, la necesidad de mantener un eficaz desarrollo de la seguridad ambiental en las fábricas y complejos industriales.

Así, el Estado, con el objeto de garantizar un desarrollo ecológico, social y económicamente sustentable, protegerá el ambiente, la diversidad biológica, los recursos genéticos, los procesos ecológicos, los parques nacionales y monumentos naturales y demás áreas de especial importancia ecológica; al tiempo que velará por un medio ambiente libre de contaminación, en donde el aire, el agua, los suelos, las costas, el clima, la capa de ozono, las especies vivas gocen de especial protección. De igual manera, el Estado desarrollará una política de ordenación del territorio que atienda a las exigencias del desarrollo sustentable, la cual deberá contar con la participación ciudadana.

Por otra parte, como una garantía insoslayable para la protección del ambiente se dispone que en todos los contratos que la República celebre, o en los permisos que se otorguen, que afecten recursos naturales, se considerará incluida, aun cuando no estuviere expresa, la obligación de conservar el equilibrio ecológico, de permitir el acceso a la tecnología y la transferencia de la misma en condiciones mutuamente convenidas y de restablecer el ambiente a su estado natural si éste resultare alterado, todo ello en los términos que determine la ley.

Aunado a ello, los principios contenidos en este Capítulo encuentran su transversalización axiológica en el texto constitucional, a través de otras disposiciones y principios que tienen como finalidad el desarrollo ecológico, social y económicamente sustentable de la Nación. Así, encuentra fundamento constitucional la obligatoriedad de la educación ambiental, las limitaciones a la libertad económica por razones de protección del ambiente, el carácter de bienes de dominio público que se le atribuye a las aguas, la agricultura sustentable como base estratégica del desarrollo rural integral, la protección del hábitat de los pueblos indígenas, entre otros.

度、每一代人在环境方面的权利和义务，以及承认享有安全、健康和生态平衡的环境的权利。在此方面，强调在工厂和工业主体领域有必要维护环境安全的有效发展。

因而，为了达到生态、社会和经济的可持续发展的目的，国家应当对环境、生物多样性、基因资源和生态进程进行保护，对国家公园、自然景观和其他重要的生态区域进行保护，同时确保环境不受到污染，确保空气、水、土壤、海岸、气候、臭氧层和生物物种受到特别保护。同样地，国家在满足可持续发展的前提下，在公民参与的基础上实施各区域功能导向政策。

另一方面，作为对环境保护不可或缺的保障，《宪法》规定共和国签订的任何涉及自然资源的合同或者授权许可中，都应当认为包括维护生态平衡义务的规定，并且一旦环境受到破坏时，双方有义务以双方认可的条件获得或者转让修复环境使之恢复到自然状态的技术。即使协议或者许可中没有明确此类规定，也应当依法确定包括此类条款。

此外，本章的原则通过体现国家生态、社会和经济可持续发展的目的，而在宪法文本中产生其价值。接受环境教育的义务、为环境保护而对经济自由进行的限制、水资源的国有公共财产属性、可持续农业作为农村综合开发的战略基础、土著人民居住地的保护都是制宪基础。

Capítulo X
De los deberes

En este Capítulo, retomando principios de nuestra historia constitucional, se consagran los deberes de los venezolanos. El origen de los deberes es la Declaración de los Derechos del Pueblo de 1811, publicada en la *Gaceta de Caracas* el 23 de julio de ese mismo año, en la cual se desarrollaron los derechos y deberes del hombre en sociedad. Luego, en la Constitución Federal de Venezuela de 1811, publicada en la *Gaceta de Caracas* el 27 de diciembre de ese mismo año, en su parte final se consagraron los deberes del hombre en sociedad conjuntamente con los deberes del cuerpo social, con fundamento en la figura romana del buen padre de familia.

Se consagra el deber de honrar y defender la Patria, independientemente de cualquier tipo de corriente ideológica, como una obligación consustancial con la nacionalidad. Este deber implica no sólo resguardar y proteger la soberanía, la nacionalidad y nuestra integridad territorial, sino además, defender y promover la autodeterminación política, territorial, cultural y social de la Nación. Además, rescatando nuestra historia republicana, se extiende ese deber a la promoción y defensa de todo lo que identifica nuestra Nación, como los símbolos patrios y valores culturales.

Como consecuencia del principio de supremacía y fuerza normativa de la Constitución, así como del principio de legalidad, se consagra el deber de toda persona de cumplir y acatar el Texto Fundamental, las leyes y demás actos que en ejercicio de sus funciones legítimas dicten los órganos que ejercen el Poder Público.

Promoviendo una sociedad plural, armónica, solidaria, abierta, integrada y comprometida en todos sus ámbitos, se consagra el deber de toda persona de cumplir los requerimientos sociales y participar en la vida política, civil y comunitaria del país. En la búsqueda de estos propósitos se resalta la obligación de promover y defender los derechos humanos siempre con fundamento en la convivencia democrática y en la paz social.

委内瑞拉玻利瓦尔共和国
全国制宪大会

第十章
义务

在本章中，重新采用了我国制宪史中的原则，规定委内瑞拉人民的义务。义务来源刊登于1811年7月23日《加拉加斯公报》的《1811年人民权利宣言》。该宣言扩大了"人"在社会中的权利和义务。随后，同年12月27日刊登于《加拉加斯公报》的《1811年委内瑞拉联邦宪法》的最后部分，在规定"人"应当承担的社会义务的同时，还规定了"人"在社会中可以享有如同罗马法中的"谨慎家父"行使的权利。

委内瑞拉人负有尊敬和捍卫祖国的义务，该义务不受任何意识形态的干涉，同捍卫民族性一道构成基本义务。基本义务不仅要求守卫和保护国家主权、民族特征和领土完整，还要求捍卫和推动民族的政治自决、领土自决、文化自决和社会自决。此外，为恢复我们的共和历史，还将该义务延伸至推动和捍卫所有代表国家的象征，例如国家标志和文化价值观。

宪法的最高效力原则、规范性效力原则和法定原则，要求人人有义务履行和遵守本宪法、法律以及公权力机关履行其职责所颁布的法令。

为建立一个多样、和谐、团结、开放、整体和各领域广泛联系的社会，人人都有义务满足社会需求，参与国家的政治生活、市民生活和公共生活。为实现上述目标，特别强调要将促进和保护人权的义务作为民主共存、社会和平的基础。

En virtud del principio de solidaridad social, se consagra el deber de toda persona de coadyuvar, en la medida de sus posibilidades, a los gastos públicos.

En armonía con los principios de participación y solidaridad social se consagra el deber de toda persona de prestar servicio civil, militar y electoral, cuando sea necesario para la defensa, preservación y desarrollo de la Nación, o bien para hacer frente a situaciones de calamidad pública.

No obstante, las obligaciones que tiene el Estado conforme a la Constitución y a la ley, se consagra el deber de toda persona de coadyuvar según su capacidad y aptitud, al cumplimiento de los fines que impone el bienestar social general, con base en los principios de solidaridad, responsabilidad social y asistencia humanitaria. Por ello, quienes aspiren al ejercicio de cualquier profesión deberán prestar servicio a la comunidad durante el tiempo, lugar y condiciones que determine la ley.

TÍTULO IV
DEL PODER PÚBLICO

Capítulo I
De las disposiciones fundamentales

Sección primera: disposiciones generales

El presente Título referente al Poder Público, adquiere especial significación dado que se propone rescatar la legitimidad del Estado y de sus instituciones, recuperando la moral pública y la eficiencia y eficacia de la función administrativa del Estado, características complementarias e indispensables para superar la crisis de credibilidad y de gobernabilidad que se ha instaurado en el país en los últimos tiempos.

En las Disposiciones Generales, en primer lugar se consagra la conocida distribución vertical del Poder Público: Poder Municipal, Estadal y Nacional;

根据社会团结的原则，《宪法》规定人人有根据其所能分担公共开支的义务。

与社会参与原则和社会团结原则相一致，规定人人有义务参与国家防御、国家保护、国家发展，以及应对公共灾难。

但是，根据《宪法》和法律的规定，国家应当承担的义务是使得所有人在团结合作、社会责任和人道援助等原则的基础上，根据其能力尽到协助提升社会共同福利的义务。为此，从事任何职业的个人，都有义务根据法律规定的时间、地点和条件，为大众提供服务。

第四编
公权力
第一章
基本条款
第一节　一般规定

本编所谓公权力有着特殊含义。鉴于需要挽回国家及其机关的合法性，恢复公共道德，恢复国家行政职能的效率和效力，必须使得公权力具有补充性和不可或缺性，以克服国内近期出现的信任能力和治理能力的危机。

在"一般规定"一节中，首先根据公民和公权力的关系，对公权力进行了纵向划分，

colocados en este orden según su cercanía con el ciudadano, sujeto protagónico de este modelo de democracia participativa.

En lo que respecta a la distribución horizontal del Poder Público Nacional se incorporan, además de las funciones tradicionales, la innovación de los denominados Poder Electoral y Poder Ciudadano. La razón de esta novedosa inclusión se entiende en un contexto social y político en el cual se deben dar signos claros del respeto a la independencia y autonomía funcional de la que deben gozar los órganos encargados de desarrollar las funciones respectivas, para facilitar la recuperación de la legitimidad perdida en terrenos tan delicados como el de los procesos electorales, así como el de la función contralora y la defensa de los derechos humanos.

Se consagra, igualmente, una división de las funciones que corresponden a cada rama del Poder Público, tanto en sentido vertical como horizontal. Pero si bien se acepta la especialidad de la tarea asignada a cada una de ellas, se establece un régimen de colaboración entre los órganos que van a desarrollarlas para la mejor consecución de los fines generales del Estado.

Se establece el principio restrictivo de la competencia, según el cual los órganos que ejercen el Poder Público sólo pueden realizar aquellas atribuciones que les son expresamente consagradas por la Constitución y la ley.

La usurpación de autoridad, consistente en la invasión del Poder Público por parte de personas que no gocen de la investidura pública, se considera ineficaz y los actos dictados se consideran nulos.

En cuanto a la responsabilidad individual consecuencia del ejercicio del Poder Público, se abarca tanto el abuso de poder, la desviación de poder, así como la violación de la Constitución y la ley. Esta disposición es una de las que ha adolecido de ineficacia, por lo cual su consagración en esta Constitución implica generar los mecanismos legales para su aplicación efectiva.

将其分为市政权力、州权力和国家权力，以此作为民主参与的主要主体的形式。

对国家公权力进行横向划分时，除公权力的传统职能外，还创新地加入了选举权和公民权。理解该创新时，需要与社会和政治背景相结合，在此背景下应当在职能独立和职能自治方面，给予行使选举权和公民权的机关以明显尊重，以有利于恢复在如此脆弱的土地上进行的选举中、发挥审计职能时，以及捍卫人权时丧失的合法性。

同样地，《宪法》规定了公权力各部门的职能的纵向和横向划分。尽管承认各部门承担的任务具有其特殊性，但仍然建立了促进各部门机关之间的合作制度，以便更好地实现国家的总体目标。

《宪法》规定了限制权力的原则。根据该原则，公权力各部门只能依据《宪法》和法律的明确规定行使其职权。

未获得公权力授权的当事人不法行使公权力，造成公权力部门越权的，该越权和其所作出的行为均归于无效。

因行使公权力而产生个人责任的情况包括滥用公权力、误用公权力，以及违反《宪法》和法律的有关规定行使公权力。关于上述行为归于无效的规定，由本《宪法》确立的法律机制保障其有效实施。

Finalmente, en las disposiciones generales, se establece bajo una perspectiva de derecho público moderna la obligación directa del Estado de responder patrimonialmente por los daños que sufran los particulares en cualquiera de sus bienes y derechos, siempre que la lesión sea imputable al funcionamiento, normal o anormal, de los servicios públicos y por cualesquiera actividades públicas, administrativas, judiciales, legislativas, ciudadanas o electorales, de los entes públicos o incluso de personas privadas en ejercicio de tales funciones.

Sección segunda: de la administración pública

Por definición, la función ejercida por la administración pública está sujeta al servicio público o interés general, por ende debe estar al servicio de la ciudadanía sin ningún tipo de distinciones, de privilegios o discriminaciones. En este contexto la aplicación de este contenido implica el cambio de una cultura y de unos hábitos organizacionales que han enturbiado y obstaculizado el ejercicio de esta función del Estado, desviándola hacia la satisfacción de intereses subalternos, con lo cual se ha facilitado la corrupción y la ineficacia e ineficiencia. Es por ello que se precisan los principios que deben fundamentar a la administración pública, los cuales no requieren de mayor explicación: honestidad, participación, celeridad, eficacia, eficiencia, transparencia, rendición de cuentas y responsabilidad. Principios que expresan con claridad el nuevo camino que deben seguir los funcionarios que ejerzan el Poder Público. Además de estos principios rectores se reitera el sometimiento a la ley y al derecho, es decir, el principio de la legalidad de la actividad administrativa.

Los institutos autónomos son materia de reserva legal. Asimismo están sometidos, conjuntamente con los intereses públicos en entidades, al control estatal según sea desarrollado en la ley.

Se consagra en favor de ciudadanos y ciudadanas el derecho a la información oportuna y veraz por parte de la administración pública. Este derecho adquiere suficiente amplitud y precisión, ya que abarca lo relativo a las actuaciones de las cuales sean parte interesada, así como al conocimiento de las resoluciones definitivas que se dictaren, y acceso a los archivos y registros administrativos,

在"一般规定"的最后，以现代公权力的视角规定，在进行公共服务和行使行政权、司法权、立法权、公民权、选举权的任何公共活动中，公共机构或者行使上述职能的个人给个人财产或者权利造成损害的，无论该损害归责于正当的或者不当的行为，都应该由国家直接承担财产损害赔偿责任。

第二节　公共管理

根据公共管理职能的定义，公共管理职能的履行应当服从于公共服务和整体利益，因此，其应当无差别、无特权、无歧视地履行以为公民提供服务。在此背景下，进行公共管理是对扰乱和阻碍国家履行该职能的组织文化和组织习惯的改变。而正是原有的组织文化和组织习惯，着眼对低级兴趣的满足，滋生了腐败、无能和低效。因此，《宪法》制定了公共管理应当依据的原则：诚实、参与、迅速、有效、效率、透明、报告制和问责制。对于这些原则，无须作出过多解释。这些清楚表达的原则是行使公权力的公务人员应当遵守的新的路径。除了上述主导原则外，《宪法》还重申了应当遵守法律、尊重权利，即行政行为的合法性原则。

自治机构属于法律保留的事项。自治机构，连同各实体中的公共利益，受国家依据立法进行的控制。

《宪法》支持公民具有从公共行政部门获取及时和真实信息的知情权。该权利范围应当广泛、内容明确，既包括涉及利益相关方的事项，还包括获知作出的生效决议，以及获

salvo las excepciones legales. Como complemento a esta disposición se establece la prohibición absoluta de la censura a los funcionarios públicos en relación con su deber correlativo al derecho a la información consagrado en esta disposición.

Sección tercera: de la función pública

Como introducción a la regulación establecida en esta Sección conviene resaltar la importancia y significación que la nueva Constitución le otorga a la función pública, en la medida en que la honestidad, la eficiencia y la eficacia de su ejercicio constituyen prioridades indiscutibles dentro de las exigencias que la sociedad venezolana ha manifestado con mensajes precisos y contundentes. Los vicios más enraizados en el sistema político, como el clientelismo, que tanto daño ha causado al pueblo venezolano, están relacionados íntimamente con la falta de líneas claras en torno a lo que debe ser la función pública y a la creación de una política de recursos humanos cónsona con los ideales de la gerencia pública moderna. La gobernabilidad, entendida como la satisfacción plena de las demandas sociales, sólo puede alcanzarse en la medida que se adopten políticas orientadas en este sentido.

Se consagra la creación del Estatuto de la función pública mediante ley, en la cual se regulará lo relativo a la política de recursos humanos aplicable a los funcionarios de la administración pública. Se deberá regular el ingreso, ascenso, traslado, suspensión y retiro y, asimismo, la incorporación de los mismos a la seguridad social. Igualmente se consagrará por vía legal las funciones y requisitos para el ejercicio de los cargos respectivos. Es precisamente en el marco de estas normativas donde deberán ser desarrolladas por la ley, el espacio en el cual se debe garantizar los niveles de idoneidad tanto profesional como ético de las personas que ingresen en la administración pública. El principal freno a las conductas contrarias a la legalidad y a la moral pública depende, en buena parte, de las políticas de ingreso, permanencia y ascenso en la carrera administrativa.

Contrario a los hábitos organizacionales generados por el clientelismo político, se establece el deber de los funcionarios o funcionarias públicas de servir al Estado,

委内瑞拉玻利瓦尔共和国
全国制宪大会

取除法律规定的例外事项以外的行政档案和记录。作为对该规定的补充，还规定了根据本规定行使知情权时，公务人员绝对禁止对涉及其义务的事项进行审查。

第三节   公共职能

作为对本节规定的介绍，应当强调新《宪法》赋予了公共职能的重要性和意义。在某种程度上讲，公共职能的诚信、效率和效力，毋庸置疑是委内瑞拉社会坚决地、明确地提出的各项要求中的首要问题。政治体制根深蒂固的顽疾，例如已经对委内瑞拉人造成严重损害的侍从主义，密切关联于缺少围绕公共职能应然性的和创造与现代公共管理理念一致的人力资源政策的明确路线。政府治理是对各种社会需要的完全满足，只有通过采用以各种社会需求为导向的政策，才能达到上述目标。

《宪法》规定通过法律制定公共事务条例，并且规定适用于公务人员的有关人力资源政策。应当明确公务人员的录用、晋升、调任、停职和辞退，以及为其提供社会安全保障的相关规则。同样，以法律形式规定公务人员行使相应职务时的义务和要求。很显然，这些规范的框架内还存在需要法律填补的空白，因此应当确保进入公共管理的人员具有与其职位相适应的职业水平和道德水平。对于公务人员违反法律和公共道德的行为，主要的制约手段大部分取决于对其从政的录用、留任、晋升政策。

不同于由政治侍从主义滋生出的组织习惯，《宪法》规定公职人员有义务效力于国家，进而通过效力于国家而效力于人民，不得有任何偏袒。作为补充，《宪法》还规定不

y por ende, al ciudadano y no a parcialidad alguna. Como complemento se establece que el nombramiento y remoción no podrán vincularse a la afiliación política. Tal aspecto se convierte en punto fundamental de este proceso de refundación del Estado, ya que el mismo depende de una voluntad política firme que convierta en realidad lo que hasta ahora ha sido una fantasía irrealizable. Evidentemente por vía legal y reglamentaria se deben afinar los mecanismos para garantizar el fiel cumplimiento de esta norma. Igualmente se prohíbe a quienes estén al servicio de los municipios, estados, República o demás personas jurídicas estatales de derecho público o privado la celebración de contratos con estas entidades, por sí mismos o por interpósita persona, salvo las excepciones legales.

Se establece como principio general que los cargos de la administración pública son de carrera, salvo los cargos de elección popular, los de libre nombramiento y remoción, los contratados y los obreros, así como otros tipos que indique la ley. Este aspecto del establecimiento de la carrera administrativa constituye un pilar necesario para poder sustentar el edificio de una administración pública moderna, dinámica y eficiente. La depuración de la función pública, el rescate de la imagen del Estado, requiere de un compromiso ineludible con la satisfacción de esta exigencia que la sociedad ha expresado reiteradamente.

En este mismo contexto el ingreso a la carrera administrativa será exclusivamente por concurso público que garantice la selección de los mejores, tanto en el aspecto ético como en el de la preparación técnica y profesional. Por ello dicho concurso se sujeta a los principios de honestidad, idoneidad y eficiencia. En adelante no se podrá acceder a la carrera administrativa por designaciones o contrataciones que obvien este mecanismo de selección objetiva, ni se podrá adquirir estabilidad por el transcurso del tiempo en el ejercicio de algún cargo de carrera. Sólo el concurso público dará acceso a la carrera administrativa y a la consecuente estabilidad del funcionario.

Igualmente, para el ascenso, se someterá a un sistema de evaluación que reporte una calificación de méritos de los funcionarios públicos en forma periódica. Ello implica una evaluación objetiva de la gestión personal de los funcionarios y un programa de formación y capacitación al cual se deberán someter. De esta forma

得依靠政治隶属关系而任命和开除公务人员。上述规定成为国家重建进程的基本点，依靠坚定的政治意愿将这一如今看来无法实现的幻想变为现实。显然，应当通过法律和法规的方式，完善忠实履行本规则的保障机制。同样地，除非法律具有例外规定，禁止在市、州、共和国或者其他国家公私权力法人部门供职的人员，直接或者通过其代理人与所在部门缔结合同。

《宪法》以总原则的形式规定公共行政机关的职位由职业公务员担任，但经公选产生的人员、任命者可自由任命和撤换的人员、以合同形式辅助参与公共行政服务的人员，以及法律规定的其他人员除外。对行政职业的规定是维持一栋现代化的、有活力的、高效的公共行政大楼的必要支柱。国家需要对公共职能的清廉化、国家形象的拯救作出承诺，以满足社会已经反复提出的要求。

在此背景下对职业公务员的录用，只能通过能确保择优选拔的公开竞争方式，遵循诚实、能力、效率的原则进行，从道德和职业技能两个方面进行考查。今后，在职业公务员的任命和招录中不得违反客观的选拔机制，任何人不得因为长期担任某项职务而获得无固定期限的任职资格。职业公务员系统的进入和公职人员任职资格的连续任职只能通过公开竞争实现。

对于晋升，同样地根据评价体系对公职人员进行定期评定业绩进行。这既是对公职人员个人管理的客观评价，也包括了公职人员应当遵守的培养和训练计划。晋升应当同效

el ascenso debe encontrarse vinculado a la eficiencia, disciplina y desarrollo de los conocimientos, destrezas y habilidades del funcionario.

De otra parte, la permanencia del funcionario en la carrera administrativa tiene que estar relacionada con un resultado positivo de la evaluación de su desempeño. Esta evaluación debe ser objetiva y periódica. De esta forma se potencia el esfuerzo del funcionario por mejorar su gestión, y en ese sentido gozará de estabilidad, ascenderá y obtendrá mayores beneficios laborales. Por el contrario, si el resultado de la evaluación del desempeño del funcionario es negativa, el funcionario será removido de la función pública.

Tales principios deben ser desarrollados por vía legal de manera de restringir la discrecionalidad en la toma de decisiones relacionadas con estos aspectos, estableciendo las exigencias para poder optar a dichos concursos y así poder ascender en la carrera administrativa. Correlativo a ello deberá avanzarse hacia la conformación de instancias estatales que contribuyan a la formación y actualización permanente del funcionario público.

La ocupación de cargos públicos remunerados requiere como exigencia indispensable la previsión presupuestaria respectiva. Por vía reglamentaria y según la ley, se establecerán las escalas de salarios, pudiendo establecerse los límites razonables a las remuneraciones en las diferentes ramas del Poder Público municipal, estadal o nacional. Igualmente, por ley nacional, se establecerá el régimen de jubilaciones y prestaciones a todos los niveles. El objetivo de esta norma es mantener dentro de los parámetros razonables y en el contexto de la situación económica del país los niveles de las remuneraciones de los funcionarios públicos.

Para evitar las irregularidades que se han cometido continuamente en desmedro de la eficiencia y de la eficacia de la administración pública, se prohíbe expresamente desempeñar más de un destino público remunerado, salvo las excepciones de cargos académicos, accidentales, asistenciales o docentes según la ley. Para darle eficacia a este dispositivo se requiere la existencia de archivos confiables y actualizados que impidan la recurrencia en este vicio que constituye

率、守纪，以及知识、技能和能力的增长相联系。

另一方面，行政部门对公务人员的续聘，取决于对公务人员任职情况作出的肯定性评价。该评定应当采取客观的方式定期进行，以此促进公务人员提高管理能力，并且使得公务人员获得稳定的职业和职位的晋升，以及获得更多的劳动权益。相反，如果对公职人员评定的结果是否定性的，则撤换该公务人员。

为避免在作出与上述事项相关的决定时的自由裁量，应当通过法律的形式制定上述竞争的相关要求和职位晋升的要求。相应地，应当按照国家要求的形式促进公务人员的培养和连续任职。

公共职位实行薪酬制，相关薪金必须列入相关预算。通过法规和依据法律确定薪酬体系，并对国家、州和市的公权力各部门的津贴进行合理限制。同样地，通过国家立法对各级退休金和养老金制度进行规定。这一规定的目的在于在合理的范围内，以及国家经济形势的背景下，保持公务人员的薪资水平。

为了避免在破坏公共管理的效率和效果中已经持续出现的不正当现象，明确地禁止公务人员兼任一个以上有报酬的公职的现象发生，但是依据法律规定兼任学术性、暂时性、公益性或者教学性职位除外。为达到本规定的效果，需要对相关事项进行真实可靠的和适

un verdadero fraude al interés colectivo. Igualmente se consagra la prohibición del disfrute de más de una jubilación o pensión, salvo las excepciones legales.

Como exigencia indispensable para la aceptación de cargos, honores o recompensas de gobiernos extranjeros se requiere la autorización de la Asamblea Nacional.

Sección cuarta: de los contratos de interés público

En materia de contratos de interés público se mantiene, en general, la regulación constitucional existente, aunque se mejora su redacción. Se prevé así, como regla general, que los contratos de interés público nacional deberán ser aprobados por la Asamblea Nacional en los casos que determine la ley. No obstante, se establece con carácter preceptivo esta aprobación en los supuestos de contratos de interés público nacional, estadal o municipal si los mismos pretenden celebrarse con estados o entidades oficiales extranjeras o con sociedades no domiciliadas en Venezuela.

Por otra parte, se conserva como regla general el sometimiento de dichos contratos a las leyes y a la jurisdicción venezolana. Sin embargo, por vía de excepción, en los casos en que la naturaleza del negocio así lo permita, determinadas controversias del contrato podrán someterse a otra jurisdicción.

Sección quinta: de las relaciones internacionales

En la Constitución las relaciones internacionales de la República responden a los fines del Estado en el ejercicio de la soberanía y de los intereses del pueblo. En esta sección se establecen los principios de independencia, igualdad entre los estados, libre determinación y no intervención, solución pacífica de los conflictos internacionales, cooperación, respeto de los derechos humanos, solidaridad entre los pueblos. Además de la defensa de estos principios, la Constitución impone a la República la práctica democrática en la participación y toma de decisiones en el seno de organismos e instituciones internacionales.

委内瑞拉玻利瓦尔共和国
全国制宪大会

时更新的备案存档，以防止出现此类错误，防止对集体利益作出实质性的欺诈。同样地，除法律规定的情况外，任何人不得领取一份以上的退休金或者养老金。

作为必不可少的要求，非经国民大会的批准，不得接受来自外国政府的职位、荣誉或者奖励。

第四节　涉及公共利益的合同

对涉及公共利益的合同的规定，总体上保持了现行《宪法》的规定，只是完善了相关措辞。作为一般性规定，对于涉及国家公共利益的合同，在法律规定的情况下，需要获得国民大会的批准。但是作为一项强制性规定，对于与外国或外国官方部门，以及未在委内瑞拉注册的公司签订的涉及市、州或国家公共利益的合同，不得予以批准。

另一方面，对于涉及国家公共利益的合同，将遵守委内瑞拉的法律和接受委内瑞拉的管辖作为一般性规定进行保留。但是作为例外，只要合同规定的业务性质允许的，合同的争议也可以接受其他管辖。

第五节　国际关系

《宪法》规定，共和国处理国际关系时应当符合国家维护主权和人民利益的目标。本节规定了独立、平等、自主、互不干涉、和平解决国际争端、合作、尊重人权和各民族团结的国际关系原则。《宪法》还要求共和国在国际组织和机构中，以及参与国际组织和机构的决策中，贯彻上述原则和进行民主实践。

Se promueve la integración latinoamericana y caribeña, la cual adquiere carácter constitucional en la búsqueda de la creación de una comunidad de naciones. A tales fines se permite la suscripción y ratificación de tratados internacionales, bilaterales o multilaterales, en el marco de procesos de integración que tengan carácter supranacional. Como consecuencia de ello, las decisiones que adopten los órganos supranacionales que surjan de los procesos de integración, son de aplicación directa e inmediata en Venezuela.

En todo caso, el reconocimiento y fortalecimiento que la Constitución ofrece a los procesos de integración con carácter supranacional, ha tenido entre otros objetivos darle un marco constitucional sólido a los procesos de integración de los cuales Venezuela es parte, así como reconocer la validez de todos los tratados que han sido suscritos y ratificados por Venezuela en dicho proceso, y de todas las decisiones o directivas dictadas hasta la entrada en vigencia de la nueva Constitución, por los órganos supranacionales de la Comunidad Andina.

Capítulo II
De la competencia del Poder Público Nacional

En esta Constitución se actualizan las competencias del Poder Nacional, incorporando materias nuevas tales como la determinación de los tipos impositivos o alícuotas de los tributos estadales o municipales; la creación y organización de impuestos territoriales o sobre predios rurales, así como transacciones inmobiliarias, cuya recaudación y control corresponderá a los municipios; la administración del espectro electromagnético; el régimen general de los servicios públicos domiciliarios; el manejo de la política de fronteras; la legislación en materia de pueblos indígenas y territorios por ellos ocupados; así como la organización y funcionamiento de los órganos del Poder Público Nacional y demás órganos e instituciones del Estado.

A continuación se incluye una declaración general sobre la valoración del concepto de descentralización, como lineamiento estratégico de la política de desarrollo, no sólo a los fines de la democratización de lo público sino también

推动拉丁美洲和加勒比地区一体化，谋求在这一地区设立国家共同体的规定具有宪法性质。为实现这一目标，允许在超国家性质的一体化进程中签署和批准国际条约、双边条约或者多边条约。为此，一体化进程中出现的超国家组织所作出的决定，可以直接并且立即适用于委内瑞拉。

《宪法》承认和促进超国家性质的一体化进程，赋予委内瑞拉加入的超国家性质一体化进程以坚实的宪法框架作为国家的目标之一。为此，承认委内瑞拉在上述进程中签署和批准的所有条约的有效性，以及新《宪法》生效前由安第斯共同体的各超国家组织作出的决定或者指令的有效性。

第二章
国家公权力的权限

本《宪法》将国家公权力的权限具体化，并且赋予了其新的事项，例如，明确州、市之间税收种类和税率的立法；依据《宪法》由市征收和负责的土地税、农村财产税、不动产交易税的设立和组织；电磁波的管理；对与住宅有关的公用事业的整体管理；对边境政策的管理；有关土著人民及其占有的土地的立法；有关国家公权力机关和国家其他机关、部门的组织和运行。

接下来，《宪法》对分权这一概念的价值作出了总宣言，将其作为政治发展的战略方

como elemento decisivo para promover la efectividad y eficiencia de los cometidos estatales.

Capítulo III
Del Poder Público Estadal

Comienza con la caracterización de los estados como entidades autónomas e iguales en lo político, con el atributo de personalidad jurídica plena, haciendo mención expresa del compromiso de mantener la integridad nacional y cumplir y hacer cumplir la Constitución y las leyes de la República, que es la esencia del pacto federal.

Se definen los órganos superiores de las entidades estadales, a saber: el gobernador y el Consejo Legislativo, con las funciones de gobierno y administración, el primero, y de legislación y de deliberación política, el segundo. Se señalan los requisitos del cargo y el período de duración del mandato del gobernador, además de la obligación de rendición de cuenta ante el contralor del Estado y la presentación de un informe del mismo ante el Consejo Legislativo y el Consejo de Planificación y Coordinación de Políticas Públicas.

En el caso de la rama legislativa y deliberante de los estados, se define su órgano que es el Consejo Legislativo, su conformación, sus atribuciones y los requisitos para ser integrante del Consejo Legislativo.

Se establece la existencia en cada estado de una Contraloría que gozará de autonomía orgánica y funcional.

En la distribución de competencias que corresponden a la Constitución se definen en este Capítulo la competencia exclusiva de los estados, manteniéndose y ampliándose las previstas en la Ley Orgánica de Descentralización. En cuanto a las competencias concurrentes se adopta la experiencia del Derecho Comparado en materia de descentralización y se asume que las leyes nacionales tienen la naturaleza de leyes bases, en la que se establecen conceptos generales, básicos

委内瑞拉玻利瓦尔共和国
全国制宪大会

针。这不只是公共民主化的目的，更是促进国家实施各项事务具有效力和效率的决定性
因素。

第三章
州公共权力

本章在开篇对州的特点进行了描述，规定州具有完全的法律主体资格，是在政治上相
互平等的自治单位；明确提出联邦协定的核心是各州承诺维护国家领土完整，遵守并且实
施共和国的《宪法》和法律。

《宪法》规定各州的领导机构是州长和立法会，州长负责各州的管理和行政事务，立
法会负责立法和政策制定。《宪法》规定了州长的任职要求和任期，也规定州长除有义务
向州审计长提交财务报告外，同时还应当向州立法会和公共政策规划与协调委员会提交该
报告。

《宪法》规定负责州立法和审议的机构是立法会，并且规定了立法会的组成、职权，
以及其组成人员的任职要求。

《宪法》规定各州都应当设立审计长办公室，并且规定其组织自治、运行自治。

关于权限的划分，《宪法》在本章对专属于各州的权限的规定维持并且扩展了《分权
组织法》的规定。对于涉及权限竞合的部分，采用了比较法中关于分权规定的经验，承认
国家立法具有基本法的性质，由国家立法对总体性、基础性和导向性的概念作出规定；州

y orientadores; y las leyes estadales son leyes de desarrollo de esos principios básicos, lo que permitirá mejores condiciones para la delimitación de competencias. Se prevé la creación en cada Estado de un Consejo de Planificación y Coordinación de Políticas Públicas, dejando su organización y funcionamiento a lo que determine la ley.

Se definen los ingresos de los estados dentro de una visión integral de la materia hacendística pública, con especial atención al problema del financiamiento de las autonomías territoriales. Todo ello en un esfuerzo de armonización de las distintas potestades fiscales para el desarrollo de estados y municipios.

Capítulo IV
Del Poder Público Municipal

Se inicia con una norma de caracterización del municipio, en la cual se incluye el reconocimiento expreso de la autonomía municipal con la definición del contenido mínimo que corresponde a esa cualidad esencial, así como la garantía jurisdiccional de la misma. Se incorpora una declaración general sobre la participación como elemento consustancial con la naturaleza del gobierno y la administración municipal.

Se estableció la remisión a la legislación de la materia correspondiente al desarrollo de los principios constitucionales relativos a los municipios y demás entidades locales, imponiéndose, a tal efecto, la necesidad de partir de la diversidad municipal de modo imperativo y no como una simple orientación al legislador, abarcando no sólo la organización municipal propiamente tal, sino también en lo que respecta a sus competencias y recursos. Se enfatiza la necesidad de que dicha legislación establecerá opciones para la organización de gobierno y administración de los municipios indígenas.

Se ha previsto la posibilidad de que los municipios se asocien en mancomunidades, así como la creación de modalidades asociativas intergubernamentales.

立法是对上述基本原则的发展，以保证对权限进行更好的划分。各州设立公共政策规划与协调委员会，其组织和职能依据法律规定。

《宪法》以公共财政的整体视角对各州的收入作出了规定，并且特别关注了自治区域的财政问题。上述规定旨在通过对不同财政权进行协调，促进各州和各市的发展。

第四章
市政公共权力

本章以市的特点开始，对市政权力的特点作出规定，通过对市政自治在最小范围的、符合这一概念本质基本内容的定义中，明确承认了市政自治，对市政组织接受司法管辖进行了保障性规定。《宪法》还就将市政参与作为市政行政和市政管理的构成要素作出了总宣言。

《宪法》规定将符合与市和其他地方实体有关的宪法性原则的发展事项的立法权赋予市政一级，为此有必要以强制形式规定市政的多样性。对立法者而言，这不仅仅是作出一个简单的导向，而是要求这方面的立法既要包括市政自身的组织形式，还要考虑市政的权限和其所具有的资源。《宪法》强调，在上述立法中，应当使得土著城市具有可以选择的管理和行政组织形式。

《宪法》规定了不同市之间可以组成共同体，以及可以建立政府间联合组织。

Se prevé la organización de los municipios en distritos metropolitanos mediante ley, lo que permite el diseño de un régimen más auténtico para la organización distrital que no debe quedar constreñido a una forzada reproducción a escala de la organización municipal.

Se propone una habilitación general al legislador para crear condiciones de elegibilidad, prohibiciones y causales de inhibición para la postulación y ejercicio de las funciones de alcaldes y concejales.

Respecto a los ingresos, se consagran y caracterizan en la Constitución los ramos de ingresos, incluyendo aquellos de naturaleza tributaria que corresponden al municipio de manera irrestricta, dejando abierta la posibilidad de que por vía del desarrollo legislativo puedan ser creados otros impuestos, tasas y contribuciones especiales.

Además del enunciado del sistema de ingresos se consagra que la potestad tributaria de los municipios es distinta y autónoma de las potestades reguladoras que esta Constitución o las leyes atribuyan al Poder Nacional o Estadal. Asimismo, se establecen que las inmunidades frente a la potestad impositiva de los municipios a favor de los demás entes político–territoriales, se extiende sólo a las personas jurídicas estatales creadas por ellos, pero no a concesionarios ni a otros contratistas.

Se ha incluido una norma que establece la presunción del carácter de ejidos de los terrenos ubicados en el área urbana de los municipios, sin menoscabo de legítimos y mejores títulos de terceras personas, válidamente constituidos. Igualmente, se constituyen en ejidos las tierras baldías ubicadas en el área urbana, dejándoles la excepción para las tierras correspondientes a las comunidades y pueblos indígenas.

Se ha incorporado la creación del Consejo Local de Planificación Pública que tiene por objeto la planificación, coordinación y cooperación en la definición y ejecución de las políticas públicas.

《宪法》规定多个城市可以根据法律组建都市区，允许其进行最真实的都市区组织制度设计，而不应当将其强制局限于城市组织规模的复制。

《宪法》赋予立法者对作为市长和市议员的提名人选，及其行使职权的任职资格、禁止性规定、不适格理由作出规定的权利。

对于市政收入，《宪法》规定了其范围和性质，包括以不受限制的方式收取的属于市政的税收。随着立法的发展，也可能会对其他税收、收费和特别收入进行规定。

除规定收入制度外，《宪法》还规定了市的征税权不同于并且独立于《宪法》或者法律赋予国家或州的权力，市的征税权实行自治。同时规定，市的征税权对市域内政治机构的豁免，仅限于对各市设立的国家公法人的豁免，而不包括其他经营方或者缔约方。

《宪法》还规定了城市地区的市属公共土地的性质，不影响第三方对其已经取得的合法有效的权利。城市地区内的闲置土地也可能成为公共土地，但是属于土著社区和土著村镇的土地除外。

《宪法》规定设立地方公共规划委员会。该委员会以规划、协调和配合公共政策的制定和执行为目标。

Se incluye una norma que consagra la creación mediante ley, de los mecanismos necesarios para que los estados y municipios formalicen el compromiso de descentralización hacia las comunidades y grupos vecinales, organizando los servicios que éstos gestionen previa demostración de su capacidad.

Capítulo V
Del Consejo Federal de Gobierno

Como órgano constitucional de carácter interterritorial se crea el Consejo Federal de Gobierno, reflejo en el plano de la organización del Estado de los principios de integridad territorial, cooperación, solidaridad, concurrencia y responsabilidad sancionados en el Título I de la Constitución, relativo a los Principios Fundamentales. Es, pues, un órgano producto de la fase más avanzada del federalismo, el federalismo cooperativo, superación histórica de lo que ha sido denominado federalismo dual, que entendía al Estado como producto de un pacto entre los distintos entes político–territoriales los cuales tendrían una esfera de soberanía no delegada a la Unión y, en principio, intangible a la acción del Poder Federal.

Las funciones de este Consejo Federal de Gobierno serán básicamente las de planificar y coordinar horizontalmente las políticas y acciones para el desarrollo del proceso de descentralización y la administración del Fondo de Compensación Interterritorial destinado al financiamiento de inversiones públicas con el fin de promover el desarrollo equilibrado de las regiones de menor desarrollo relativo.

En fin, es clara la superación que representa esta figura organizativa con respecto a la Convención de Gobernadores, único mecanismo cooperativo previsto en la Constitución precedente de 1961.

《宪法》规定依法设立必要的机制，将市和州的权力分权给能够管理事务的社区和居民组织，由其自行管理其事务。

第五章
政府联邦会议

设立政府联邦会议作为具有跨领土单位性质的宪法机构，是对《宪法》第一编关于领土完整、合作、团结、协助和问责等原则的国家组织的完全回应，事关基本原则。因此，政府联邦会议是联邦制高级阶段——合作联邦制的产物。它历史地克服了所谓的二元联邦制将国家作为政治区划组织之间协议的产物，政治区划组织对尚未委托给"联邦"主权事务仍然行使权利，并且在原则上不得侵犯联邦的权力。

政府联邦会议的基本职责是进行横向规划和协调政策，并且采取行动分散权力，以及管理区域间补偿基金。该基金旨在将公共投资的财政用于促进相对欠发达地区的平衡发展。

总而言之，相对于根据《州长公约》设立的组织形式——这一组织形式同时是1961年《宪法》规定的唯一合作机制，政府联邦会议具有明显的优越性。

TÍTULO V
DE LA ORGANIZACIÓN DEL PODER PÚBLICO NACIONAL

Capítulo I
Del Poder Legislativo Nacional

Sección primera: disposiciones generales

El Poder Legislativo Nacional es ejercido por una Asamblea Nacional cuya estructura unicameral responde al propósito de simplificar el procedimiento de formación de las leyes, reducir los costos de funcionamiento del parlamento, erradicar la duplicación de órganos de administración y control y la duplicación de comisiones permanentes, entre otras cosas.

Los diputados que integran la Asamblea Nacional son elegidos, en cada entidad federal, según una base poblacional de uno coma uno por ciento de la población total del país; además, corresponderán tres diputados por cada entidad federal y habrá tres diputados en representación de los pueblos indígenas. El período de duración del mandato es de cinco años, pudiendo ser reelegidos hasta por dos períodos consecutivos como máximo. De acuerdo con lo expuesto, el número de diputados de la Asamblea Nacional sólo aumentará o disminuirá en la misma medida en que aumente o disminuya la población, en una o varias entidades federales.

Con esta forma de integración y con la estructura unicameral del órgano legislativo nacional desaparecen los llamados diputados adicionales; además, en virtud de la eliminación del Senado, desaparece la figura del senador vitalicio.

La representación parlamentaria, de acuerdo con el artículo 186 del texto constitucional, reviste un doble carácter. El diputado es, al mismo tiempo, representante de la entidad federal y representante popular, lo cual reafirma el artículo 201 al expresar que los diputados son representantes del pueblo y de los estados en su conjunto.

委内瑞拉玻利瓦尔共和国
全国制宪大会

第五编
国家公权力组织

第一章
国家立法权

第一节　一般规定

国家的立法权由国民大会行使。国民大会采取一院制结构，以简化立法程序、减少议会运行支出、去除相关部门间行政机构和管理机构的重复和常设委员会的重复。

国民大会代表由联邦各组成单位以国家总人数的百分之一点一为基数选举产生；此外，联邦各组成单位另外再选举三名代表，土著居民也有三名代表。代表的任期为五年，可连选连任，但连选连任不得超过两次。国民大会代表人数的增减，根据上述规定，应当由一个或者多个联邦组成单位的人口增减决定。

根据上述方式产生代表，以及国家立法机构实行一院制，不会产生所谓的额外代表；此外，取消参议院，也就取消了终身参议员。

国民大会代表，根据《宪法》第186条的规定，具有双重性质。国民大会代表既是联邦组成单位的代表，又是人民的代表。《宪法》第201条重申了这一点，国民大会代表是人民的代表和各州共同的代表。

Ese doble carácter de la representación parlamentaria exige de los candidatos haber residido en la entidad federal en la cual aspiran ser elegidos, por los menos, durante los cuatro años anteriores a la fecha de la elección. Este requisito de elegibilidad unido a la obligación de la Asamblea Nacional de consultar a los estados cuando ella trate de materias relativas a los mismos, al derecho de palabra a los estados en el proceso de formación de las leyes relativas a ellos y la iniciativa legislativa por parte de los consejos legislativos de los estados, son complementos tanto del carácter federal de la representación parlamentaria como del contenido federal del Estado venezolano.

Por otra parte, el texto constitucional consagra los principios de la personalización de las elecciones y el de la representación proporcional, dejando a la ley la tarea de garantizar la presencia de estos principios que constituyen parte sustancial del sistema democrático.

Respecto a las condiciones de inelegibilidad de los diputados, se obliga a la separación absoluta de sus cargos a los aspirantes, por lo menos tres meses antes de las elecciones, en los casos expresamente señalados, sin perjuicio de los que por ley puedan establecerse.

Las atribuciones de la Asamblea Nacional son las propias de todo órgano legislativo en un sistema de gobierno semipresidencial o semiparlamentario, como el nuestro. Destacan la función legislativa, la función de control político sobre la administración pública nacional y sobre el Gobierno, las autorizaciones y, en particular, los mecanismos de control del órgano legislativo sobre el Poder Ejecutivo a través del voto de censura al Vicepresidente y a los ministros, cuyo procedimiento es especial y requiere de votación calificada. Otros mecanismos de control son las interpelaciones, las investigaciones, las preguntas, las autorizaciones y las aprobaciones. La Asamblea Nacional podrá declarar la responsabilidad política de los funcionarios públicos y solicitar al Poder Ciudadano que intente las acciones para hacerla efectiva. Los funcionarios públicos están obligados a asistir a las comisiones y a suministrar las informaciones y documentos que éstas requieran para el cumplimiento de sus funciones. Esta obligación incumbe también a los particulares, sin perjuicio de los derechos y

国民大会代表的双重性质要求候选人在选举日之前，在其参选所在联邦组成单位连续居住满四年。国民大会代表当选的这一要求与国民大会在作出与某州相关的事务时有听取各州意见的义务，以及各州对涉及该州相关的立法过程中、各州立法会形式立法动议权时有发表意见的权利相联系，这既是由国会具有代表联邦这一性质的补充，也是委内瑞拉国家联邦内涵的补充。

另一方面，宪法文本规定了选举的个人化原则和比例代表制原则，通过法律保障这些原则的实现成为民主制度的实质性构成部分。

关于当选国民大会代表的限制性条件，《宪法》指出在明确规定的情况中，竞选人在完全离职三个月之内不得当选为国民大会代表，法律还可以就此作出其他规定。

半总统制或者半议会制的政治制度的所有立法机构——正如我们的国民大会——都有着自身的职权。《宪法》突出了国民大会的立法职能、对国家公共行政部门和政府进行政治控制的职能、授权职能，以及特别是通过针对副总统和各部部长的谴责案对行政权部门进行立法机关的控制机制，这种控制应当适用特别的程序和经过有效的投票。国民大会的其他控制机制还有质询、调查、询问、批准和通过。国民大会有权宣布公职人员应当承担政治责任，并且要求公民权部门采取适当行为落实上述责任。公职人员有义务参加国民大会的委员会的会议，并且提供委员会履行其职责时要求的信息和文件。该义务在不违反《宪法》规定的权

garantías que la Constitución consagra. El valor probatorio de los resultados obtenidos en ejercicio de esta función será establecido de conformidad con la ley.

El voto de censura, dado por las tres quintas partes de los diputados, da lugar a la remoción del Vicepresidente o de los ministros, según sea el caso. En el caso de la remoción del Vicepresidente en tres oportunidades, dentro de un mismo período constitucional, la Constitución faculta al Presidente de la República, como un mecanismo de equilibrio democrático, para disolver a la Asamblea Nacional y convocar a elecciones anticipadas dentro de los sesenta días siguientes a la disolución para elegir una nueva legislatura, todo lo cual se hará mediante Decreto aprobado en Consejo de Ministros. No podrá disolverse la Asamblea Nacional en el último año de su período constitucional.

La Asamblea promoverá la organización y la participación ciudadana en los asuntos de su competencia y tendrá iniciativa en materia de leyes, enmienda, reforma y Asamblea Constituyente.

En lo relativo a la organización y funcionamiento de la Asamblea Nacional, el número de comisiones queda limitado a quince, aun cuando mediante votación calificada de las dos terceras partes de los diputados se pueda disminuir o aumentar su número. Igualmente se definen las figuras del Presidente, dos vicepresidentes, un secretario y un subsecretario de la Asamblea Nacional, remitiéndose al Reglamento las formas de resolver las faltas temporales y absolutas de estos cargos.

La Comisión Delegada se integra con la Junta Directiva de la Asamblea Nacional y los presidentes de las comisiones permanentes atendiéndose al criterio del conocimiento en una determinada materia que corresponde a sus integrantes.

En cuanto al control sobre los diputados, se busca el ejercicio efectivo y eficiente de la función parlamentaria, al tiempo que obliga a la vinculación con las entidades federales y el pueblo. El Estado requiere un desarrollo legislativo acorde con los cambios del país y un eficiente control sobre la administración pública y el Gobierno. De allí que el ejercicio de la función parlamentaria sea a dedicación exclusiva, salvo las excepciones establecidas. Los diputados están obligados a

利和保障的前提下，也可以针对个人。国民大会在履行该职能时获得的证据的效力依据法律规定。

对副总统或者部长的谴责案经五分之三代表投同意票的，可对该副总统或者部长进行解职。在同一个总统任期内，通过谴责动议解除三位执行副总统的，作为民主平衡机制，《宪法》授权共和国总统有权经部长会议以通过命令的方式决定解散国民大会，并且在原国民大会解散之日起六十日内召集选举以组建新的立法机关。在国民大会依据《宪法》规定的任期的最后一年，共和国总统不得解散国民大会。

国民大会在其权限范围内推动开展活动并且促进公民参与，具有立法、宪法修正、宪法改革和召集制宪大会的动议权。

有关国民大会的组织和运行，《宪法》规定国民大会设立的委员会不得超过十五个，但是经国民大会三分之二组成人员同意，可以减少或者增加该委员会的数量。同样，《宪法》规定国民大会设一名主席和两名副主席、一名秘书长和一名副秘书长。《宪法》授权国民大会的规章对上述人员的临时性空缺和永久性空缺的补缺规则进行规定。

国民大会的决策部门和各常设委员会主席组成授权委员会。此外还应当根据授权委员会受理的特定事项的需要，确定授权委员会的其他组成人员。

对于国民大会代表的管理，应当符合国会职能的有效和高效履行的追求，同时能够使得代表联系联邦各组成单位和人民。国家需要丰富立法，以适应国家的变化和对公共行政和政府的高效管理，因此除另有规定外，国民大会代表全职履行其作为国会代表的职权。

mantener vinculación permanente con sus electores, atendiendo sus opiniones y sugerencias, informándolos acerca de su gestión y la de la Asamblea; que rindan cuenta anualmente de la gestión y que estén sometidos al referendo revocatorio del mandato, con la consecuencia inmediata, en caso de producirse, de no poder ejercer cargos de elección popular dentro del período siguiente.

Un elemento imprescindible para el logro de lo señalado es asegurarle al diputado una retribución económica que asegure su independencia, sin que su condición de parlamentario implique privilegios personales ni abuso de las prerrogativas garantizadas por la Constitución ni la percepción de beneficios económicos indebidos.

Se consagra la inmunidad parlamentaria como una garantía del ejercicio autónomo de las funciones legislativas respecto de los otros poderes y como garantía para el mejor y efectivo cumplimiento de la función parlamentaria. Sin embargo, la inmunidad sólo está referida al ejercicio de las funciones parlamentarias desde el momento de la proclamación por parte del órgano electoral competente hasta la conclusión del mandato. Su desconocimiento por parte de los funcionarios públicos ocasiona sanciones de naturaleza penal que el legislador deberá establecer en la ley correspondiente.

En cuanto a los presuntos delitos cometidos por los diputados, conocerá el Tribunal Supremo de Justicia en forma privativa, siendo la única autoridad que, previa autorización de la Asamblea Nacional, podrá ordenar la detención o continuar el enjuiciamiento, según sea el caso. En caso de delito flagrante cometido por algún diputado, la autoridad competente pondrá a éste bajo custodia en su residencia y comunicará de manera inmediata el hecho al Tribunal Supremo de Justicia.

El texto constitucional incorpora un conjunto de cambios en cuanto a la definición de la ley y en cuanto a las leyes orgánicas. La ley es todo acto sancionado por la Asamblea Nacional como cuerpo legislador, entendiéndose que para ello deberá seguirse el procedimiento que el propio texto constitucional establece.

国民大会代表有义务与自己的选民保持日常联系，倾听选民的意见和建议，将个人和国民大会的安排告知选民；国民大会代表还有义务提交年度工作报告。国民大会代表的资格应当根据公民投票表决的结果立即予以取消。国民大会代表的资格被取消的，在其原任期的剩余期间，不得当选任何须经民选才能当选的职务。

对完成上述目标，至关重要的一点是确保国民大会代表的经济收入以维持其独立性，以免国民大会代表利用其身份行使个人特权、滥用《宪法》保障的权利和获得不正当的经济收入。

赋予国民大会代表的国会豁免权，作为其行使立法职能这一不同于其他职能的保障，以及更好地和更高效地完成国会职能的保障。但是，豁免权只在代表自相关选举机构宣布其当选，直至其任期结束期间行使其国会相关职权时享有。公职人员侵犯该豁免权的，应当受到立法者在相关法律中规定的刑事制裁。

可能追究国民大会代表刑事责任的案件只得由最高法院进行专属管辖。最高法院只能经国民大会授权，才可以根据案情批准对国民大会代表进行逮捕或者继续进行诉讼。国民大会代表实施现行犯罪的，具有管辖权的权力部门应当将其看管于其居所，并立即告知最高法院。

宪法文本对法律和组织法的定义进行了整体变化。法案经过作为立法机构的国民大会的制定，成为法律，这一过程应当遵循宪法文本规定的程序。

República Bolivariana de Venezuela
Asamblea Nacional Constituyente

Por otra parte, la Constitución establece cinco tipos de leyes orgánicas: las que ella misma denomina como tales, las que se dicten para organizar los poderes públicos, las que se dicten para desarrollar derechos constitucionales, las que sirvan de marco normativo a otras leyes y las que hayan sido calificadas como tales por la Asamblea Nacional, en cuyo caso éstas habrán de ser remitidas a la Sala Constitucional del máximo tribunal para que se pronuncie acerca de la constitucionalidad de su carácter orgánico, esto con el propósito de evitar el uso indiscriminado de tal denominación.

En cuanto a la iniciativa legislativa, se incorporan al texto constitucional tres nuevos elementos de iniciativa, el Poder Ciudadano, el Poder Electoral y el Consejo Legislativo Estadal, cuando se trate de leyes relativas a los estados. Se destaca la obligatoriedad de la Asamblea Nacional de discutir los proyectos de ley presentados por iniciativa ciudadana y el sometimiento de dichos proyectos a referendo aprobatorio, cuando no fuere discutidos por la Asamblea.

En la etapa de discusión y aprobación de los proyectos de ley, se introduce la obligación de abrir procesos de consulta a los otros órganos del Estado, a los ciudadanos y a la sociedad organizada. Cada proyecto de ley recibirá dos discusiones en el seno de la Asamblea, en días diferentes, no consecutivos. La primera discusión versará sobre la exposición de motivos y la pertinencia del proyecto de ley, leyéndose el articulado en conjunto, mientras que la segunda se realizará artículo por artículo.

<h3 style="text-align:center">Capítulo II
Del Poder Ejecutivo Nacional</h3>

La Constitución eleva el período presidencial a seis años debido a la modificación del sistema de controles político–sociales sobre el Ejecutivo Nacional. Y, como una innovación estructuralmente importante, desde el punto de vista de la legitimidad y responsabilidad del Presidente en el ejercicio del Ejecutivo Nacional, se permite su reelección inmediata por una sola vez para un nuevo período.

Esta nueva regulación constitucional evita la irresponsabilidad política de los Presidentes que caracterizó el período republicano que culmina con la aprobación de la nueva Constitución. De esta manera, quien sea titular de la Presidencia

另一方面，《宪法》规定了五种类型的组织法：名称为组织法的法律；为组织公权力颁布的法律；为发展宪法性权利颁布的法律；为其他法律提供原则性规范的法律和国民大会确定为上述性质的法律。被确定为组织法的法律案，应当交付最高法院宪法庭审查其组织法性质的合宪性，以避免对组织法这一名称的滥用。

关于立法动议权，宪法文本增加了三个行使这一权利的新主体：公民权部门、选举权部门和州立法会，其中州立法会对关于该州的相关法律具有立法动议权。强调国民大会有义务讨论由公民权部门提交的法案，国民大会不对其进行讨论的，法案交付公民进行投票表决。

在对法案进行讨论和批准的阶段，国民大会有义务听取其他国家机关、公民和社会组织的意见。每部法案应当经过国民大会在不同且不连续的日期进行两读程序。一读期间，讨论立法的意图和法案的适当性，对法条的整体进行考量；二读期间，再对法案逐条进行讨论。

第二章
国家行政权

因为政治——社会管理体系在国家行政权方面的修改，《宪法》规定总统的任期延长至六年。作为一项重要的结构性创新，从总统行使国家行政权的合法性和问责性的角度，允许总统在完成其第一个任期后可以连选连任一次。

这项新的宪法规定避免了总统在其任期内因为通过新的《宪法》而不承担政治责任。因此，对当选总统的管理可以从两方面进行政治评价：一是六年的总统任期届满一半以上

puede ser evaluado políticamente por su gestión en dos oportunidades: la primera, cumplida más de la mitad del período presidencial de seis años, por la solicitud del veinte por ciento o más de los electores para efectuar un referendo revocatorio del mandato; y la segunda, por la postulación del Presidente a la reelección popular para un segundo mandato. En ambos casos, el pueblo determina la suerte del Presidente, confirmando su confianza para que se mantenga en el cargo, o retirándole su apoyo, con la consecuencia de su retiro forzado. En realidad, es un medio de profundización de la democracia mediante dos mecanismos de control social sobre la gestión del Estado que se particularizan en la sujeción del Presidente a la voluntad popular.

Una de las innovaciones más importantes del texto constitucional consiste en la sustancial modificación del sistema de gobierno, al incorporar un diseño de sistema semipresidencial que se puede calificar como flexible.

Este nuevo arreglo institucional se sustenta en dos importantes orientaciones: la primera, la distinción y separación orgánica flexible entre las funciones de jefatura de Estado y de jefatura de gobierno; y la segunda, el establecimiento de una nueva relación entre el Poder Legislativo y el Poder Ejecutivo a manera de sistema de controles y equilibrios de poder.

La ingeniería constitucional del nuevo sistema de gobierno semipresidencial flexible se sustenta en la creación de la figura del Vicepresidente Ejecutivo. Esta nueva institución, a pesar de su denominación de Vicepresidente, es mucho más que la tradicional figura vicepresidencial que acostumbran los sistemas de gobierno americanos. En propiedad, el Vicepresidente que contempla la Constitución no es el típico cargo que tiene la función de resolver la sucesión presidencial por la ausencia temporal o absoluta del Presidente de la República. Más que ello, el Vicepresidente es una institución que comparte con el Presidente el ejercicio de su jefatura de gobierno y responde políticamente por la gestión general del gobierno frente al Parlamento.

Las funciones otorgadas por la Constitución al Vicepresidente de la República son esenciales para el normal desenvolvimiento del Ejecutivo Nacional y de las relaciones entre éste y la Asamblea Nacional. La primera de ellas se refiere a la

时，依据至少百分之二十选民的申请，可以对是否罢免总统进行公民投票；二是依据总统的意愿，对是否赋予其第二个任期进行选举。两种情况都由人民决定总统的去留，要么由人民表达对其信任因而继续保留职务，要么失去人民的支持而强制其离职。事实上，通过国家管理的社会控制机制，尤其是让总统受到人民意志的制约，是深化民主的一种方式。

宪法文本最重要的一项创新是对政府体制的重大修改，即加入了可以定义为"灵活的半总统制"的设计。

这项新的政府体制安排由两个重要的方针进行支撑，一是灵活地有机区分和分离国家领导和政府领导之间的职能，二是通过对权力的制约和平衡机制建立立法权部门和行政权部门的新型关系。

新体制下"灵活的半总统制"政府的宪政工程需要创设执行副总统这一职务。这个新的职位尽管名为副总统，但其地位远高于传统的美洲政府中的副总统。《宪法》中规定的副总统，不是完成共和国总统临时缺席或者永久缺席时予以递补这一典型功能。不仅如此，副总统更多的是一个与总统一起行使政府领导权、向国会承担关于政府总体行政政治责任的权力机关。

《宪法》赋予共和国副总统的职能，对国家行政权的正常运行，以及国家行政权和国民大会之间关系的正常发展尤为重要。副总统的第一个职能是，与共和国总统合作领导政府活动，有权根据共和国总统的指令协调国家公共行政。这一职能规定了副总统支持总统

colaboración con el Presidente en la dirección de la acción del Gobierno y, como competencia que le es propia, la coordinación de la Administración Pública Nacional con las instrucciones que le imparta el Presidente. Esta función consagra a la Vicepresidencia en el medio fundamental de apoyo del Presidente y la convierte en una instancia de dirección y coordinación sobre la Administración Pública Nacional que supone, con la competencia de proponer el nombramiento y remoción de los Ministros, una jerarquía directa sobre éstos y sobre las demás autoridades del Poder Ejecutivo Nacional. En tal sentido, la Vicepresidencia es el órgano natural de rectoría del sistema de registro, seguimiento y control de las decisiones presidenciales, se produzcan éstas por cuentas ministeriales o en Consejo de Ministros, y de los sistemas de seguimiento, evaluación y control de las políticas públicas sectoriales.

La segunda función del Vicepresidente corresponde a sus facultades para dirigir y coordinar el proceso descentralizador; para armonizar los intereses nacionales, estadales y municipales y para garantizar el debido equilibrio en el desarrollo económico-social de las regiones. Estas facultades las ejerce el Vicepresidente de la República a través de la Presidencia del Consejo Federal de Gobierno, al cual se adscribe el Fondo de Compensación Interterritorial. La creación de este Fondo conlleva a la transformación del actual Fondo Intergubernamental para la Descentralización. De esta manera, el Vicepresidente es un doble instrumento o instancia para la coordinación, una coordinación horizontal del Gobierno Nacional y otra vertical entre los gobiernos territoriales.

La tercera función consiste en la asesoría que requiere el Presidente de la República como Jefe de Estado, para la formación de las políticas de Estado de largo alcance en el tiempo. Esta función la ejerce el Vicepresidente al presidir el Consejo de Estado que crea la Constitución. Este Consejo se encuentra, además, integrado por representantes de la Asamblea Nacional, del Tribunal Supremo de Justicia y de los gobernadores de los estados, convirtiéndolo en una instancia de confluencia de poderes para el acuerdo de políticas de Estado.

La cuarta función del Vicepresidente es la que lo encarga de las relaciones entre el Ejecutivo Nacional y la Asamblea Nacional. Función que convierte al Vicepresidente en el natural vocero del Gobierno ante la Asamblea Nacional.

的基本方式，对其提出了领导和协调国家公共管理的职能要求——副总统有权提议任命或者撤销各部部长，即对各部部长和国家行政权部门其他机构直接领导。总统的决定通过相关各部或者部长会议作出。从前述副总统的职能意义上讲，副总统是登记、贯彻和监督总统作出的决定的领导机构的当然组成部分，也是贯彻、评估和监督公共部门政策的领导机构的当然组成部分。

副总统的第二个职能是，领导和协调分权过程，协调国家、州、市政之间的利益，保障区域间社会经济发展的适当平衡。副总统通过主持政府联邦会议运作区域间补偿基金。而设立区域间补偿基金旨在对现有的"分权政府间基金"进行改造。因此，副总统既负责横向协调国家政府，又负责纵向协调国内各级政府，具有双重协调职能。

副总统的第三个职能是，副总统通过领导《宪法》设立的国务会议，向作为国家元首的共和国总统提供形成国家长期政策的咨询意见。国务会议作为权力机关商讨国家政策的机构，由国民大会的代表、最高法院的代表，以及所有州的州长委派的代表组成。

副总统的第四个职能是，协调国家行政权部门和国民大会的关系，从而使副总统成为政府在国民大会中的当然发言人。

Son estas funciones, más las atribuciones que el Presidente le puede delegar, las que convierten al Vicepresidente en un órgano fundamental para el funcionamiento del Estado, con poder suficiente para la coordinación interna del Poder Ejecutivo Nacional y la coordinación con los otros Poderes del Estado venezolano. El calificar el sistema presidencial como flexible se debe a que las atribuciones del Vicepresidente serán aún mayores en tanto el Presidente de la República le delegue sus propias atribuciones.

Por esta particular suma de funciones el Vicepresidente, como ejecutor de atribuciones de la jefatura de Gobierno, es sujetado por el control político de la Asamblea Nacional, como corresponde a un sistema de gobierno semipresidencial. Esta relación entre la Asamblea Nacional y el Vicepresidente se ha consagrado para permitir un clima de mayor comunicación entre el Legislativo y el Ejecutivo, que posibilite el acuerdo consensuado de políticas públicas y la colaboración general de los poderes en el cumplimiento de los fines y propósitos del Estado.

Una acción de gobierno que no cuente con cierto aval del Legislativo conllevaría, en algún momento, la posibilidad de que la Asamblea Nacional aprobara un voto de censura sobre el Vicepresidente, con el cual quedaría automáticamente removido de su cargo. Pero, como equilibrio de este poder de control político de la Asamblea Nacional y para que la remoción constante de vicepresidentes no se convierta en una práctica obstruccionista, la Constitución sabiamente consagra la facultad del Presidente de convocar a elecciones anticipadas de la Asamblea Nacional cuando ésta remueva por tercera vez un vicepresidente dentro de un período presidencial de seis años. Esta facultad es de ejercicio discrecional por el Presidente.

Este doble control entre el Legislativo y el Ejecutivo constituye un sistema de equilibrio del poder que permite, además, las salidas institucionales a las crisis políticas o crisis de gobierno, incrementando el nivel de gobernabilidad de la democracia. Así se posibilita un rango de estabilidad político–institucional para la democracia y se evitan las salidas extrainstitucionales.

以上职能，连同总统授予副总统的其他职权，使得副总统成为维持国家运转的基本机构。副总统有足够的权力对国家行政权力进行内部协调，以及与委内瑞拉的其他权力部门进行协调。评价总统制是否灵活，取决于副总统的职权是否大于共和国总统赋予总统应当行使的职权。

尽管副总统具有上述职能，为符合半总统制的体制，副总统作为政府首长职权的执行者，应当受国民大会的政治监督。国民大会和副总统之间的关系使得立法权部门和行政权部门之间能够尽量多地沟通，以达成对公共政策的共识，并且使得权力部门在实现国家意图和目标中能够进行总体合作。

没有取得立法权部门一定支持的政府活动，可能导致国民大会通过对副总统的谴责案，并且通过该谴责案自动解除副总统的职务。但是，作为对国民大会的政治监督权力的平衡，为了不因副总统的频繁离职妨碍政府行政，在同一个总统任期的六年内，国民大会通过谴责动议使得三位执行副总统离职的，《宪法》明智地赋予总统提前举行国民大会选举的权力。该权力由总统经自由裁量行使。

这种立法权部门和行政权部门的双重监督，不仅是权力的平衡机制，更是应对政治危机或者政府危机的制度性解决方法，增强了民主执政能力的水平。这种制度安排使得民主在政治体制范畴内实现稳定成为可能，避免了在体制外寻求民主的解决方法。

En cuanto se refiere a la protección de los derechos de la persona humana, la Constitución regula adecuadamente el principio de responsabilidad en el ejercicio del Poder Público, al establecer que la declaración de los estados de excepción no eximen de responsabilidad al Presidente de la República, al Vicepresidente Ejecutivo o a los ministros.

La Sección Primera de este Capítulo II es nítida en lo referente a las faltas absolutas o temporales del Presidente de la República. En este sentido adquiere un rol de particular importancia el Vicepresidente Ejecutivo de la República, al ser el suplente formal del Presidente de la República en las diferentes hipótesis de faltas tanto absolutas como temporales que contempla el texto constitucional.

La sección segunda detalla las competencias del Presidente de la República. En este sentido hay aspectos a resaltar que significan una mayor flexibilidad en el manejo de los asuntos públicos y una conducción más operativa de la administración pública por parte del Presidente de la República. Así, y siguiendo la tendencia del Derecho Comparado, se le permite al Presidente fijar el número, denominación, competencia y organización de los ministerios y otros organismos de la administración pública nacional, así como también la organización y funcionamiento del Consejo de Ministros, dentro de los principios y lineamientos señalados por la correspondiente ley orgánica. Con esto se permite agilizar los trámites para hacer efectivas las exigencias de adaptabilidad de las estructuras administrativas, convirtiéndose el Presidente en el verdadero rector de la administración pública nacional.

Finaliza el Capítulo del Poder Ejecutivo nacional creando la institución del Consejo de Estado que, en el Derecho Comparado, como nos lo demuestran las experiencias francesa y colombiana, ha marcado, con estructura y funciones análogas, pauta en la profesionalización del ejercicio del Poder Público. En Venezuela será un órgano superior de consulta del Gobierno y la administración pública nacional que recomendará políticas de interés nacional en aquellos asuntos que el Presidente de la República reconozca de especial trascendencia y requieran su opinión.

关于对人民权利的保护，《宪法》恰当地规定了行使公权力的问责原则，规定在宣布国家进入例外状态期间，不免除共和国总统、执行副总统、各部部长所承担的责任。

第二章第一节清楚地规定了共和国总统遇到临时或者永久性空缺时的制度安排。就这一方面而言，执行副总统担任着十分重要的角色，在宪法文本规定的各种共和国总统临时和永久性空缺状况下，副总统成为共和国总统的正式递补人。

第二节细化了共和国总统的职权。就这一方面而言，突出了共和国总统管理公共事务的巨大灵活性，以及其从事公共管理行为的更具操作性。顺应比较法的趋势，《宪法》授权总统依据相关组织法确定的原则和方针，决定各部门和国家行政权部门其他机构的数量、命名、权限和设置，决定部长会议的组织和运行。通过这种方式，使得行政结构更快地达到适应性要求，使得总统成为国家公共管理的真正领导。

本章关于国家行政权以国务会议的规定作为结尾。在比较法中，正如与我国采取类似结构和职能的法国和哥伦比亚向我们展示的经验一样，公权力需要专业化地行使。在委内瑞拉，国务会议是政府和国家公共行政的最高咨询机构，负责就共和国总统认为特别重要，并且需要征求国务会议建议的关于国家利益的事项提出政策建议。

Queda así estructurado un Poder Ejecutivo nacional moderno, dinámico, profesional, sujeto a controles políticos y al mismo tiempo generador de dinámicas políticas novedosas. Se trata de un capítulo que abre a Venezuela las puertas de una modificación profunda de sus instituciones políticas.

Capítulo III
Del Poder Judicial y del Sistema de Justicia

El Estado democrático y social de derecho y de justicia consagrado por la Constitución, al implicar fundamentalmente división de los poderes del Estado, imperio de la Constitución y las leyes como expresión de la soberanía popular, sujeción de todos los poderes públicos a la Constitución y al resto del ordenamiento jurídico, y garantía procesal efectiva de los derechos humanos y de las libertades públicas, requiere la existencia de unos órganos que, institucionalmente caracterizados por su independencia, tengan la potestad constitucional que les permita ejecutar y aplicar imparcialmente las normas que expresan la voluntad popular, someter a todos los poderes públicos al cumplimiento de la Constitución y las leyes, controlar la legalidad de la actuación administrativa y ofrecer a todas las personas tutela efectiva en el ejercicio de sus derechos e intereses legítimos.

El conjunto de órganos que desarrollan esa función constituyen el Poder Judicial y el Sistema de Justicia que se consagra en el Capítulo III del Título V de la Constitución, configurándolo como uno de los poderes del Estado.

En el referido Capítulo, la Constitución, con fundamento en el principio de soberanía, declara que la potestad de administrar justicia emana de los ciudadanos y se imparte en nombre de la República y por autoridad de la ley.

Sobre esta base, el texto constitucional constituye el sistema de justicia integrado por el Tribunal Supremo de Justicia, los demás tribunales que determine la ley, el Ministerio Público, la Defensoría Pública, los órganos de investigación penal, los auxiliares y funcionarios de justicia, el sistema penitenciario y los abogados autorizados para el ejercicio.

一个现代的、有活力的、专业的、受政治监督的，同时善于创新政策的国家行政权体系据此架构建立。本章开启了委内瑞拉政治体制深刻变革的大门。

第三章
司法权和司法体制

《宪法》规定的法治、公正的民主社会国家，从根本上涉及划分国家权利、将宪法至上和法律至上作为人民主权的表达形式、一切公权力接受宪法和其他法律的约束、人权和公共自由受到有效的程序保障，这就要求设立一些具有独立性的机构，由这些机构依据宪法赋予的权力公正实施和运用以表达人民意志的规则，要求一切公权力都遵守宪法和法律的规定、监督行政行为的合法性，以及为所有人在其行使合法权利和实现合法利益时提供有效保障。

行使这一职能的所有机构即在《宪法》第五编第三章"司法权和司法体制"中进行了规定，这些机构同时也是国家权力的组成部分。

在本章中，《宪法》作为主权原则的基础，宣布司法管理的权力属于公民，并且规定司法管理的权力依法以共和国的名义行使。

在此基础上，宪法文本规定司法系统包括最高法院、依法设立的其他法院、公共部、公共辩护人办公室、刑事案件调查机构、司法助理和司法行政人员、监狱系统和批准作为司法系统组成人员的律师。

Por otra parte, se incorporan al sistema de justicia, los medios alternativos para la resolución de controversias, tales como el arbitraje, la mediación y la conciliación, todo ello con el objeto de que el Estado los fomente y promueva sin perjuicio de las actividades que en tal sentido puedan desarrollar las academias, universidades, cámaras de comercio y la sociedad civil en general.

Asimismo siendo que la administración de justicia no es monopolio exclusivo del Estado aunque sólo éste puede ejercer la tutela coactiva de los derechos, es decir, la ejecución forzosa de las sentencias, la Constitución incorpora al sistema de justicia a los ciudadanos que participan en el ejercicio de la función jurisdiccional integrando jurados o cualquier otro mecanismo que la ley prevea.

Además, como consecuencia del principio y derecho a la justicia gratuita consagrado en el texto constitucional, se establece que el Poder Judicial no está facultado para establecer tasas, aranceles, ni para exigir pago alguno por sus servicios.

El ingreso a la carrera judicial y el ascenso de los jueces será por concursos de oposición públicos, que aseguren la idoneidad, capacidad y probidad de los jueces designados. En tal virtud, todos los cargos de jueces o magistrados de tribunales o cortes, unipersonales o colegiados, distintos al Tribunal Supremo de Justicia, deberán ser designados mediante concurso público de oposición.

Se prevé que la ley regule lo referente a la capacitación y especialización de los jueces con la participación de las universidades, las cuales deberán organizar estudios universitarios al nivel de posgrado en el área de derecho, dirigidas a la especialización en la rama judicial.

La jurisdicción penal militar será integrante del Poder Judicial y sus jueces serán seleccionados por concurso. La competencia de los tribunales militares se limita a la materia estrictamente militar. En todo caso, los delitos comunes, violaciones de los derechos humanos o crímenes de lesa humanidad, serán procesados y juzgados por los tribunales ordinarios, sin excepción alguna.

另一方面，司法体系还包括其他纠纷解决机制，如仲裁、调解、和解和其他任何国家推动的化解纠纷的机制，但是本规定不影响学术机构、大学、商会和各类民间组织可以在此领域开展活动。

尽管只能由国家行使强制力，即强制执行判决，但是司法管理不是国家独有的权力。《宪法》将公民参与实施司法职能也纳入司法系统，例如陪审团或者其他法律规定的机制。

此外，由于宪法文本确立了司法权的无偿原则，《宪法》规定不得对司法权设立收费制度，当事人也无须为接收司法系统的服务而支付费用。

司法从业人员的遴选和法官的晋升通过公开竞争进行，确保被选拔者符合执业要求、具有相应的能力和道德。除最高法院外，其他法院、高级法院的所有法官、大法官，无论该法院、高级法院是由一名法官组成还是由多名法官组成，任职的法官都应当通过公开竞争的方式进行遴选。

由法律对法官的能力化和专业化进行规定。《宪法》要求各大学参与到法官的能力提升和专业化过程中。在大学中组织研究生水平的法律研究，并由大学领导司法专业化的研究。

军事刑事案件管辖权是司法权中不可分割的一部分，具有军事刑事案件管辖权的法官应当经过竞争性程序进行遴选。严格限制军事法院仅对军事性质的案件行使管辖权。普通刑事案件、侵犯人权的案件和危害人类罪案件，毫无例外地由普通法院进行受理和审判。

República y rector del Poder Judicial, el cual estará integrado por las salas Constitucional, Político–Administrativa, Electoral, de Casación Civil, de Casación Penal y de Casación Social.

Los magistrados del Tribunal Supremo de Justicia durarán en ejercicio de sus funciones doce años, no pudiendo ser reelectos. A los efectos de su elección se prevé la postulación correspondiente ante el Comité de Postulaciones Judiciales y un procedimiento especial que tiene por objeto una selección y elección pública, objetiva, transparente e imparcial de los candidatos. Será en definitiva la Asamblea Nacional la encargada de elegir a los magistrados.

Corresponderá al Tribunal Supremo de Justicia, a través de la Dirección Ejecutiva de la Magistratura, el gobierno y administración del Poder Judicial, así como todo lo relacionado con la inspección y vigilancia de los tribunales de la República y la elaboración y ejecución del presupuesto del Poder Judicial.

Capítulo IV
Del Poder Ciudadano

Adaptando a nuestro tiempo las ideas inmortales del Libertador Simón Bolívar, la Constitución rompe con la clásica división de los poderes públicos y crea los poderes Ciudadano y Electoral. El primero de ellos se inspira, en parte, en el Poder Moral propuesto por el Libertador en su proyecto de Constitución presentado al Congreso de Angostura el 15 de febrero de 1819. El Poder Electoral, por su parte, encuentra su inspiración en el proyecto de Constitución que el Libertador redactó para Bolivia en 1826.

El Libertador concibió el Poder Moral como la institución que tendría a su cargo la conciencia nacional, velando por la formación de ciudadanos a fin de que pudiera purificarse . Con ello, Simón Bolívar quería fundar una República con base en un pueblo que amara a la patria, a las leyes, a los magistrados, porque esas "son nobles pasiones que deben absorber exclusivamente el alma de un republicano".

最高法院是共和国法院中最高级别的法院，同时领导司法权部门。最高法院由宪法案件庭、政治和行政案件庭、选举案件庭、民事案件申诉庭、刑事案件申诉庭、社会案件申诉庭组成。

最高法院大法官每届任期十二年，不得连任。大法官的遴选应当由司法提名委员会推荐出候选人，通过特别程序对候选人进行公开、客观、透明和公正的选拔，并且由国民大会作出最终决定。

最高法院通过司法行政部门进行司法权的领导和管理，对共和国各级法院进行检查和监督，同时负责制定和执行司法权部门的预算事项。

第四章
公民权

为了使解放者西蒙·玻利瓦尔不朽的理念适应我们的时代，《宪法》放弃了传统的对公权力进行划分的方式，创设了公民权和选举权。公民权部分受到了解放者在1819年2月15日向安哥斯杜拉会议提交的宪法草案中提出的"道德权"的启发；选举权则来源于1826年解放者为玻利维亚起草的宪法草案。

解放者设想的道德权是关于民族意识的机制，用以确保公民的培养，并且公民能够自行进行净化。西蒙·玻利瓦尔希望在人民热爱祖国、热爱法律和热爱执政者的基础上建立共和国，因为"对祖国的爱，对法律的爱，对执政者的爱，应是独一无二的贯注于一个共和主义者的灵魂的崇高热情"。

El Poder Moral del Libertador tenía entre sus misiones velar por la educación de los ciudadanos, en cuyo proceso se debía sembrar el respeto y el amor a la Constitución y a las instituciones republicanas, sobre la base de que "si no hay un respeto sagrado por la patria, por las leyes y por las autoridades, la sociedad es una confusión, un abismo".

Inspirada en esas ideas y adaptándolas a nuestro tiempo, la Constitución crea el Poder Ciudadano, el cual se ejercerá por el Consejo Moral Republicano integrado por el Defensor del Pueblo, el Fiscal General de la República y el Contralor General de la República.

El Poder Ciudadano es independiente de los demás poderes públicos y sus órganos gozan de autonomía funcional, financiera y administrativa, para lo cual se les asignará una partida anual variable dentro del presupuesto general del Estado.

En general, los órganos que ejercen el Poder Ciudadano tienen a su cargo la prevención, investigación y sanción de los hechos que atenten contra la ética pública y la moral administrativa. Además, deben velar por la buena gestión y la legalidad en el uso del patrimonio público, por el cumplimiento y la aplicación del principio de la legalidad en toda la actividad administrativa del Estado. De igual forma, deben promover en el ámbito de sus competencias, la educación como proceso creador de la ciudadanía, así como la solidaridad, la libertad, la democracia, la responsabilidad social y el trabajo, todo ello conforme a lo establecido en la Constitución y en las leyes.

Recogiendo una institución que nace en los países escandinavos y que ha tenido auge en Europa y en gran parte en América Latina, se crea la Defensoría del Pueblo como órgano del Consejo Moral Republicano que tiene a su cargo la promoción, defensa y vigilancia de los derechos y garantías establecidos en la Constitución y en los tratados internacionales sobre derechos humanos, además de los intereses legítimos, colectivos o difusos de los ciudadanos. La Defensoría del Pueblo representa la institución del Poder Público más vinculada y cercana a los ciudadanos, cuyas funciones son esenciales para controlar los excesos del poder y garantizar que el sistema democrático no sólo sea una proyección constitucional, sino una forma de vida en sociedad con eficacia y realidad concreta, donde los derechos e intereses de los ciudadanos sean respetados.

解放者设立道德权的目的之一是保障公民的教育，在此过程中，应当基于"如果没有对祖国、对法律和对执政者的一种神圣的尊重，社会就会是一团混乱一片深渊"的认识，传播对《宪法》和共和体制的尊重和热爱。

受以上理念的启发，《宪法》根据当今时代的特征创立了公民权。公民权由人民卫士、共和国总辩护人和总审计长组成的共和国道德伦理委员会行使。

公民权独立于其他公权力，其机构运作、财政和管理均具有自治性。为此，其年度经费专门从国家总预算中拨付。

总体上讲，行使公民权的机构负责预防、调查和处罚违反公共道德和行政伦理的行为，还监督公共财产使用是否合法有效，监督国家行政行为是否合法履行。同时，公民权的机构依据《宪法》和法律的规定，在其权限范围内推行作为公民的创造进程的教育，促进公民团结、自由、民主、社会责任和劳动。

《宪法》采用了在斯堪的纳维亚国家诞生的，进而在欧洲和大部分拉丁美洲发展到顶峰的人民卫士制度，在委内瑞拉设立人民卫士办公室，并且将其作为共和国道德伦理委员会的机构，负责促进、捍卫和监督《宪法》和国际人权条约规定的权利和各项保障，捍卫公民合法的、集体的和综合性的利益。人民卫士办公室是公权力部门中与公民联系最紧密的部门，其职能对于制约权力扩张、确保民主制度来说显得十分重要。这种制度安排，不仅成为宪法性的设计，而且还是有效并且具体、真实的生活方式，在这种生活方式中，公民的权利和利益都能得到尊重。

Se atribuyen al Defensor del Pueblo las más amplias funciones y competencias en las materias antes señaladas, tales como velar por el efectivo respeto y garantía de los derechos humanos consagrados en esta Constitución y en los tratados, convenios y acuerdos internacionales sobre derechos humanos ratificados por la República.

Al Ministerio Público se le atribuyen todas aquellas funciones necesarias para el cumplimiento de los fines que debe gestionar ante la administración de justicia, tales como garantizar en los procesos judiciales el respeto de los derechos y garantías constitucionales, garantizar la celeridad y buena marcha de la administración de justicia, el juicio previo y el debido proceso.

La Contraloría General de la República, por su parte, será el órgano de control, vigilancia y fiscalización de los ingresos, gastos y bienes públicos, así como de las operaciones relativas a los mismos, para lo cual le otorga las más amplias competencias. Se prevé un sistema nacional de control fiscal, el cual será desarrollado por la ley.

Capítulo V
Del Poder Electoral

Como expresión del salto cualitativo que supone el tránsito de la democracia representativa a una democracia participativa y protagónica, se crea una nueva rama del Poder Público, el Poder Electoral, ejercido por órgano del Consejo Nacional Electoral que tiene por objeto regular el establecimiento de las bases, mecanismos y sistemas que garanticen el advenimiento del nuevo ideal u objetivo democrático. Una nueva cultura electoral cimentada sobre la participación ciudadana.

Para dimensionar su contenido es necesario integrar las disposiciones en este Capítulo V del Título V con las establecidas en el Capítulo IV, De los Derechos Políticos, y del Referendo Popular perteneciente al Título III del nuevo texto constitucional.

赋予人民卫士在上述方面最广泛的职权，如监督本《宪法》以及共和国批准的国际人权条约、协定和协议中规定的人权是否得到切实尊重和保障。

赋予公共部为完成司法管理所有的必需的职权，如在诉讼过程中，确保宪法性权利和保障，确保司法活动、诉前权利和正当程序迅速和良好地进行。

共和国总审计署是控制、监督和审计国家收入、支出、公共财产，以及与之相关的运作的机构，因此对其赋予广泛的权力。国家财政控制系统的相关事项由法律进行规定。

第五章
选举权

作为从代表制民主向参与式、主人翁式民主过渡中的质的飞跃的表达，《宪法》创立了新的公权力的分支——选举权。选举权由国家选举委员会行使，旨在对确保新的民主理想或者民主目标的到来，而对基础性、机制性和制度性内容进行规范。新的选举文化将在公民参与的基础上建立起来。

对选举权内容的具体化，必须将新宪法文本的第五编第五章的规定与第三编第四章"政治权利和公民投票"的规定结合起来。

El nuevo esquema conlleva una modificación sustancial en la práctica electoral sobre la cual se edificó el anterior modelo, desde la concepción del sufragio como derecho, hasta la consagración de nuevas formas de participación que trascienden con creces a la simple formulación de propuestas comiciales. Se expresa esta nueva concepción a través de la implementación de instituciones políticas como la elección de cargos públicos, el referendo, la consulta popular, la revocatoria del mandato, la iniciativa legislativa, constitucional y constituyente, el cabildo abierto y las asambleas de ciudadanos y ciudadanas, cuyas decisiones revisten el carácter de vinculante, entre otros. Son estos, entonces, los novedosos medios que le garantizan al pueblo la participación y protagonismo en el ejercicio de su soberanía.

En tal sentido, resultan trascendentes las formas en que el ciudadano puede participar en la formación, ejecución y control de la gestión pública, pues ella no se limita a la intermediación de los partidos políticos, sino que puede hacerse en forma directa, en perfecta sujeción al concepto de soberanía que en forma expresa prevé el artículo 5 del novísimo texto constitucional.

En general, se atribuye al Poder Electoral la facultad atinente a la constitución, renovación y cancelación de asociaciones con fines políticos, lo que viene relacionado con el origen o nacimiento de dichas organizaciones al mismo tiempo que con su funcionamiento y desarrollo, el cual se sujeta al estricto respeto de los mecanismos de consulta democrática y participativa consagrados en la Constitución, a los cuales deben igualmente sujetarse los estatutos que regulen la vida de estas instituciones.

Como principios que debe desarrollar y garantizar la legislación en materia electoral se encuentran la igualdad, confiabilidad, imparcialidad, transparencia y eficiencia de los procesos electorales, así como la aplicación de la personalización y la representación proporcional en las elecciones. Estos principios constituyen atributos o cualidades que deben conformar los nuevos sistemas electorales que se adopten y, en tal sentido deben ser asumidos como elementos diferenciadores de los que constituyen las bases de integración de los distintos cargos de elección popular, la que referida fundamentalmente a la Asamblea Nacional está integrada por tres condicionantes, a saber: la base poblacional, la representación federativa de cada entidad y la representación de las minorías, en nuestro caso los pueblos indígenas.

新体系包括了对以前的选举实践模式的明显改变，将选举权从权利概念修改为参与的新形式，而不是单纯地通过选举的形式形成提议。这一新概念通过政治制度的实施来表现，如对担任公职的候选人进行选举、公民投票表决、公共意见的磋商、撤回授权、立法动议、宪法修改动议、制宪动议、公开进行的市政会议，以及在公民会议中作出具有约束力的决定。以上是确保人民行使参与政治事务主权的新方式。

因此，人民参与公共管理的组建、实施和控制的方式显得十分重要。公共管理不仅需要政党之间的调解，还可以以直接的方式进行，但是这些方式应当完全受制于主权的概念。新宪法文本第5条对此作出了明确的规定。

从总体上赋予国家选举委员会设立、更新和注销具有政治目的的团体的职能，以及处理上述团体的创立、运转和发展的相关事项的职能。上述团体必须严格遵守《宪法》规定的民主咨询和参与性咨询机制，并且遵守规范此类团体运行的各项规定。

将选举过程中的平等、可信、公正、透明和效率原则作为选举立法中必须发展和保障的原则，并且落实选举中的个人化原则和比例代表原则。这些原则，是新选举制度应当采用的属性或者品质，也是选举各类公职的人民选举的基础性元素。就国民大会而言，《宪法》提出了三个条件，即以所代表的人数为基础、每个组成联邦的单位的联邦代表，以及少数人的代表——这里的少数人，在我们国家即谓土著人民。关于其组成，此处采用了封闭的标准将代表的数量予以固定，其变更仅仅取决于所代表的人口基数的增加。前述内容

Se adopta de esta manera un criterio de integración cerrado, conformado por un número fijo de representantes cuya modificación sólo vendría dada por el incremento de la base poblacional; tal es la interpretación que se deriva de la disposición contenida en el artículo 186, propia de la concepción unicameral que para el Poder Legislativo Nacional preceptúa el texto constitucional, convertido en virtud de tal disposición en un claustro legislativo.

Especial mención, en la consagración de este nuevo Poder, merece por su novedad la integración del Registro Civil y Electoral, cuya organización, dirección y supervisión se atribuye al Poder Electoral; busca esta fórmula la posibilidad de explotar el desarrollo de mecanismos armónicos que permitan la conformación y depuración automática de un registro nacional como base fundamental para garantizar la transparencia de dicha institución.

Así, como rama del Poder Público, el Poder Electoral se rige por los principios de independencia orgánica, autonomía funcional y presupuestaria, despartidización de los organismos electorales, imparcialidad y participación ciudadana, descentralización de la administración electoral, transparencia y celeridad del acto de votación y escrutinio, para lo cual se crea un Comité de Postulaciones Electorales integrado por representantes de diferentes sectores de la sociedad, organismo que tendrá a su cargo hacer viables las elecciones de los miembros del Consejo Nacional Electoral, que en un número de cinco, provienen tres de la sociedad civil, uno de las facultades de ciencias jurídicas y políticas de las universidades nacionales y uno del Poder Ciudadano.

Asimismo, el Poder Electoral asume no sólo las funciones que eran ejercidas por el anterior Consejo Nacional Electoral, extendidas o ampliadas a la organización y realización de los actos electorales destinados a la elección de cargos públicos, sino también las atinentes al régimen refrendario, elecciones de sindicatos, gremios profesionales y asociaciones con fines políticos, cuya regulación se remite a la ley. Igualmente se establece la posibilidad de que el Poder Electoral participe en la organización de procesos electorales de otras organizaciones de la sociedad civil, previa solicitud de éstas con miras al desarrollo de vías o mecanismos de autofinanciamiento.

正是对本《宪法》第186条的阐释，在这一条规定中以宪法文本的形式对国家立法机关作出了一院制的规定，并且由其确立了立法机关。

特别要值得一提的是，这一项新的权力的创新之处还在于将民事和选民登记进行整合，由选举权部门负责民事和选民登记的组织、领导和监督，以这种方式探索发展和谐机制的可能性，以便于将国家登记制度的形成和自动净化作为确保民事和选民登记制度透明化的基础。

因此，作为公权力的一部分，选举权部门遵守组织独立、职能和预算自治、选举组织与政党分离、中立、公民参与的原则，以及选举管理分权化、选举和计票透明高效等原则。为此，设立由社会不同部门的代表组成的选举提名委员会，由其负责遴选国家选举委员会委员。国家选举委员会由五名委员组成，其中三名来自公民社会，一名来自国内大学的法学和政治学系，一名来自公民权部门。

因此，选举权部门不仅承担着原先设立的国家选举委员会的职能，《宪法》还将其职能扩大至组织和实施选举各公职人员的选举活动，以及有关公民投票表决事务，根据法律相关规定的具有政治目的的工会、专业协会和组织的选举。同样地，规定选举委员会可以应公民社团机构的请求，参与组织该社团的选举过程。公民社团的选举以自筹资金的方法或者机制进行。

REPÚBLICA BOLIVARIANA DE VENEZUELA
ASAMBLEA NACIONAL CONSTITUYENTE

En tal sentido, y en atención al control jurisdiccional necesario de los actos, omisiones, vías de hecho emanados del Poder Electoral, a propósito de los procesos comiciales referidos y a su funcionamiento, el nuevo texto constitucional creó la Jurisdicción Contencioso Electoral, ejercida por la Sala Electoral del Tribunal Supremo de Justicia.

TÍTULO VI
DEL SISTEMA SOCIOECONÓMICO

Capítulo I
Del régimen socioeconómico y de la función
del Estado en la economía

El Título VI de la Constitución se refiere al sistema socioeconómico. El régimen socioeconómico no se define de forma rígida, no obstante se consagran principios de justicia social, eficiencia, democracia, libre competencia e iniciativa, defensa del ambiente, productividad y solidaridad, fuera de cualquier dogmatismo ideológico con relación a la ya superada disputa sobre los roles del mercado y el Estado, evitando una visión extrema y excluyente de los contenidos sociales de todo sistema económico, pero sentando las bases de una economía de respeto a la acción individual.

El Estado no está ausente, tiene un papel fundamental como regulador de la economía para asegurar el desarrollo humano integral, defender el ambiente, promover la creación de valor agregado nacional y de fuentes de trabajo, garantizando la seguridad jurídica para fomentar, junto con la iniciativa privada, el desarrollo armónico de la economía nacional y la justa distribución de la riqueza. En suma, se plantea un equilibrio entre Estado y mercado, en razón de que el problema no es más Estado o menos Estado, sino un mejor Estado y el mercado no es un fin en sí mismo, sino un medio para satisfacer las necesidades colectivas; ese equilibrio debe prevalecer entre productividad y solidaridad, entre eficiencia económica y justicia social, dando libertad a la iniciativa privada y preservando el interés del colectivo.

考虑到对实现选举权过程中的行为或者疏忽有必要进行司法监督，使得相关选举过程得以进行，新宪法文本设立了选举争议管辖权。这一管辖权由最高法院选举案件庭行使。

第六编
社会经济体系

第一章
社会经济制度和
国家在经济中的职能

《宪法》的第六编是社会经济体系。《宪法》对于社会经济体系没有作出硬性规定，但是规定以社会公正、效率、民主、自由竞争和发挥主动性、保护环境、生产性和团结性为原则。不得以市场和国家在社会经济中应当扮演的角色这一过时的争论相关的任何形式教条思想对社会经济造成影响，避免产生关于经济体系的社会内容的极端和排他观点，但是应当将尊重个人活动奠定为经济的基础。

国家在经济中不能缺位，应当作为经济的调节者发挥基础性作用，以确保人类整体发展，保护环境，增加国内附加值和扩大就业。通过确定法律保障规定，国家与私人部门一道促进国家经济的和谐发展和财富分配的公平。总之，《宪法》提出国家和市场之间应该保持平衡，因为国家多一点还是少一点本身不是问题，好的政府和市场也并不是目的，好的政府和市场应该是满足集体需求的手段。国家和市场之间的平衡必须顾及生产性和团结性，顾及经济效率和社会公正，这就需要既要给予私人部门自由，又要维护集体的利益。

El Estado debe orientar las políticas macroeconómicas y sectoriales para promover el crecimiento y el bienestar. Se reconoce como esencial la acción reguladora del Estado para establecer un marco normativo estable que brinde seguridad jurídica a la actividad económica, postulando una economía abierta a las inversiones extranjeras y garantizando que éstas estarán sujetas a las mismas condiciones de la inversión nacional.

Por conveniencia nacional el Estado queda facultado para reservarse determinadas actividades económicas, de manera particular en el sector minero y petrolero. De forma transparente se reconoce que el dominio sobre esas áreas puede hacerse de acuerdo con el sector privado, dejando claramente establecido que el Estado puede entrar en convenios de asociación con el sector privado para el desarrollo y la explotación de esas actividades. Se le otorga rango constitucional a la nacionalización petrolera, pero al mismo tiempo establece la posibilidad de continuar en convenios de asociación con el sector privado siempre y cuando sean de interés para el país, y no desnaturalicen el espíritu, propósito y razón de la nacionalización petrolera.

El Estado se compromete a ejercer acciones prioritarias en algunos sectores económicos para darle dinamismo, sustentabilidad y equidad al desarrollo económico, tales como la actividad agropecuaria, la pequeña y mediana industria, el turismo, el sector de cooperativas y demás formas de la economía popular. La actividad de producción de alimentos queda establecida como esencial para el país, consagrándose el principio de la seguridad alimentaria en función del acceso oportuno y permanente de alimentos por parte de los consumidores.

Capítulo II
Del régimen fiscal y monetario

Otra importante innovación del texto fundamental es la introducción de principios constitucionales dirigidos a establecer como una obligación del Estado velar por la estabilidad macroeconómica, promoviendo un ambiente propicio para el crecimiento y la generación de bienestar para los ciudadanos.

委内瑞拉玻利瓦尔共和国
全国制宪大会

国家引导宏观经济政策和各经济部门政策的制定，以促进经济增长和福利。国家最必要的监管行为，就是建立一个稳定的监管框架，为经济活动提供法律保障，规定经济应当向外国投资开放，并且确保外国投资与国内投资适用相同的条件。

为保护国家利益，国家保留以特定方式对采矿业和石油业进行特定经济活动的权利。《宪法》以透明的方式承认私人部门可以控制这些领域，但是《宪法》也明确指出，国家可以与私人部门通过缔结协议进行合营的方式，进行上述领域的开发和利用。在宪法层面规定石油的国有化，但同时也规定与私人部门继续通过缔结协议进行联合的可能性，但是这种形式必须为了实现国家利益，并且不改变对石油实行国有化的精神、目的和原因。

国家为给经济发展提供活力、可持续性和公平性，在诸如农业和畜牧业、中小产业、旅游业、合作经济、其他形式的大众经济等部门采取优先行动。食品生产是国家的根本。根据确保消费者可以及时并且不间断地获得粮食的规定，确立食品安全原则。

第二章
财政和货币制度

宪法文本的另一项重要创新是，引入了旨在确立国家确保宏观经济稳定责任的宪法性原则，以此为促进和创造公民福利提供有利环境。

La estabilidad macroeconómica se establece con base en tres principios fundamentales, a saber: equilibrio fiscal y un nivel prudente de deuda pública; autonomía del Banco Central en el cumplimiento de sus funciones, con un claro mecanismo de rendición de cuentas y coordinación transparente de las políticas macroeconómicas.

Sección primera: del régimen presupuestario

El principio de equilibrio fiscal obliga que las finanzas públicas estén en orden, y en un plazo razonable de tiempo los ingresos ordinarios sean suficientes para cubrir los gastos ordinarios; ese plazo razonable de tiempo estará definido de acuerdo con la ley, en el plazo del marco plurianual del presupuesto. El equilibrio fiscal además debe ser consistente con un nivel prudente de deuda, aspectos sobre los cuales deberá hacerse legislación específica.

Se establece un límite al endeudamiento de acuerdo con la ley. El Estado debe mantener un nivel prudente de deuda pública acorde con el tamaño de la economía, la inversión productiva y la capacidad de generar ingresos para cubrir el servicio de la deuda.

Al establecer una regla de equilibrio presupuestario sostenible se dota a la política económica de un efectivo antídoto contra el endeudamiento público descontrolado. En el marco plurianual del presupuesto, que se fijará por ley, los ingresos ordinarios tienen que ser suficientes para cubrir los gastos ordinarios, es decir, el Estado no puede endeudarse para cubrir el servicio de intereses de la deuda. Esta noción de equilibrio en el marco plurianual implica que es posible tener déficit en uno o dos años y luego corregir el desequilibrio, de forma de compensar déficits o superávits fiscales en el tiempo.

Se definen los plazos, reglas y facultades del Parlamento en la aprobación del presupuesto. En cuanto a los créditos adicionales, se restringe la opción de tal mecanismo a la existencia efectiva de recursos en tesorería, así se logra una disposición sana en el manejo presupuestario para enfrentar situaciones imprevistas, sin introducir perturbaciones en la disciplina fiscal, gracias a la

宏观经济的稳定基于三个主要原则，即财政平衡和适度的公共债务，央行在履行职责时的自主权，明确的汇报机制和宏观经济政策的透明协调。

第一节　预算制度

财政平衡的原则要求有秩序的公共财政，并且在合理的时间周期内经常性财政收入能足够覆盖经常性支出。该合理的时间周期应当建立在多年度预算框架的范围内，由法律进行规定。财政平衡还要求必须有适度的债务，应该有具体的立法对此进行规定。

债务的限度应当根据法律进行确定。国家应当根据经济发展规模、生产性投资和收入支付公共债务的能力确定公共债务的限度。

建立可持续的平衡预算规则，以使得制定的经济政策能够有效应对公共债务的失控。在由法律规定的多年度预算框架内，经常性财政收入能够足以覆盖经常性支出，也就是说，国家不能借钱偿还债务利息。多年度框架平衡的概念意味着，可以在一年或者两年内存在赤字，但是在之后能够以填补赤字或者盈余的方式对造成的不平衡进行修正。

《宪法》对批准预算的期限、规则和国会的职权进行了规定。对于预算外的临时项目，将国库中确实存在可以使用的资源作为对其批准的条件，由此设立了预算管理应对不

presencia de una regla efectiva de equilibrio presupuestario, la cual es una de las innovaciones más importantes de la Constitución.

Sección segunda: del sistema tributario

Se mantiene que en la Constitución sólo deben estar los principios básicos que definan y regulen el sistema tributario. Este criterio de brevedad y sencillez coincide con recientes constituciones de América Latina.

El sistema tributario procurará la justa distribución de las cargas públicas según la capacidad económica del contribuyente, atendiendo al principio de progresividad, así como a la protección de la economía nacional y a la elevación del nivel de vida de la población, y deberá sustentarse para ello en un sistema eficiente para la recaudación de los tributos. Se establece que la evasión fiscal, sin perjuicio de otras sanciones establecidas por la ley, podrá ser castigada penalmente.

Como disposición transitoria se prevé que dentro de los dos años siguientes a la entrada en vigencia de esta Constitución, la Asamblea Nacional dicte una reforma del Código Orgánico Tributario que contribuya a modernizar la administración tributaria. Ampliando las facultades de regulación, control y penalización del fraude fiscal.

Sección tercera: del sistema monetario nacional

Se le da rango constitucional a la autonomía del Banco Central de Venezuela en el ejercicio de sus funciones para alcanzar un objetivo único y exclusivo. Éste se precisa como el de estabilizar el nivel de precios para preservar el valor de la moneda. La autonomía del Banco Central implica que la autoridad monetaria debe ser independiente del Gobierno y se prohíbe constitucionalmente toda práctica que obligue al Banco Central a financiar o convalidar políticas fiscales deficitarias. En el ejercicio de sus funciones el Banco Central de Venezuela no podrá emitir dinero sin respaldo.

可预见情况时的合理制度，并且使得该应对方式不致违反财政纪律。这套有效的预算平衡规则是《宪法》最重要的创新之一。

<h2 style="text-align:center">第二节　税收体系</h2>

《宪法》维持了只对税收体系的基本原则进行定义和规范的规定。这一简洁和简便的方式与晚近的拉美各国宪法相符。

税收体系应当根据纳税人的支付能力，采取累进税制，确保公共负担的公平分配，同时保护国家经济，提高人民的生活水平。为此，应当建立有效的征税体系。对于逃税行为，《宪法》规定可以对其处以刑罚，并且不因此而影响应当依法予以进行的其他制裁。

在过渡性条文中规定，在本《宪法》生效后的两年内，国民大会对《税收组织法典》进行修订以求实现税收管理现代化。同时，对调节、控制和处罚逃税行为的权限也进行了扩展性规定。

<h2 style="text-align:center">第三节　国家货币体系</h2>

在宪法层面规定，委内瑞拉中央银行在履行其独有和专门职能时所具有的自治权。稳定价格水平，保持货币价值需要作出这样的规定。中央银行的自治权意味着货币当局应当独立于政府，以宪法的形式禁止任何迫使中央银行为财政赤字政策提供背书或者提供资金。委内瑞拉中央银行在行使其职能时，不得违背后备规则发行货币。

La autonomía también implica asumir responsabilidades ante la sociedad y exige establecer un mecanismo de rendición de cuentas ante el Poder Nacional, en particular ante la Asamblea Nacional como representación de la voluntad popular. Se establece que el incumplimiento del objetivo, sin causa justificada, dará lugar a la remoción del directorio de acuerdo con la ley. Es decir, todo lo relativo a las causas específicas y mecanismo preciso de remoción, se deja a la legislación correspondiente.

Esto se complementa con la vigilancia y supervisión que deben establecer los organismos e instancias competentes sobre la gestión del Banco Central de Venezuela, como la Contraloría General de la República y el organismo público de supervisión bancaria. La labor de la Contraloría se ceñirá al control posterior y tan sólo de la gestión administrativa, evaluando la legalidad, eficiencia y oportunidad del gasto, referida ésta a la correcta ejecución temporal del mismo en cada ejercicio.

El presupuesto de gastos de operación del Banco Central requerirá la aprobación de la Asamblea Nacional. Este presupuesto está sólo referido a los gastos operativos, tanto corrientes como de capital, así como a los gastos por acuñación y emisión de especies monetarias, proyectos de inversión y otros gastos administrativos especiales. No se considera sujeto al Parlamento lo relativo al presupuesto de política monetaria y a las inversiones financieras del Banco Central.

En cuanto a la designación de las autoridades la Constitución remite el mecanismo a la ley, el cual deberá contemplar un procedimiento público de evaluación de los méritos y credenciales de los postulados a dichos cargos. La ley que regule el Banco Central de Venezuela deberá atribuir al Poder Ejecutivo la designación del presidente del Banco Central de Venezuela y, al menos, de la mitad de sus directores, y establecerá los términos de participación del Poder Legislativo en la ratificación de estas autoridades. Se deja también a la ley, mediante disposición transitoria expresa, los detalles de las funciones, organización, así como algo muy importante: un régimen de incompatibilidades para sus altos funcionarios, para evitar los conflictos de intereses y el manejo de información privilegiada.

委内瑞拉中央银行的自治性还表现在其向社会承担责任上。《宪法》还要求建立中央银行向国家权力部门，特别是向作为人民意愿代表的国民大会提交报告的机制。《宪法》规定，委内瑞拉中央银行非因正当理由不履行上述规定时，应当依法撤换其董事会。也就是说，对免职相关的具体原因和详细机制，留待相关立法进行规定。

《宪法》还补充规定，委内瑞拉中央银行的管理接受诸如总审计署和银行业监管机构等主管机构和部门的监督。总审计署的工作围绕后期监督，只涉及行政管理事项，对开支的合法性、有效性和及时性进行评估，并且检查每项行为是否都是适时正当执行。

委内瑞拉中央银行的运营预算应当提交国民大会进行批准。这项预算只涉及其运营支出，既包括现金项目也包括资本项目，以及铸造和发行货币的费用、投资项目和其他专项的管理费用。关于货币政策和中央银行金融投资的预算无须受国会制约。

关于委内瑞拉中央银行权力机关组成人员的任命，《宪法》将该机制交予法律进行规定，由法律确定对候选人进行根据业绩和任职资格进行评估的公开程序。该法律还应当规定，行政权部门有权向委内瑞拉中央银行指派主席和至少半数的董事会成员，并且规定国家立法权部门有权对上述人员进行指定和批准。在《宪法》的过渡性规定中还指出，法律应当规定委内瑞拉中央银行的职能及其组成的细节，以及一项非常重要的内容——其高级公职人员不得兼职的制度，以避免利益冲突和内幕信息操纵。

Sección cuarta: de la coordinación macroeconómica

Dada la relevancia que tienen en Venezuela los efectos monetarios de la gestión fiscal, se plantea la necesidad de establecer adecuadas reglas que garanticen la coordinación de política macroeconómica, que fijen el marco institucional en que se deben desarrollar políticas específicas.

El principio de coordinación requiere que el Banco Central de Venezuela y el Ministerio encargado de las Finanzas coordinen sus políticas y a través de un programa o acuerdo que defina un curso anunciado con anticipación, consistente con el logro de determinados objetivos. Se establece un mecanismo para la resolución de conflictos entre un Banco Central de Venezuela autónomo y el fisco, en función de evitar las tradicionales contradicciones entre la política monetaria y la fiscal.

Se plantea un conjunto de reglas básicas de transparencia y coordinación en el cual se desarrollen de manera armónica las políticas fiscal, cambiaria y monetaria, estableciendo que los objetivos y acciones deben ser anunciados, el compromiso de coordinación entre el Banco Central de Venezuela y el fisco nacional y que los responsables de esas políticas deben rendir cuentas de sus actuaciones, en los términos que fije la ley. Esto no es otra cosa que la introducción de reglas claras para el desarrollo de la actividad económica, como premisa básica para generar y mantener la confianza.

Finalmente, se le otorga rango constitucional al Fondo de Estabilización Macroeconómica para garantizar la estabilidad del presupuesto y conservar, más allá de las contingencias por cambios de gobierno y de las leyes, un dispositivo que permita amortiguar las fluctuaciones de los ingresos fiscales.

第四节　宏观经济调控

鉴于财政管理中货币效应在委内瑞拉的重要性，需要建立适当的规则以确保宏观经济政策的协调，确定具体政策产生的体制框架。

协调原则要求委内瑞拉中央银行和负责财政的部委协调其政策，通过程序或者协议提前宣布为实现某些特定目标的过程。《宪法》规定用于解决自治的委内瑞拉中央银行和财政部门之间冲突的机制，避免货币政策和财政政策之间的传统矛盾。

设立财政政策、货币政策和汇率政策和谐发展的透明和协调的基本规则，规定相关目标和行动都应当进行公布。委内瑞拉中央银行、国家财政部以及负责上述政策的机构之间经协调达成承诺后，应当根据法律规定对实现承诺所采取的行动进行汇报。这种规定无非是引入进行经济活动的明确规则，作为建立和维护信任的基本前提。

最后，在宪法层面规定宏观经济稳定基金以确保预算稳定，并且作为在发生超出政府和法律可以预期的突发性变化时，对财政收入波动进行缓冲的机制。

TÍTULO VII
DE LA SEGURIDAD DE LA NACIÓN

Capítulo I
Disposiciones generales

En el Título VII de la Constitución se definen los principios que rigen la seguridad de la Nación, la cual es responsabilidad no sólo del Estado, sino de todos los venezolanos, así como de las personas naturales o jurídicas que se encuentren en el espacio geográfico nacional.

Se crea un Consejo de Defensa de la Nación con el objeto de que sea el máximo órgano administrativo de consulta, para la planificación y asesoramiento del Poder Público en los asuntos relacionados con la defensa integral de la Nación, su soberanía y la integridad de su espacio geográfico, sin perjuicio de las atribuciones que tengan los diferentes órganos del Estado conforme a esta Constitución y las leyes. En tal sentido le corresponde establecer la dirección estratégica de la Nación, para prevenir o minimizar cualquier amenaza. Dicho Consejo estará integrado por el Presidente de la República, el Vicepresidente de la República, el Presidente de la Asamblea Nacional, el Presidente del Tribunal Supremo de Justicia y el Presidente del Consejo Moral Republicano, y los ministros de los sectores de defensa, la seguridad interior, relaciones exteriores y de planificación.

Se reserva al Estado la posesión y uso de armas de guerra. La Fuerza Armada Nacional, por órgano del Presidente de la República, quien actuará en su carácter de Comandante en Jefe, reglamentará y controlará, de acuerdo con la ley, todo lo referente a otras armas, municiones y explosivos.

Se faculta al Ejecutivo nacional para clasificar y divulgar aquellos asuntos que guarden relación directa con la planificación y ejecución de operaciones concernientes a la seguridad de la Nación, en los términos que la ley establezca, siempre que ello no signifique una violación del libre ejercicio de los derechos y garantías reconocidos por la Constitución. Esta facultad, en todo caso, debe estar

委内瑞拉玻利瓦尔共和国
全国制宪大会

第七编
国家安全

第一章
一般规定

《宪法》第七编定义了国家安全的原则。国家安全不仅是国家的责任，也是位于委内瑞拉地理空间内包括公私法人和自然人在内的所有委内瑞拉人的责任。

设立国防委员会，将其作为公权力中就国家整体防御、主权和地理空间完整相关事务提供规划和建议的最高咨询机构，并且不妨碍宪法和法律对其他各国家机关的职权的规定。为此，国防委员会同时负责确立国家的战略方向，以预防和降低任何威胁。该委员会由共和国总统、执行副总统、国民大会主席、最高法院院长、共和国道德伦理委员会主席，以及负责国防事务、内务安全事务、外交事务和规划事务的部长组成。

国家保留拥有和使用战争武器的权利。由国家总统作为组成部门，并且由总统作为总司令的国家武装力量，依法管理和监督所有与武器、军火和爆炸品有关的事项。

对于直接与国家安全相关活动的规划和执行相关的事务，规定由国家行政部门依据法律规定保留对其进行分类和对信息披露进行控制的权利。但是行使该权利不得违反《宪

sometida a la revisión judicial y no podrá ser un obstáculo de la función que ejercen los tribunales de la República.

Capítulo II
De los principios de seguridad de la Nación

En el Capítulo II de este Título se establecen los principios de seguridad de la Nación, la cual se fundamentará en la corresponsabilidad entre el Estado y la sociedad civil para dar cumplimiento a los principios de independencia, democracia, igualdad, paz, libertad, justicia, solidaridad, promoción y conservación ambiental y afirmación de los derechos humanos, así como en la satisfacción progresiva de las necesidades individuales y colectivas de los venezolanos y venezolanas, sobre las bases de un desarrollo sustentable y productivo de plena cobertura para la comunidad nacional.

Con el objeto de promover el desarrollo de las zonas fronterizas venezolanas, dichas áreas se declaran de atención prioritaria. A tal efecto, se establece una franja de seguridad de fronteras que será regulada por la ley, que permitirá establecer su amplitud, regímenes especiales económicos y sociales, para promover el desarrollo de sus actividades productivas y mejorar las condiciones de vida de sus pobladores, protegiendo de manera expresa los parques nacionales, el hábitat de los pueblos indígenas allí asentados y demás áreas bajo régimen de administración especial.

Capítulo III
De la Fuerza Armada Nacional

Para la mejor ejecución de los altos fines que le han sido encomendados por la Constitución, se unifica a las Fuerzas Armadas Nacionales en un cuerpo militar uniforme denominado la Fuerza Armada Nacional, pero manteniendo cada uno de los cuatro componentes integrantes de la institución sus características y especificidad como fuerza; siendo esta institución esencialmente profesional, sin militancia política alguna, subordinada a la autoridad civil, organizada por el Estado para garantizar la independencia y soberanía de la Nación y asegurar la

法》承认的权利和各项保障的自由行使。在任何情况下都可以对该项权利的行使进行司法审查，并且该项权利不能阻碍共和国法院行使其职能。

第二章
国家安全的原则

本编第二章规定了国家安全的原则。国家安全的基础是国家和市民社会共担责任，贯彻独立、民主、平等、和平、自由、公正、团结、促进和保护环境、维护人权，以及不断满足委内瑞拉个人和集体的需要等原则，以整个国家有效地可持续发展为基础。

为了促进委内瑞拉边境区域的发展，应当作出优先关注上述区域的表示。因此，依法设立边境安全带，并且由法律确立边境安全带的宽度、该范围内实行的特殊经济社会制度，以促进区域内生产活动的发展和完善居民生活条件。根据该法律规定的方式保护区域内的国家公园、土著人民居住区和该特别管理制度下的其他区域。

第三章
国家武装力量

为更好地实施《宪法》制定的崇高目标，将国内各武装力量整合为统一的军事部队，并且将其命名为国家武装力量，但是仍然保持其下辖的四个组成部门各自的特点和武装特性。国家武装力量是由国家组织的，保障国家独立和主权完整、确保领土完整的主要职业化机构，国家武装力量不得带有任何政治倾向，服从于民选政权，并且依据本《宪法》和

integridad del espacio geográfico, mediante la defensa militar, la cooperación en el mantenimiento del orden interno y la participación activa en el desarrollo nacional, de acuerdo con esta Constitución y la ley.

En el cumplimiento de sus funciones, la Fuerza Armada Nacional está al servicio exclusivo de la Nación y de la Constitución, en ningún caso al de persona o parcialidad política alguna. Sus pilares fundamentales son la disciplina, la obediencia y la subordinación conforme a lo establecido en la Constitución y las leyes.

La Fuerza Armada Nacional está integrada por el Ejército, la Armada, la Aviación y la Guardia Nacional, que funcionarán de manera integral dentro del marco de su competencia para el cumplimiento de su misión, con un régimen de seguridad social integral propio, según lo establezca su respectiva ley orgánica.

Se establece como responsabilidad de los órganos que integran la Fuerza Armada Nacional, la planificación, ejecución y control de las operaciones militares requeridas para asegurar la defensa de la Nación. En todo caso, la Guardia Nacional cooperará en el desarrollo de dichas operaciones y tendrá como responsabilidad básica la conducción de las operaciones exigidas para el mantenimiento del orden interno del país, considerado éste como el estado en el cual se administra la justicia, se consolidan los valores de libertad, democracia, independencia, paz, solidaridad, bien común, integridad territorial, convivencia e imperio de la Constitución y la ley. Todo ello armonizado en un escenario donde predominan y se practican los principios constitucionales y preceptos bolivarianos, en un clima de absoluta participación democrática.

Finalmente, siguiendo una tendencia en Derecho Comparado con el objeto de no establecer discriminaciones entre los ciudadanos, se permite que los integrantes de la Fuerza Armada Nacional en situación de actividad ejerzan el derecho al sufragio de conformidad con la ley. No obstante, se les mantiene la prohibición de optar a cargo de elección popular, o participar en actos de propaganda, militancia o proselitismo político.

委内瑞拉玻利瓦尔共和国
全国制宪大会

法律，通过军事防御和合作，维护国内秩序，保护参与国家发展的各项活动。

国家武装力量在履行其职能时只服务于国家和《宪法》，任何情况下都不得服务于任何个人或者政党。国家武装力量的根本基础是纪律、服从和听令于《宪法》和法律的规定。

国家武装力量由陆军、海军、空军和国家警卫队组成，在为履行其使命相匹配的职责范围和整体社会安全体系内，依据相关组织法以整体的方式运行。

《宪法》规定组成国家武装力量的机构承担计划、执行和监督国防所须军事行动的职责。在任何情况下，国家警卫队为执行上述活动提供合作，同时为提供维护国内秩序所须的行动承担基本责任，并且将其作为国家实现司法管理的方式，使得自由、民主、独立、和平、团结、共同利益、领土完整、共同生存、宪法和法律至上的价值得到巩固。上述所有理念都协调于宪法性原则和玻利瓦尔理念占主导的，并且践行宪法性原则和玻利瓦尔观念的大局中，协调于绝对的民主参与的氛围中。

最后，遵循比较法中关于不对任何公民作出歧视性规定的趋势，《宪法》规定允许国家武装力量组成人员依法行使其选举权。但是，国家武装力量的组成人员不得竞选任何须经民选才能当选的职务，也不得参与政治宣传、攻势或者游说。

En materia de ascensos militares, se establecen criterios para lograr la transparencia y objetividad, a través de la publicación del escalafón de méritos periódicamente y la determinación de las plazas vacantes, eliminándose el factor de corrección por ser muy subjetivo. Este nuevo proceso permite ascender cualquier día del año y que el personal conozca su ubicación en el escalafón de méritos. El ascenso será un derecho, si se han cumplido los requisitos necesarios, acabando con la discrecionalidad de las juntas de evaluación, las cuales se limitarán a respetar los resultados de las calificaciones de mérito.

Capítulo IV
De los órganos de seguridad ciudadana

Con el objeto de mantener y restablecer el orden público, proteger a los ciudadanos, hogares y familias, apoyar las decisiones de las autoridades competentes y asegurar el pacífico disfrute de las garantías y derechos reconocidos por la Constitución, se le impone al Ejecutivo nacional la obligación de organizar, de conformidad con la ley, un cuerpo uniformado de policía nacional, un cuerpo de investigaciones científicas, penales y administrativas, un cuerpo de bomberos y de administración de emergencias de carácter civil y una organización de protección civil y administración de desastres.

TÍTULO VIII
DE LA PROTECCIÓN DE ESTA CONSTITUCIÓN

Capítulo I
De la garantía de esta Constitución

Siguiendo una tendencia presente en España, Francia, Italia, Portugal, Rumanía y en algunos países latinoamericanos, cuyas constituciones regulan la justicia constitucional en un título o capítulo distinto del que se refiere al Poder Judicial, la Constitución incluye en el Título VIII un capítulo denominado De la Garantía de esta Constitución, que contiene las disposiciones fundamentales sobre la justicia constitucional y consagra las principales competencias que corresponden a la Sala Constitucional del Tribunal Supremo de Justicia. Dicho Capítulo da eficacia a los postulados contenidos en el artículo 7 del Título I, que consagra los principios

委内瑞拉玻利瓦尔共和国
全国制宪大会

对于军人的晋升，《宪法》规定了保证透明性和客观性的标准，通过定期公布功勋的级别和依据职位空缺进行晋升排除非常主观的因素。这种新的程序允许在一年中的任何一天对军人进行晋升，并且使得军人知晓其在职级体系中的位阶。军人获得晋升是军人的一项权利，只要符合必要的条件，并且经过评级委员会进行自由裁量，军人必须尊重职级评级结果。

第四章

公民安全机构

为维持和重建公共秩序、保护公民个人和家庭、支持相关当局的决定、确保和平享有《宪法》规定的保障和权利，国家行政部门有义务依据法律规定，负责组织统一的国家警察队伍、科学的刑事和行政案件调查队伍、民用消防和应急管理队伍，以及民事保护和灾难管理组织。

第八编

本宪法的保护

第一章

本宪法的保障

目前，在西班牙、法国、意大利、葡萄牙、罗马尼亚和一些拉美国家，其宪法中将宪法司法化问题在不同于司法权的章节中进行了规定。顺应这一趋势，《宪法》在第八编第一章中包含了名为"本宪法的保障"的内容，其中包括对宪法司法化的基本规定，并且赋予最高

de supremacía y fuerza normativa de la Constitución, base sobre la cual descansa la justicia constitucional en el mundo.

En el mencionado Capítulo se describe el sistema venezolano de justicia constitucional y al efecto se indica que todos los jueces de la República están en la obligación de asegurar la integridad de la Constitución en el ámbito de sus competencias y conforme a lo previsto en su texto y en las leyes, reafirmándose de esta manera que la justicia constitucional en Venezuela la ejercen todos los tribunales de la República, no sólo mediante el control difuso de la constitucionalidad, sino además, por otros medios, acciones o recursos previstos en la Constitución y en las leyes, como la acción de amparo constitucional, destinada a ofrecer una tutela judicial reforzada de los derechos humanos reconocidos y garantizados expresa o implícitamente en la Constitución.

Como consecuencia de ello, se eleva a rango constitucional una norma presente en nuestra legislación desde 1887, característica de nuestro sistema de justicia constitucional y según la cual, en caso de incompatibilidad entre la Constitución y una ley u otra norma jurídica, serán aplicables en todo caso las disposiciones constitucionales, correspondiendo a los tribunales en cualquier causa, aun de oficio, decidir lo conducente. En otras palabras, se consagra el control difuso de la constitucionalidad de las leyes y de las disposiciones normativas.

Al mismo tiempo, se consagra el control concentrado de la constitucionalidad de las leyes y de los demás actos de los órganos que ejercen el Poder Público dictados en ejecución directa e inmediata de la Constitución, el cual corresponde exclusivamente a la Sala Constitucional del Tribunal Supremo de Justicia. En consecuencia, se trasladaron a la Sala Constitucional las competencias que en esta materia tenía la extinta Corte Suprema de Justicia en pleno, con el objeto de especializar el órgano que ejerce la jurisdicción constitucional y descongestionar de atribuciones a la nueva Sala Plena, para que sólo ejerza las competencias que le son asignadas en el artículo 266, numerales 2 y 3 del texto constitucional, no teniendo en consecuencia, competencia ni atribución alguna en materia constitucional.

La exclusividad de la Sala Constitucional en el ejercicio de la jurisdicción constitucional, implica que sólo a dicho órgano le corresponde ejercer el control

法院宪法庭行使主要的管辖权。该章赋予本《宪法》第一编第7条所规定内容的效力，承认宪法的权威性和规范效力的原则，而这正是世界范围内宪法司法化的基础。

该章规定了委内瑞拉宪法司法化的体制，指出共和国的所有法官在其职权范围内，均有义务依据宪法文本和法律文本的规定，确保本《宪法》的完整性，以这种方式重申共和国的所有法院有权在委内瑞拉进行宪法司法化。宪法司法化不仅可以通过对合宪性的广泛监督来进行，还可以通过宪法和法律规定的其他方式、诉讼或者提出不服申请来进行，比如通过提出宪法补救的申请获得对《宪法》明示或者暗示承认和保障的各项人权的强制性司法保护。

因此，把自1887年起已经出现在我们立法中的原则上升到宪法层面规定的高度，并且由此作为我国宪法司法化体系的特点。该原则规定了法官在其审理的任何案件中，本《宪法》与法律或其他法律规定之间出现不一致时，法官无须当事人请求而依其职权适用《宪法》条款进行裁决。换言之，要求法律和规范性条文接受合宪性的广泛监督。

同时，对法律以及行使公共权力的机构制定的直接实施本《宪法》的法案的合宪性，由最高法院宪法庭行使其专有的权力进行集中监督。因此，将最高法院全体法官会议在这方面的权力转移至宪法庭，以便设置专门行使宪法司法化的机构，减少最高法院全体法官会议的职权。最高法院全体法官会议只行使宪法文本第266条第2款和第3款赋予的权力，而不具有宪法事项的任何管辖权和职权。

宪法庭行使宪法司法化的专有性，意味着对法律以及行使公共权力的机构制定的直接

concentrado de la constitucionalidad de las leyes y demás actos de los órganos que ejerce el Poder Público dictados en ejecución directa e inmediata de la Constitución, pero no impide que la propia Constitución o las leyes, le atribuyan otras competencias en materia constitucional.

De esta forma, se esboza el sistema venezolano de justicia constitucional, reafirmándose la coexistencia de los métodos de control concentrado, difuso y extraordinario de la constitucionalidad, los cuales se ejercen a través de la acción popular de inconstitucionalidad, la aplicación preferente de la Constitución respecto a leyes o normas inconstitucionales en un caso concreto, y la acción de amparo.

Ante la Asamblea Nacional Constituyente se presentaron algunas propuestas con el objeto de crear una Corte o Tribunal Federal Constitucional, en lugar de una Sala Constitucional en el Tribunal Supremo de Justicia. No obstante, prevaleció por consenso esta última tesis. Sin embargo, la Constitución en el Capítulo referido a la Garantía de esta Constitución, dota a la Sala Constitucional del carácter y de las competencias que tiene en Derecho Comparado cualquier Corte o Tribunal Constitucional. Por ello se indica que el Tribunal Supremo de Justicia garantizará la supremacía y efectividad de las normas y principios constitucionales; será el máximo y último intérprete de la Constitución y velará por su uniforme interpretación y aplicación, cualidad y potestades que únicamente posee en Sala Constitucional dado que ésta ejerce con exclusividad el control concentrado de la constitucionalidad.

En efecto, las facultades interpretativas que en tal sentido se otorgan al Tribunal Supremo de Justicia, en consonancia con las características básicas de la justicia constitucional en derecho comparado, sólo pueden ser ejercidas por órgano de la Sala Constitucional, pues a ella le corresponde exclusivamente el ejercicio de la jurisdicción constitucional. Además, con fundamento en el principio de división de poderes, tales facultades no pueden ejercerse de oficio o mediante acuerdos, sino con motivo de una acción popular de inconstitucionalidad, acción de amparo, recurso de interpretación de leyes u otro caso concreto de carácter jurisdiccional cuya competencia esté atribuida a la Sala Constitucional.

实施本《宪法》的法案的合宪性监督，只能由宪法庭集中进行。这一规定不得妨碍本《宪法》或者法律赋予该机构的其他宪法事项的管辖权。

为此，《宪法》在概述委内瑞拉的宪法司法化体制时，重申了对合宪性问题进行集中、广泛和特别监督的各种方法共存，通过针对违宪行为的人民诉讼、个案中对于违宪的法律或者规定予以代替适用《宪法》，以及采取宪法补救措施实现宪法司法化。

诚然，全国制宪大会也收到过通过设立联邦宪法高级法院或者联邦宪法法院取代最高法院宪法庭的建议。但是，设立宪法庭的建议更能达成共识。然而，《宪法》在"本宪法的保障"一章中赋予宪法庭与比较法中的任何宪法高级法院或者宪法法院相同的特点和权限。因此，由最高法院确保宪法规则和宪法性原则具有权威性和效力；最高法院是《宪法》的最高和最终解释者，负责《宪法》的统一解释和适用；最高法院保障其宪法庭专门的性质和权力，由宪法庭专门集中行使合宪性监督。

与比较法上宪法司法化的基本特点一致，《宪法》赋予最高法院的解释权只能由宪法庭行使，而最高法院宪法庭也是行使宪法司法化的专门机构。此外，作为权力划分的基本原则，该权力不得依职权或者通过协议行使，而是通过针对违宪行为的人民诉讼、采取宪法补救措施、提出解释法律的申请，以及其他属于宪法庭管辖的具体案件的方式行使。

En esta materia, se consagra una herramienta indispensable para que la Sala Constitucional pueda garantizar la supremacía y efectividad de las normas constitucionales. Así, se indica que las interpretaciones que establezca la Sala Constitucional sobre el contenido o alcance de las normas y principios constitucionales serán vinculantes para las demás Salas del Tribunal Supremo de Justicia y demás tribunales de la República, todo ello con el objeto de garantizar la uniforme interpretación y aplicación de tales normas y principios.

En todo caso, la ley orgánica respectiva establecerá los correctivos y las sanciones necesarias para aquellas Salas del Tribunal Supremo de Justicia y tribunales de la República que violen la Constitución o las interpretaciones que sobre sus normas o principios establezca la Sala Constitucional. Del mismo modo, la ley orgánica deberá consagrar un mecanismo de carácter extraordinario mediante el cual la Sala Constitucional pueda revisar los actos o sentencias de las demás Salas del Tribunal Supremo de Justicia que contraríen la Constitución o las interpretaciones que sobre sus normas o principios haya previamente fijado la Sala Constitucional, a fin de dar eficacia a los principios de supremacía y fuerza normativa de la Constitución consagrados en el artículo 7, conforme a los cuales todos los órganos que ejercen el poder público, sin excepción, están sujetos a la Constitución.

En definitiva, el carácter vinculante de las interpretaciones de las normas y principios constitucionales será el principal instrumento de la Sala Constitucional para fortalecer la justicia constitucional, darle eficacia al Texto Fundamental y brindar mayor seguridad jurídica a los ciudadanos.

En lo que atañe a las competencias de la Sala Constitucional, el fundamento de aquellas que le atribuye la Constitución y de las que se le asignarán mediante ley, está representado por los principios de supremacía y fuerza normativa de la Constitución consagrados en el artículo 7 y en virtud de los cuales, todo acto del Poder Público, sin excepción, debe estar sometido al control constitucional. Por tal razón, a la Sala Constitucional se le atribuye competencia para controlar la constitucionalidad de todos los actos de los órganos que ejercen el Poder Público dictados en ejecución directa e inmediata de la Constitución o que tengan rango de ley. En todo caso, la ley orgánica respectiva garantizará que ningún órgano del Poder

委内瑞拉玻利瓦尔共和国
全国制宪大会

　　因此，为使得宪法庭可以确保宪法性规范的权威性和效力，《宪法》设立了一项不可或缺的工具，即宪法庭对宪法性规则和原则的内容和范围所作出的解释，对最高法院其他庭和共和国其他法院具有约束力。这一规定用以确保上述规则和原则的统一解释和适用。

　　在任何情况下，相关组织法应当对最高法院其他庭和共和国其他法院违反《宪法》，或者违反宪法庭对《宪法》的规定、原则的解释实施予以纠正的措施和必要的处罚。同样地，组织法设立特殊机制，通过这一机制，宪法庭可以审查最高法院的其他法庭作出的违反《宪法》或者违反宪法庭作出的对《宪法》的规定、原则的解释的司法行为和判决，以便落实本《宪法》第7条规定的宪法的权威性和规范效力原则。根据这一原则，所有行使公权力的机构，无一例外都应当受到《宪法》的制约。

　　总之，宪法性规定和原则的解释的约束力是宪法庭加强宪法司法化、发挥宪法文本的效力和为公民提供更充分的法律保障的主要措施。

　　关于宪法庭的管辖权，《宪法》和法律赋予其最基础的权利是本《宪法》第7条规定的宪法的权威性和规范效力原则。这一原则要求所有公权力的活动无一例外都应当受到宪法性监督。为此，对于行使公共权力的机构制定的直接实施本《宪法》的法案和具有法律地位的法案，赋予宪法庭对其行使合宪性监督的权利。在任何情况下，由相关组织法确保任何公共权力机构都在宪法的监督之中，同时规定宪法庭通过最适当的特殊机制，有权对最

Público quede fuera del control constitucional, estableciendo entre otros aspectos, la competencia de la Sala Constitucional para controlar la constitucionalidad de las actuaciones de las demás Salas del Tribunal Supremo de Justicia, mediante el mecanismo extraordinario que considere más adecuado.

Con base en lo anterior, se atribuye a la Sala Constitucional competencias en ejercicio del control represivo de la constitucionalidad, para declarar la nulidad total o parcial de las leyes nacionales, constituciones y leyes estadales, ordenanzas municipales y demás actos dictados por cualesquiera de los órganos que ejercen el Poder Público, en ejecución directa e inmediata de la Constitución.

En materia de control preventivo, se atribuye a la Sala Constitucional la potestad de verificar la constitucionalidad de los tratados internacionales suscritos por la República antes de su ratificación.

En Derecho Comparado, una de las principales funciones de la justicia constitucional es el control de la constitucionalidad de los acuerdos y tratados internacionales, a través de un control preventivo que se ejerce antes de su ratificación y entrada en vigencia. Particularmente en las constituciones europeas, así como en varias constituciones de países de América Latina, se prevé ese mecanismo con el objeto de que las relaciones entre el derecho internacional público o el derecho comunitario, por una parte, y el derecho interno de cada Estado, por la otra, se presenten con la mayor armonía y uniformidad posible.

Se consideró necesario el control preventivo de la constitucionalidad de los tratados internacionales dado que luego del proceso de conclusión de un tratado internacional, es decir, de su ratificación y entrada en vigencia por las vías previstas en el derecho constitucional y en el derecho internacional público, la eventual y posterior declaración de inconstitucionalidad del mismo o de alguna de sus disposiciones por parte de la Sala Constitucional no podría, en principio, ser opuesta como una justificación para incumplir dicho tratado sin que se comprometa la responsabilidad internacional de la República.

高法院的其他法庭行为的合宪性进行监督。

　　基于上述情况，赋予宪法庭对合宪性行使监督权。宪法庭有权宣布国家立法、州宪法、州法律、市政条例和任何公权力机构规定的直接实施本《宪法》的其他法案全部或者部分无效。

　　在预防性监督方面，赋予宪法庭在对共和国已经签署的国际条约进行批准前，有权对其合宪性进行审查。

　　在比较法中，宪法司法化的主要功能之一是监督国际协定和国际条约的合宪性，在其批准和生效前通过行使预防性监督实现上述目的。特别是在欧洲和多数拉丁美洲国家的宪法中，制定这种机制以使每个国家的国内法与国际公法或者联盟法律之间的关系得到尽可能的和谐统一。

　　对国际条约的合宪性的预防性监督是有必要的。因为在国际条约的结论性阶段，即根据宪法性法律和国际公法对其进行批准和生效的阶段，宪法庭对国际条约或者国际条约的部分条款作出其违宪的临时性声明或者事后声明，原则上不得作为未履行上述条约的理由，因而不应当要求共和国承担国际责任。

REPÚBLICA BOLIVARIANA DE VENEZUELA
ASAMBLEA NACIONAL CONSTITUYENTE

En todo caso, el objetivo de ese mecanismo de control preventivo, no sólo es que se verifique la constitucionalidad de un acuerdo o tratado internacional sin que se comprometa la responsabilidad internacional de la República, sino además que, en el caso de que alguna de sus disposiciones resulte inconstitucional, se ratifique con la debida reserva, siempre que se desee su ratificación, o si el mismo no admite reservas, se evalúe la necesidad y conveniencia de ratificarlo luego de una enmienda o reforma de la Constitución en los aspectos que sean necesarios, para lograr así la mayor armonía posible en las relaciones entre el derecho internacional o comunitario y el derecho interno venezolano.

La potestad de activar el control preventivo de los tratados internacionales corresponderá al Presidente de la República o a la Asamblea Nacional, siendo facultativo su ejercicio. Se descartó así la posibilidad de un control preventivo con carácter obligatorio, dado que podría traducirse en un obstáculo para la fluidez y la buena marcha de las relaciones internacionales de la República.

Otra competencia de la Sala Constitucional en materia de control preventivo será la de verificar la constitucionalidad de las leyes antes de su promulgación, conforme al procedimiento establecido en el Título V Capítulo I Sección Cuarta de la Constitución, para el caso del reparo presidencial fundamentado en razones de inconstitucionalidad. En esta materia, la Asamblea Nacional Constituyente consideró inconveniente extender la legitimación para activar el mecanismo de control preventivo a otras personas con determinado interés u órganos del Poder Público distintos al Presidente de la República. Al respecto, se tuvo en cuenta que con posterioridad a la promulgación de una ley, todas las personas tienen a su alcance la acción popular clásica del sistema de justicia constitucional venezolano y, además, la Sala Constitucional tiene el poder cautelar propio de toda Corte o Tribunal Constitucional en derecho comparado, en virtud del cual puede dictar cualquier medida que fuere necesaria para proteger los derechos humanos y garantizar la integridad de la Constitución.

Finalmente, en esta materia, conforme al Título V Capítulo I Sección Cuarta de la Constitución, la Sala Constitucional ejercerá el control preventivo de la constitucionalidad del carácter orgánico de una ley que haya sido calificada como tal por la Asamblea Nacional.

在任何情况下，这种预防性监督机构的目的不仅是在不追究共和国的国际责任的情况下审查国际协定或者国际条约的合宪性，而且在于国际协定或者国际条约的一些规定违宪时，如果需要对其进行批准，则可以作出适当保留的批准。而如果该国际协定或者国际条约不接受保留，则对该国际协定或者国际条约进行批准的必要性和便利性进行评估后，对《宪法》中的必要部分进行修正或改革，以使国内法与国际公法或者联盟法律之间的关系取得尽可能的和谐统一。

对国际条约启动预防性监督的权力属于共和国总统或者国民大会，由其自愿行使。预防性监督不具有强制性，因为其行使有可能阻碍共和国国际关系的正常运行和发展。

宪法庭行使预防性监督的另一项权限是，依据本《宪法》第五编第一章第四节的程序，在法律颁布前，根据总统提出的关于该法律的合宪性问题而审查其合宪性。就这一方面而言，全国制宪大会认为，将启动预防性监督机制的权力扩大到公权力部门中除总统以外的其他任何个人或者机构是不恰当的。而就个人或者机构而言，法律颁布后，任何人都有权提起人民诉讼这一委内瑞拉宪法司法化制度中的典型诉讼。此外，宪法庭享有比较法中宪法高等法院或者宪法法院具有预防性保护的权利，其通过行使该权利可以采取任何保护人权和确保宪法完整的必要措施。

在这一事项的最后，根据本《宪法》第五编第一章第四节的规定，宪法庭还对被国民大会确定为组织法的法律的合宪性行使预防性监督。

Aunado a ello e inspirada nuevamente en una tendencia presente en derecho comparado, la Constitución atribuye a la Sala Constitucional la potestad para decidir sobre la inconstitucionalidad de las omisiones legislativas, mecanismo que ha tenido un auge creciente en países como Argentina, Brasil, Costa Rica, Hungría y, especialmente, Portugal.

La inconstitucionalidad por omisión se produce por la falta de desarrollo por parte del Poder Legislativo, durante un tiempo excesivamente largo, de aquellas normas constitucionales de obligatorio y concreto desarrollo, de forma tal que impida su eficaz aplicación. Con este mecanismo se persigue evitar situaciones como las que se originaron en el caso del artículo 49 de la Constitución de 1961 y la falta de una legislación sobre amparo constitucional, durante casi treinta años.

En lo que se refiere a la protección de los derechos humanos, la Sala Constitucional tendrá importantes funciones. En primer lugar, con el objeto de reforzar la protección de los derechos humanos reconocidos y garantizados expresa o implícitamente en la Constitución, se acoge un mecanismo consagrado en alguna Constitución de América Latina, en virtud del cual la Sala Constitucional debe, en todos los casos y aun de oficio, controlar la constitucionalidad de los decretos que declaren estado de excepción. Esta será la única competencia que podrá ejercer de oficio la Sala Constitucional y ello por tratarse de la protección de los derechos humanos, razón por la cual se ha previsto expresamente en el texto constitucional.

Además, con motivo de su creación, de la entrada en vigencia de la Constitución y de la naturaleza esencialmente constitucional de los derechos humanos y de la acción de amparo, la Sala Constitucional podrá asumir las competencias que en materia de amparo constitucional tenían las diferentes salas de la extinta Corte Suprema de Justicia, en los casos de amparo autónomo contra altas autoridades de rango constitucional, amparo contra decisiones judiciales y apelaciones o consultas en amparo, dado que la Sala Constitucional pasa a ser la Sala del Tribunal Supremo de Justicia con la competencia afín para conocer y decidir tales asuntos.

从以上规定连同从比较法目前趋势受到的新近启发，《宪法》赋予宪法庭有权对立法疏漏是否构成违宪进行认定。这一机制已经在阿根廷、巴西、哥斯达黎加、匈牙利，尤其是葡萄牙日益蓬勃发展。

因疏漏导致的违宪是由于在相当长的时间内，立法权部门未在宪法性规则方面进行强制性规定和具体的实施规定，阻碍了宪法性规则的有效适用。上述机制可以避免出现源于1961年《宪法》第49条规定的情形，也可以避免出现近三十年来立法中对于宪法保护制度的空缺。

宪法庭对人权的保护起着重要的作用。首先，为了加强《宪法》通过明示或者暗示承认和保障的人权的保护，借用在拉丁美洲一些宪法中的机制，即宪法庭应该在所有情况下甚至可以依其职权对例外状态期间颁布的法令监督其合宪性。这是宪法庭唯一一项可以仅依其职权主动行使的权力。因为这项权力涉及对人权的保护，因此宪法文本应当对其作出明确规定。

此外，由于宪法庭的设立、由于本《宪法》的生效、由于人权具有的宪法性基本权利的属性、由于宪法保护制度的属性的因素，宪法庭应当承担最高法院不同庭拥有的行使宪法保护制度的权力，例如对在宪法层面进行规定的高级官员的宪法保护制度，对法院作出的司法决议和上诉的宪法保护制度，以及提出宪法保护申请。因此，宪法庭成为最高法院的各庭中有权审理和裁决此类事项的部门。

Por su parte, como consecuencia de lo anterior y dado que sólo la Sala Constitucional será competente para resolver las acciones de amparo en el Tribunal Supremo de Justicia, la ley orgánica respectiva deberá eliminar la acción cautelar de amparo que se ejerce conjuntamente con el recurso contencioso administrativo de nulidad y que permite a las Salas Político–Administrativa y Electoral, suspender los efectos de los actos administrativos cuya nulidad les corresponde conocer y decidir. Para ello, la legislación deberá dotar al juez contencioso administrativo de todo el poder cautelar necesario para decretar de oficio o a instancia de parte, cualquier tipo de medida cautelar que fuere necesaria para garantizar la tutela judicial efectiva de los administrados y el restablecimiento de sus situaciones jurídicas infringidas mientras dure el proceso de que se trate, bien sea a través de la suspensión de los efectos del acto administrativo correspondiente, o a través de órdenes de hacer o no hacer, incluyendo el pago de sumas de dinero, que se impongan a la administración dependiendo del caso concreto.

De igual manera y con el objeto de hacer efectiva la tutela judicial de los administrados y garantizar su derecho de libre acceso a la justicia, la ley orgánica deberá eliminar la carga que tienen los administrados de agotar la vía administrativa antes de interponer el recurso contencioso administrativo de nulidad, lo cual debe quedar como una opción a elección del interesado, pero no como un requisito de cumplimiento · obligatorio. Aunado a ello, la legislación deberá establecer expresamente que en caso de que un acto administrativo estuviere viciado de inconstitucionalidad o de algún vicio que acarree su nulidad absoluta, no operará en modo alguno, el plazo de caducidad para el ejercicio del recurso contencioso administrativo de nulidad. Lo anterior tiene por objeto ofrecer al administrado una protección de sus derechos humanos acorde con el principio de progresividad consagrado en la Constitución, una vez eliminada la acción de amparo cautelar contra actos administrativos.

Por otra parte, consecuente con lo antes expuesto, la ley orgánica respectiva eliminará la acción de amparo cautelar que se ejerce conjuntamente con la acción popular de inconstitucionalidad contra leyes y disposiciones normativas, teniendo en cuenta que en este sentido la Sala Constitucional tiene el poder cautelar propio de toda Corte o Tribunal Constitucional en derecho comparado, en virtud del cual puede decretar cualquier medida cautelar que fuere necesaria para proteger los derechos

　　同时，作为上述规定的结果，也因为在最高法院中只有宪法庭有权受理关于宪法保护制度的诉讼，因此相关的组织法应当对政治和行政案件庭、选举案件庭可以受理的，对与有争议的行政无效诉讼一同提起的预防性宪法保护诉讼制度予以撤销，并且规定正在受理或者待决的行政案件的行政行为的效力应当中止。为此，立法应当赋予受理行政案件的法官作出预防性措施的必要权力，以便其可以依据其职权或者应当事人请求，采取任何形式的必要的预防性措施，以确保对行政相对人予以有效司法保障、对被破坏的法律状态予以重建；并且，在进行诉讼程序的同时，该法官可以中止相应行政行为的效力，或者根据具体案件情况作出包括支付费用在内的进行某项行政行为的命令，或者作出禁止某项行政行为的命令。

　　同样地，为了对行政相对人实施有效的司法保障，确保其有权自由获得司法救济，组织法应当撤销关于行政相对人在提起行政争议诉讼前必须用尽行政救济手段的规定。通过行政渠道进行救济应当成为当事人的选择之一，而不应当成为其必须履行的义务。此外，立法还应当明确规定，行政行为因其违宪而无效的，或者因某项瑕疵而构成绝对无效的，不产生任何效力，不得对该行政行为无效之诉设立任何形式的诉讼期间。上述规定旨在为行政行为提供的预防性宪法保护措施取消之后，根据《宪法》规定的渐进性原则，对行政相对人提供人权保护。

　　另一方面，作为上述规定的结果，对于与针对法律或者规范性规定的违宪提起的人民诉讼一同提起的预防性宪法保护诉讼，相关组织法应当对其进行撤销。因为宪法庭已经具有了比较法中的所有宪法高级法院或者宪法法院具有的处以预防性措施的权力，以便其可以采取必要的预防性措施对人权和本《宪法》的完整性进行保护。宪法庭还有权宣布被申

humanos y garantizar la integridad de la Constitución, incluyendo la suspensión de los efectos de la norma cuya nulidad se solicite, únicamente para la situación concreta de los accionantes, partes o terceros que intervinieren en el proceso y mientras dure el juicio de nulidad correspondiente.

La Constitución establece como competencia de la Sala Constitucional resolver las controversias constitucionales que se susciten entre cualesquiera de los órganos que ejercen el Poder Público. Al respecto, destacan dos elementos esenciales: en primer lugar, que se trata de controversias entre cualesquiera de los órganos que la Constitución prevé en la distribución horizontal o vertical del Poder Público y, en segundo lugar, que deben tratarse de controversias constitucionales, es decir, de aquellas cuya decisión depende del examen, interpretación y aplicación de normas constitucionales, tales como las que se refieren al reparto competencial entre los diferentes órganos del Estado, especialmente, las que distribuyen el poder en los niveles nacional, estadal y municipal.

De esta forma, todas aquellas controversias constitucionales entre la República y alguno de los estados o municipios, es decir, entre el poder central y el descentralizado territorialmente, serán resueltas por la Sala Constitucional dentro del procedimiento que se establecerá en la ley orgánica respectiva. En todo caso, esta atribución tiene por objeto que la Sala Constitucional como garante y máximo defensor de los principios consagrados en el Texto Fundamental ajuste la actuación de los órganos que ejercen el Poder Público, al cauce constitucional.

Finalmente y al margen de su competencia para conocer de acciones de amparo, se atribuye a la Sala Constitucional la competencia para revisar las decisiones definitivamente firmes dictadas por los tribunales de la República en materia de amparo constitucional y control difuso de la constitucionalidad, a través de un mecanismo extraordinario que deberá establecer la ley orgánica que regule la jurisdicción constitucional, sólo con el objeto de garantizar la uniformidad en la interpretación de las normas y principios constitucionales, la eficacia del Texto Fundamental y la seguridad jurídica.

Ahora bien, la referida competencia de la Sala Constitucional no puede ni debe entenderse como parte de los derechos a la defensa, tutela judicial efectiva y

请无效的规则在诉讼期间效力中止，但是该中止只适用于申请人、诉讼当事人以及与诉讼相关的第三人。

《宪法》规定宪法庭行使解决任何公权力机关之间产生的宪法性争议的权力。对此应当强调两个基本要素：一是该争议是《宪法》纵向或者横向划分的公权力机关之间产生的；二是应当是宪法性争议，即宪法庭需要对宪法规则作出审查、解释和适用的决定，例如涉及国家机关间管辖权分配的问题，尤其是在国家、州和市层面的权力划分问题。

因此，共和国和州、市政之间的宪法性争议，即涉及中央和地方之间的分权事项，由宪法庭根据相关组织法规定的程序受理。在任何情况下，赋予这项职权的目的在于宪法庭作为宪法文本所规定的原则的保障者和最高捍卫者，应当通过宪法渠道对公权力机关间的活动进行调整。

最后，除赋予宪法庭受理宪法保护制度相关的诉讼的权限外，还有权针对共和国各级法院依据宪法保护制度的规定和对合宪性进行广泛监督的规定作出最终的确定的裁判，赋予宪法庭根据规范宪法司法化的组织法规定的特殊机制对上述最终确定的裁判的进行审查的权限，以保障宪法性规定和原则的解释的一致性、宪法文本和法律保障的有效性。

然而，宪法庭对上述争议的管辖权不能理解为抗辩权、有效司法保护和《宪法》规定

amparo consagrados en la Constitución, sino, según lo expuesto, como un mecanismo extraordinario de revisión cuya finalidad constituye únicamente darle uniformidad a la interpretación de las normas y principios constitucionales.

Por ello, no siendo un derecho y teniendo en cuenta que el legislador puede ensayar y errar en forma evolutiva en la búsqueda del mecanismo extraordinario más adecuado, la Asamblea Nacional Constituyente decidió dejar a la ley orgánica respectiva su desarrollo concreto. Siendo así, la ley orgánica podrá establecer, por ejemplo, un mecanismo extraordinario de revisión de ejercicio discrecional por la Sala Constitucional, tal como el *writ of certiorari* que utiliza la Suprema Corte de los Estados Unidos de América; un mecanismo cuyos rasgos de discrecionalidad no sean absolutos, como el utilizado por el Tribunal Constitucional Federal de Alemania; o bien, un mecanismo cuyos requisitos de admisibilidad y procedencia estén preestablecidos en la ley, como el que se puede evidenciar en algunos ejemplos de derecho comparado.

En todo caso, el mecanismo extraordinario de revisión que se deberá establecer por ley orgánica, vinculará por vez primera y dejando a salvo la temprana regulación de la Constitución de 1901, los métodos de control difuso y concentrado de la constitucionalidad que han coexistido en nuestro ordenamiento jurídico por más de cien años, respondiendo con ello a la principal crítica formulada a nuestro sistema de justicia constitucional, que reconocía la coexistencia de los mencionados métodos de control, pero destacaba que entre uno y otro no existía realmente una coordinación, vínculo o conexión que procurara armonizarlos o articularlos para lograr una interpretación uniforme de la Constitución, razón por la cual no podía ser calificado como integral, dado que existían modalidades de control paralelas, establecidas una al lado de la otra, sin conexión entre sí. Por tal razón, la Constitución consagra un sistema mixto e integrado de control de la constitucionalidad, atribuyéndole a la Sala Constitucional la función de coordinar los métodos de control mediante la armonización de la jurisprudencia constitucional y la interpretación uniforme del Texto Fundamental.

的宪法保护制度的一部分，上述规定只能理解成为保障宪法性规定和原则的解释的一致性
而进行审查的特殊机制。

因此，宪法庭的上述管辖权并非是一项权力。考虑到立法者可以以渐进的方式试错，
进而寻找到最合适的特殊机制，全国制宪大会决定将该进程的具体立法交予相关组织法来
完成。例如，组织法可以规定由宪法庭自由行使审查权的特殊机制，如同美利坚合众国最
高法院使用的复审令；或者，自由裁量权的范围并非是绝对的，如同德国联邦宪法法院的
制度；或者，由法律预先对受理和审理的要求作出规定的机制，在比较法上可以寻找到这
样的明显范例。

总之，组织法应当规定的关于审查的特殊机制，首次与1901年《宪法》中的早期规定
相联系，并且与这一早期规定不相背离。对合宪性进行广泛而集中的监督方法在我国的法
律规定中已经存在了百年以上。作为对我国宪法司法化体制的主要批评的回应，我们既要
承认前述各种监督方法的共存，也应该强调上述方法之间的确缺乏协调、联系或者关联，
因此无法达到宪法统一解释的和谐和顺畅，究其原因是上述方法彼此并行无序、各自分
头适用、彼此不相衔接。正因如此，《宪法》规定了对合宪性进行多元和全面的监督，
赋予宪法庭通过协调宪法司法化和对宪法文本进行统一解释，履行协调各种监督方式的
职能。

Capítulo II
De los estados de excepción

El primero de los preceptos dedicados a esta materia recoge dos principios básicos rectores de los estados de excepción: el de estricta necesidad y el de temporalidad. Se circunscriben tales situaciones jurídicas a aquellas circunstancias extraordinarias que afecten gravemente la seguridad de las personas, de la Nación o de las instituciones, y que no puedan ser afrontadas mediante las facultades ordinarias de los órganos del Poder Público. Se destaca, igualmente, la temporalidad de esas situaciones.

Por otro lado, el precepto menciona los principales derechos que no pueden ser suspendidos o restringidos durante los estados de excepción. Se trata de un listado meramente enunciativo, pues tampoco son susceptibles de suspensión o restricción los derechos señalados en los artículos 4.2 del Pacto Internacional de Derechos Civiles y Políticos y 27.2 de la Convención Americana sobre Derechos Humanos. Importa subrayar que entre los derechos intangibles se encuentran las garantías judiciales necesarias para la defensa de los derechos.

El segundo de los preceptos que componen este Capítulo contempla los distintos estados de excepción, estableciendo, de conformidad con el principio de gradualidad, las circunstancias fácticas que pueden justificarlos y su limitación temporal. Se remite a una ley orgánica la regulación de los detalles del régimen de los estados de excepción.

El último de los preceptos de este Capítulo establece, en primer lugar, que el decreto declaratorio del estado de excepción deberá señalar, para preservar la seguridad jurídica, las medidas que podrán tomarse con fundamento en el mismo. En segundo término, dada la trascendencia de la decisión correspondiente, se prevé la intervención de los tres Poderes clásicos en la declaración de los estados de excepción: en virtud de la urgencia que los caracteriza, se faculta al Presidente de la República, en Consejo de Ministros, para dictar el Decreto respectivo, pero se prescribe su remisión a la Asamblea Nacional, la cual, como instancia deliberante y representativa por excelencia de la soberanía popular, puede revocarlo si estima que las circunstancias invocadas no justifican la declaración de un estado de excepción o si considera que las medidas previstas para hacerle

第二章
例外状态

在对例外状态的规定中，开篇就此规定了两项基本原则：严格的必要性和临时性。必须出现严重影响到人民安全、国家安全和国家制度安全的特殊情形，并且公权力机关的一般权力已不足以应对上述问题的情形时，方可以作出法律方面的限制。《宪法》还强调了例外状态的临时性属性。

此外，该规定提到在例外状态期间不能暂停或者限制主要权利的行使。所谓主要权利是可以进行列举的，但是《公民及政治权利国际公约》第四条第二款和《美洲人权公约》第二十七条第二款规定的权利不得受到限制。需要强调的是，为捍卫权利而规定的必要司法保障，也应当作为不得限制的权利。

本章各条文中，接下来规定了各种不同的例外状态，按照循序渐进的原则，对例外状态的各种实际情况和应当适用的时间期限进行了列举；同时规定，由组织法就各种例外状态制度的细节进行规定。

本章最后部分首先规定了为维护法律保障，宣布例外状态时必须指明将采取的措施及其根据。其次，鉴于相关决定的重要性，对宣布例外状态规定了三种基本公权力的干预：因情况紧迫，共和国总统有权通过部长会议颁布相关法令，但是应当提交给国民大会；国民大会作为审议和代表人民主权的机构，如果认为不符合适用例外状态的情形或者认为无

frente son excesivas. Si la Asamblea Nacional se encuentra en receso al dictarse el decreto correspondiente, éste debe ser remitido a la Comisión Delegada, la cual ejercerá las facultades respectivas.

A lo anterior se suma un control judicial automático atribuido a la Sala Constitucional del Tribunal Supremo de Justicia, la cual habrá de pronunciarse sobre la constitucionalidad o no del estado de excepción y de lo establecido en el decreto que lo declaró, a menos que la Asamblea Nacional, o la Comisión Delegada, haya revocado previamente ese decreto. Por otra parte, se otorga al Ejecutivo Nacional y a la Asamblea Nacional la atribución de revocar el decreto que haya declarado un estado de excepción, al cesar las causas que lo motivaron.

TÍTULO IX
DE LA REFORMA CONSTITUCIONAL

La Constitución ha mantenido la clasificación que distingue entre la Enmienda y la Reforma Constitucional, incorporando, a su vez, la facultad de convocar a una Asamblea Nacional Constituyente, para ser consecuentes con la idea de que es el pueblo el legítimo depositario del poder constituyente originario. Esto guarda concordancia con lo establecido en la misma Constitución que hace residir la soberanía en el pueblo quien puede ejercerla de manera directa o indirecta.

Se establece una serie de mecanismos a través de los cuales las posibilidades de modificación del texto constitucional sean factibles y accesibles, para evitar el divorcio entre la norma fundamental del sistema jurídico y la realidad social, política, cultural y económica. La contraposición entre una Constitución formal y una Constitución real genera distorsiones que agravan considerablemente las crisis de gobernabilidad y de legitimidad del sistema político, al no existir opciones para superarlas. Prueba de ello la encontramos en nuestra experiencia en el marco de una democracia formal y representativa, en la cual las que debían impulsar los cambios constitucionales eran las cúpulas más renuentes a producirlos, lo cual explica el entrabamiento y obstaculización de los intentos de reformar la Constitución anterior.

须通过宣布例外状态即可解决问题的，可以予以撤销；国民大会休会期间，其相关权力由授权委员会行使。

在宪法文本的之前部分，对最高法院宪法庭增加了自动进行司法监督的权力，因此宪法庭有权对例外状态的合宪性，以及作出的宣布例外状态的并且尚未被国民大会或其授权委员会撤销的法令的合宪性作出裁判。而另一方面，对于已经作出的宣布例外状态的法令，赋予国家行政权部门和国民大会在造成适用这一状态的原因停止后，有权撤销上述法令。

<h2 style="text-align:center">第九编
宪法改革</h2>

《宪法》保留了对宪法修正和宪法改革的区分。鉴于人民具有原始制宪权的理念，《宪法》规定人民有权召集全国制宪大会。这一规定与《宪法》中关于主权在民和人民有权以直接或者间接的方式行使主权的规定是一致的。

《宪法》规定了一系列机制使得宪法文本的修改具有可行性，以避免法律体系的基本规则与社会、政治、文化和经济现实的分离。如果不为克服形式上的宪法和实质的宪法之间的反差提供解决方案，会大大加剧执政和政治制度合法性的危机。作为尝试，我们从教训中发现，在形式上的代议制民主的框架内，理应推动宪法变化的集团恰恰是最不愿意进行宪法变化的集团。这也解释了之前试图修改宪法的尝试和遇到的阻碍。

La democracia moderna insertada en un mundo globalizado y condicionada por la dinámica de la vida actual, a su vez determinada por los cambios tecnológicos requiere de una institucionalidad lo suficientemente flexible para poder adaptarse a los cambios que se van generando.

De allí que nuestra Constitución a pesar de tener la rigidez de las constituciones escritas ha de incluir elementos que permitan esa adaptación a la realidad. Uno de esos elementos lo constituye la existencia de un Alto Tribunal que mediante una interpretación de carácter histórico progresivo, fundamentada en la comprensión del momento histórico, permita la mejor aplicación posible del máximo cuerpo normativo a la realidad que le corresponde regir; tal como se prevé en esta Constitución con la creación de laSala Constitucional del Tribunal Supremo de Justicia.

Pero, además, debe incluir elementos de flexibilidad en el aspecto más rígido de las constituciones escritas que lo conforman las previsiones relativas a la forma y mecanismos para la modificación de la propia Constitución.

En este sentido, las posibilidades de modificación de la base jurídica del país deben ser amplias y estar efectivamente en manos de una pluralidad de actores políticos y sociales. Una democracia participativa y protagónica no puede construir una rígida y petrificada normativa constitucional. Al contrario, debe dejar abiertas muchas ventanas para que los procesos participativos se desarrollen a plenitud, evitando el divorcio profundo entre la norma y la realidad.

El protagonismo del pueblo en la conducción de su destino debe quedar explícitamente consagrado con especial énfasis en este punto de la reforma constitucional. Un pueblo deseoso de ejercer la soberanía no debe tener que pasar por toda clase de vicisitudes y superar un cúmulo de obstáculos para lograr los cambios que las estructuras jurídicas requieren. Es principio consustancial con este texto constitucional la facilitación de los procesos en los cuales el pueblo se manifiesta para solicitar la modificación de normas constitucionales.

En este contexto se debe entender que el ejercicio de la soberanía por parte del pueblo, lejos de afectar el proceso de refundación de la República y de lograr el objetivo de la profundización democrática, se convierte en herramienta indispensable del protagonismo popular, desterrando el sistema de cónclaves que decidían los destinos del país a espaldas de la sociedad.

现代民主处在一个全球化、受制于由现实生活的活力和由技术变化决定的世界，因而需要足够灵活的机制，以适应不断产生的变化。

我们的《宪法》尽管有成文宪法的固定性，但也包含了其应当适应现实的要素。这些要素之一就体现在了对高等法院方面的规定。通过基于对历史时期的理解作出历史进步性的解释，可以尽可能好地将制度设计运用于现实。本《宪法》对最高法院宪法庭的设立即是这一例证。

但此外，还应在成文宪法规定的最严格的方面引入灵活性，作出符合修改该宪法的方式和机制的有关规定。

从这个意义上讲，国家改变法律基础的可能性应当全面并且有效地掌握在政治和社会的多数人手中。有参与式和主人翁式的民主，就不应当建立严格和僵化的宪法性规范，相反，应该创设更多的渠道以促进参与进程的全面发展，避免规范与现实之间的深度分离。

在宪法改革方面，应当特别强调和严格规定人民主宰其命运的主人翁意识。渴望行使主权的人民不需要经历各种沧桑，也不需要克服众多障碍才能完成法律结构的改变。对人民表达修改宪法规范的诉求的程序进行简化，这应当是宪法文本中的固有原则。

在这一方面，应该理解人民行使主权不应当受到共和国的重建和实现深化民主目标的影响，行使主权应当成为人民取得主人翁地位不可或缺的工具，因此应当放弃背离社会而决定国家命运的暗箱制度。

En lo que respecta al procedimiento de enmienda, se superan las limitaciones establecidas en la Constitución de 1961, que hacían complicada la consecución de resultados efectivos. En el nuevo texto constitucional se ha previsto una manera más ágil y flexible y se procede a formular una definición de enmienda, entendida como la adición o modificación de artículos del texto, siempre y cuando no se altere la estructura fundamental.

La iniciativa de la reforma se le atribuye a la Asamblea Nacional, por la mayoría de sus miembros; al Presidente de la República en Consejo de Ministros o a los electores o electoras inscritas en el registro electoral en número no menor del quince por ciento. Una vez cumplidos estos requisitos se inicia la tramitación ante la Asamblea Nacional la cual realizará tres discusiones antes de la aprobación del proyecto para lo cual tiene un plazo no mayor de dos años. Para esta aprobación se requiere una mayoría calificada de dos terceras partes de sus miembros. El proyecto aprobado será sometido a referendo dentro de los treinta días siguientes y bastará para su aprobación con un número mayor de votos positivos.

Finalmente, en este Título se consagra expresamente la Asamblea Nacional Constituyente, instrumento fundamental para garantizar al pueblo de Venezuela la posibilidad abierta de modificar sustancialmente el Estado y crear un nuevo ordenamiento jurídico, creando un nuevo texto constitucional. Esta posibilidad inexistente formalmente en la Constitución del 1961 hubo de ser incorporada por vía de interpretación de la Corte Suprema de Justicia, para hacer posible la convocatoria de la Asamblea Nacional Constituyente que produjo esta Constitución. En el presente texto constitucional pasa a ser norma vigente, expresiva de la más acertada definición democrática en torno a la soberanía popular.

Dada, firmada y sellada en Ciudad Bolívar, Estado Bolívar, a los treinta días del mes de enero del año 2000. Año 189º de la Independencia y 140º de la Federación.

委内瑞拉玻利瓦尔共和国
全国制宪大会

1961年《宪法》关于宪法修正的规定，使得获得有效结果颇为复杂，本《宪法》超越了上述限制。新的宪法文本在此方面规定了更灵活的方式，提出了"宪法的修正"这一概念，即在不改变原有基本结构的情况下，对文本条文进行增加或者修改。

宪法改革的动议权属于国民大会，经其多数组成人员的赞成，国民大会即可行使该权力。宪法改革的动议权也可以由共和国总统通过部长会议行使，或者是在公民与选举登记处登记的至少百分之十五的公民行使。国民大会提出宪法改革时，一旦达到上述要求，国民大会即可启动宪法改革程序。根据该程序，在批准宪法改革草案之前需要进行三轮讨论，对其批准的整个过程不得超过两年，并且宪法改革草案需要国民大会组成人员三分之二以上人数的赞成方能通过。经国民大会通过的宪法改革草案，必须自其通过之日起三十日内交付公民投票表决。公民投票时，赞成票多于反对票的，宪法改革案即为通过。

本章最后明确规定了全国制宪大会是确保委内瑞拉人民通过新宪法变革国家、设置新的法律秩序的可能性的基础手段。这种可能性并未在1961年的《宪法》中正式出现，但是最高法院的解释加入了该项规定，这使得本《宪法》规定全国制宪大会成为可能。本宪法文本中将全国制宪大会作为现行有效规则是对人民主权的最准确的定义。

2000年1月30日签署于玻利瓦尔州玻利瓦尔市。适逢独立纪年第189年，联邦纪年第140年。

PREÁMBULO

El pueblo de Venezuela, en ejercicio de sus poderes creadores e invocando la protección de Dios, el ejemplo histórico de nuestro Libertador Simón Bolívar y el heroísmo y sacrificio de nuestros antepasados aborígenes y de los precursores y forjadores de una patria libre y soberana;

con el fin supremo de refundar la República para establecer una sociedad democrática, participativa y protagónica, multiétnica y pluricultural en un Estado de justicia, federal y descentralizado, que consolide los valores de la libertad, la independencia, la paz, la solidaridad, el bien común, la integridad territorial, la convivencia y el imperio de la ley para esta y las futuras generaciones; asegure el derecho a la vida, al trabajo, a la cultura, a la educación, a la justicia social y a la igualdad sin discriminación ni subordinación alguna; promueva la cooperación pacífica entre las naciones e impulse y consolide la integración latinoamericana de acuerdo con el principio de no intervención y autodeterminación de los pueblos, la garantía universal e indivisible de los derechos humanos, la democratización de la sociedad internacional, el desarme nuclear, el equilibrio ecológico y los bienes jurídicos ambientales como patrimonio común e irrenunciable de la humanidad;

en ejercicio de su poder originario representado por la Asamblea Nacional Constituyente mediante el voto libre y en referendo democrático,

decreta la siguiente:

委内瑞拉玻利瓦尔共和国
全国制宪大会

序　言

委内瑞拉人民，凭借上帝的保佑，以解放者西蒙·玻利瓦尔、我们土著祖先的英雄主义和牺牲，以及自由、主权祖国的先驱和缔造者为历史榜样，行使人民的创建权；

以重建共和国为最高目标，以求在公正、联邦、分权的国家中建立一个民主、参与和主导、多民族和多元文化的社会，并在其中强化当代和未来历代人民自由、独立、和平、团结、共同利益、领土完整、共同生存、法律至上的观念；确保生命权、劳动权、文化权、教育权，确保社会公正和平等，消除人与人之间的歧视和任何从属关系；依据不干涉和人民自决原则，推动国家间的和平合作，推动和巩固拉美一体，促进普遍和全面保障人权，推进国际社会民主化、裁减核武器、生态平衡以及作为人类共同和不可分割的遗产的环境资源保护；

以自由投票的形式选举代表组成全国制宪大会行使原始制宪权，并通过民主的公民表决投票，

制定如下：

CONSTITUCIÓN

TÍTULO I
PRINCIPIOS FUNDAMENTALES

Artículo 1. La República Bolivariana de Venezuela es irrevocablemente libre e independiente y fundamenta su patrimonio moral y sus valores de libertad, igualdad, justicia y paz internacional en la doctrina de Simón Bolívar, el Libertador.

Son derechos irrenunciables⸌ de la Nación la independencia, la libertad, la soberanía, la inmunidad, la integridad territorial y la autodeterminación nacional.

Artículo 2. Venezuela se constituye en un Estado democrático y social de Derecho y de Justicia, que propugna como valores superiores de su ordenamiento jurídico y de su actuación, la vida, la libertad, la justicia, la igualdad, la solidaridad, la democracia, la responsabilidad social y, en general, la preeminencia de los derechos humanos, la ética y el pluralismo político.

Artículo 3. El Estado tiene como fines esenciales la defensa y el desarrollo de la persona y el respeto a su dignidad, el ejercicio democrático de la voluntad popular, la construcción de una sociedad justa y amante de la paz, la promoción de la prosperidad y bienestar del pueblo y la garantía del cumplimiento de los principios, derechos y deberes reconocidos y consagrados en esta Constitución.

La educación y el trabajo son los procesos fundamentales para alcanzar dichos fines.

委内瑞拉玻利瓦尔共和国
全国制宪大会

宪　法

第一编
基本原则

第1条　委内瑞拉玻利瓦尔共和国是一个永远自由、独立的国家。共和国的道德规范和自由、平等、公正、国际和平的价值建立在解放者西蒙·玻利瓦尔的学说之上。

独立、自由、主权及其豁免、领土完整和民族自决是国家不可剥夺的权利。

第2条　委内瑞拉是法治和公正的民主社会国家，将法律秩序和追求生命、自由、公正、平等、团结、民主、社会责任，以及整体上的人权至上、道德伦理和政治多元作为最高价值。

第3条　国家的基本目标是保护人民及其发展，尊重人的尊严，确保人民意志的民主行使，建设一个公正和爱好和平的社会，促进繁荣和人民福祉，保证本宪法承认和确立的各项原则、权利和义务得以完全履行。

教育和工作是达到上述目标的基本过程。

Artículo 4. La República Bolivariana de Venezuela es un Estado federal descentralizado en los términos consagrados en esta Constitución, y se rige por los principios de integridad territorial, cooperación, solidaridad, concurrencia y corresponsabilidad.

Artículo 5. La soberanía reside intransferiblemente en el pueblo, quien la ejerce directamente en la forma prevista en esta Constitución y en la ley, e indirectamente, mediante el sufragio, por los órganos que ejercen el Poder Público.

Los órganos del Estado emanan de la soberanía popular y a ella están sometidos.

Artículo 6. El gobierno de la República Bolivariana de Venezuela y de las entidades políticas que la componen es y será siempre democrático, participativo, electivo, descentralizado, alternativo, responsable, pluralista y de mandatos revocables.

Artículo 7. La Constitución es la norma suprema y el fundamento del ordenamiento jurídico. Todas las personas y los órganos que ejercen el Poder Público están sujetos a esta Constitución.

Artículo 8. La bandera nacional con los colores amarillo, azul y rojo; el himno nacional *Gloria al bravo pueblo* y el escudo de armas de la República son los símbolos de la patria.

La ley regulará sus características, significados y usos.

Artículo 9. El idioma oficial es el castellano. Los idiomas indígenas también son de uso oficial para los pueblos indígenas y deben ser respetados en todo el territorio de la República, por constituir patrimonio cultural de la Nación y de la humanidad.

第4条 委内瑞拉玻利瓦尔共和国是依据本宪法规定的方式进行分权的联邦制国家，其遵循的原则是领土完整、合作、团结、共同参与和问责制。

第5条 主权属于人民，不可转让。人民通过本宪法和法律规定的方式直接行使权力，或通过选举组成行使公权力的机构间接行使权力。

国家机关源自人民主权，并受制于人民主权。

第6条 委内瑞拉玻利瓦尔共和国和组成共和国的政治组织的管理采取并将永远采取民主的、参与的、选举的、分权的、可供选择的、问责的、多元的，以及授予的权力可以收回的方式进行。

第7条 本宪法是最高规范和国家法律秩序的基础。任何行使公权力的个人和机构都必须遵守本宪法。

第8条 由黄、蓝、红三色组成的国旗；名为《光荣归勇敢人民》的国歌，以及共和国国徽，都是祖国的象征。

法律对国旗、国歌、国徽的特征、含义和使用进行规定。

第9条 官方语言是卡斯蒂利亚语。土著语言可以被土著人民作为其官方用语进行使用，并在共和国领土内将土著语言作为构成国家和人类文化遗产而予以尊重。

TÍTULO II
DEL ESPACIO GEOGRÁFICO Y DE LA DIVISIÓN POLÍTICA
Capítulo I
Del territorio y demás espacios geográficos

Artículo 10. El territorio y demás espacios geográficos de la República son los que correspondían a la Capitanía General de Venezuela antes de la transformación política iniciada el 19 de abril de 1810, con las modificaciones resultantes de los tratados y laudos arbitrales no viciados de nulidad.

Artículo 11. La soberanía plena 'de la República se ejerce en los espacios continental e insular, lacustre y fluvial, mar territorial, áreas marinas interiores, históricas y vitales y las comprendidas dentro de las líneas de base rectas que ha adoptado o adopte la República; el suelo y subsuelo de éstos; el espacio aéreo continental, insular y marítimo y los recursos que en ellos se encuentran, incluidos los genéticos, los de las especies migratorias, sus productos derivados y los componentes intangibles que por causas naturales allí se hallen.

El espacio insular de la República comprende el archipiélago de Los Monjes, archipiélago de Las Aves, archipiélago de Los Roques, archipiélago de La Orchila, isla La Tortuga, isla La Blanquilla, archipiélago Los Hermanos, islas de Margarita, Cubagua y Coche, archipiélago de Los Frailes, isla La Sola, archipiélago de Los Testigos, isla de Patos e isla de Aves; y, además, las islas, islotes, cayos y bancos situados o que emerjan dentro del mar territorial, en el que· cubre la plataforma continental o dentro de los límites de la zona económica exclusiva.

Sobre los espacios acuáticos constituidos por la zona marítima contigua, la plataforma continental y la zona económica exclusiva, la República ejerce derechos exclusivos de soberanía y jurisdicción en los términos, extensión y condiciones que determinen el derecho internacional público y la ley.

第二编
地理空间和行政区划
第一章
领土和其他地理空间

第10条　1810年4月19日开始的政治转型以前属于委内瑞拉总督辖区管理的区域，根据生效的条约和仲裁进行的变更，构成共和国领土和其他地理空间。

第11条　共和国对共和国已经划定的以及将要划定的海岸线以内历史形成的现有陆地和岛屿、河流和湖泊、领海、内陆海域，上述区域的海床、洋底、底土，以及陆地、岛屿和海域上空，及其空间内的资源，包括上述区域内自然形成的生物资源、迁徙物种及其产品和其他无形资产，均享有完全主权。

共和国岛屿包括洛斯蒙赫斯群岛、拉斯阿维斯群岛、洛斯罗格斯群岛、拉沃尔奇拉群岛、拉多尔图加岛、拉布兰基亚岛、洛斯埃尔马诺斯群岛、马尔加利亚岛、古巴瓜岛、戈且岛、洛斯弗拉依雷斯群岛、拉索拉岛、洛斯特斯第哥斯群岛、帕托斯岛、阿维斯岛，以及领海、大陆架和专属经济区内存在的和未来出现的岛屿、小岛、礁石和空地。

关于近海、大陆架和专属经济区内的水域，共和国依据国际公法和法律确立的规定、范围和条件行使主权和司法管辖权。

Corresponden a la República derechos en el espacio ultraterrestre suprayacente y en las áreas que son o puedan ser patrimonio común de la humanidad, en los términos, extensión y condiciones que determinen los acuerdos internacionales y la legislación nacional.

Artículo 12. Los yacimientos mineros y de hidrocarburos, cualquiera que sea su naturaleza, existentes en el territorio nacional, bajo el lecho del mar territorial, en la zona económica exclusiva y en la plataforma continental, pertenecen a la República, son bienes del dominio público y, por tanto, inalienables e imprescriptibles. Las costas marinas son bienes del dominio público.

Artículo 13. El territorio nacional no podrá ser jamás cedido, traspasado, arrendado, ni en forma alguna enajenado, ni aun temporal o parcialmente, a Estados extranjeros u otros sujetos de derecho internacional.

El espacio geográfico venezolano es una zona de paz. No se podrán establecer en él bases militares extranjeras o instalaciones que tengan de alguna manera propósitos militares, por parte de ninguna potencia o coalición de potencias.

Los Estados extranjeros u otros sujetos de derecho internacional sólo podrán adquirir inmuebles para sedes de sus representaciones diplomáticas o consulares dentro del área que se determine y mediante garantías de reciprocidad, con las limitaciones que establezca la ley. En dicho caso quedará siempre a salvo la soberanía nacional.

Las tierras baldías existentes en las dependencias federales y en las islas fluviales o lacustres no podrán enajenarse, y su aprovechamiento sólo podrá concederse en forma que no implique, directa ni indirectamente, la transferencia de la propiedad de la tierra.

Artículo 14. La ley establecerá un régimen jurídico especial para aquellos territorios que por libre determinación de sus habitantes y con aceptación de la Asamblea Nacional, se incorporen al de la República.

委内瑞拉玻利瓦尔共和国
全国制宪大会

共和国依据国际协议和国内立法对外层空间，以及人类共同财产和可能成为人类共同财产的区域行使权利。

第12条　国家领土内、海洋底土下、专属经济区和大陆架内的矿藏属于国家财产，属公共所有，不可分割和转让。海岸也属于公共财产。

第13条　禁止对国家领土进行割让、转让、租借或以其他任何方式授予其他国家或国际法主体。即便是临时或部分进行，也不得允许。

委内瑞拉地域范围为和平区域，任何强权国家或强权国家联盟不得在我国建立外国军事基地或建设军事目的的设施。

外国和其他国际法主体可以根据互惠原则在指定区域为其外交或领事代表设立不动产，具体限制由法律进行规定。在上述情况下，依然确保国家主权完整。

联邦属地的闲置土地，以及河流或湖泊内的岛屿上的闲置土地不得转让，授予对上述土地的使用权时不得直接或间接转让该土地的所有权。

第14条　对于经居民自由决定并经国民大会批准自愿加入共和国的区域，法律对该区域实行特别的法律制度进行规定。

REPÚBLICA BOLIVARIANA DE VENEZUELA
ASAMBLEA NACIONAL CONSTITUYENTE

Artículo 15. El Estado tiene la obligación de establecer una política integral en los espacios fronterizos terrestres, insulares y marítimos, preservando la integridad territorial, la soberanía, la seguridad, la defensa, la identidad nacional, la diversidad y el ambiente, de acuerdo con el desarrollo cultural, económico, social y la integración. Atendiendo a la naturaleza propia de cada región fronteriza a través de asignaciones económicas especiales, una ley orgánica de fronteras determinará las obligaciones y objetivos de esta responsabilidad.

Capítulo II
De la división política

Artículo 16. Con el fin de organizar políticamente la República, el territorio nacional se divide en el de los Estados, el del Distrito Capital, el de las dependencias federales y el de los territorios federales. El territorio se organiza en Municipios.

La división politicoterritorial será regulada por ley orgánica que garantice la autonomía municipal y la descentralización politicoadministrativa. Dicha ley podrá disponer la creación de territorios federales en determinadas áreas de los Estados, cuya vigencia queda supeditada a la realización de un referendo aprobatorio en la entidad respectiva. Por ley especial podrá darse a un territorio federal la categoría de Estado, asignándosele la totalidad o una parte de la superficie del territorio respectivo.

Artículo 17. Las dependencias federales son las islas marítimas no integradas en el territorio de un Estado, así como las islas que se formen o aparezcan en el mar territorial o en el que cubra la plataforma continental. Su régimen y administración estarán señalados en la ley.

委内瑞拉玻利瓦尔共和国
全国制宪大会

第15条　国家有义务根据文化、经济、社会发展和一体化，对边境地区的土地、岛屿和海域制定整体政策，维护领土完整、国家主权、安全、防卫、国家认同、多样性和环境。制定组织法，根据特殊经济分配形成的边境地区固有性质，对边境地区的义务确定责任和目标。

第二章

政治区划

第16条　为在政治上组建共和国，国家领土划分为州、首都区、联邦属地和联邦区域。领土以市为单位。

政治区划由组织法规定，以保障市政自治和行政分权管理。上述法律可以从州的区域内划出一部分，设立联邦区域，但须由该区域内的公民投票表决同意后方可生效。可以通过特别法律，将联邦区域设立为州的层级，并将全部或部分相关地域分配给联邦区域。

第17条　联邦属地是指没有并入任意一州地域的海岛，以及领海、大陆架内既有的和未来出现的岛屿。联邦属地的制度和管理依据法律规定。

Artículo 18. La ciudad de Caracas es la capital de la República y el asiento de los órganos del Poder Nacional.

Lo dispuesto en este artículo no impide el ejercicio del Poder Nacional en otros lugares de la República.

Una ley especial establecerá la unidad politicoterritorial de la ciudad de Caracas que integre en un sistema de gobierno municipal a dos niveles, los Municipios del Distrito Capital y los correspondientes del Estado Miranda. Dicha ley establecerá su organización, gobierno, administración, competencia y recursos, para alcanzar el desarrollo armónico e integral de la ciudad. En todo caso, la ley garantizará el carácter democrático y participativo de su gobierno.

TÍTULO III
DE LOS DERECHOS HUMANOS Y GARANTÍAS,
Y DE LOS DEBERES
Capítulo I
Disposiciones generales

Artículo 19. El Estado garantizará a toda persona, conforme al principio de progresividad y sin discriminación alguna, el goce y ejercicio irrenunciable, indivisible e interdependiente de los derechos humanos. Su respeto y garantía son obligatorios para los órganos del Poder Público, de conformidad con esta Constitución, con los tratados sobre derechos humanos suscritos y ratificados por la República y con las leyes que los desarrollen.

Artículo 20. Toda persona tiene derecho al libre desenvolvimiento de su personalidad, sin más limitaciones que las que derivan del derecho de las demás y del orden público y social.

Artículo 21. Todas las personas son iguales ante la ley; en consecuencia:

委内瑞拉玻利瓦尔共和国
全国制宪大会

第18条　加拉加斯是共和国首都和国家权力机构所在地。

本条规定不影响在共和国其他地方行使国家权力。

特别法对加拉加斯的领土和行政区划进行规定，包括首都区和米兰达州内的两级市政管理。上述法律明确加拉加斯的组织、政府、管理、职权以及资源，以促进加拉加斯的和谐整体发展。任何情况下，该法律都保障政府的民主性和参与性。

第三编
人权和保障
以及义务
第一章
一般规定

第19条　国家依据不断进步的原则，无任何歧视地保障每个人享有并不可放弃、不可分割和相互依存地行使人权。公权力机构有义务依据本宪法、共和国签署和批准的人权条约和规定人权的法律，尊重和保障人权。

第20条　人人都有自由发展其个性的权利，除不得损害他人权利与公共社会秩序外，不受其他限制。

第21条　法律面前人人平等，因此：

1. No se permitirán discriminaciones fundadas en la raza, el sexo, el credo, la condición social o aquellas que, en general, tengan por objeto o por resultado anular o menoscabar el reconocimiento, goce o ejercicio en condiciones de igualdad, de los derechos y libertades de toda persona.

2. La ley garantizará las condiciones jurídicas y administrativas para que la igualdad ante la ley sea real y efectiva; adoptará medidas positivas a favor de personas o grupos que puedan ser discriminados, marginados o vulnerables; protegerá especialmente a aquellas personas que por alguna de las condiciones antes especificadas, se encuentren en circunstancia de debilidad manifiesta y sancionará los abusos o maltratos que contra ellas se cometan.

3. Sólo se dará el trato oficial de ciudadano o ciudadana, salvo las fórmulas diplomáticas.

4. No se reconocen títulos nobiliarios ni distinciones hereditarias.

Artículo 22. La enunciación de los derechos y garantías contenidos en esta Constitución y en los instrumentos internacionales sobre derechos humanos no debe entenderse como negación de otros que, siendo inherentes a la persona, no figuren expresamente en ellos. La falta de ley reglamentaria de estos derechos no menoscaba el ejercicio de los mismos.

Artículo 23. Los tratados, pactos y convenciones relativos a derechos humanos, suscritos y ratificados por Venezuela, tienen jerarquía constitucional y prevalecen en el orden interno, en la medida en que contengan normas sobre su goce y ejercicio más favorables a las establecidas en esta Constitución y en las leyes de la República, y son de aplicación inmediata y directa por los tribunales y demás órganos del Poder Público.

Artículo 24. Ninguna disposición legislativa tendrá efecto retroactivo, excepto cuando imponga menor pena. Las leyes de procedimiento se aplicarán desde el

1. 不得基于种族、性别、宗教信仰、社会地位等原因进行歧视，不得做出旨在或者造成取消或者阻碍人人平等地承认、享有和行使各项权利和自由的行为。

2. 司法和管理方面的条件由法律进行规定，从而保障人人在法律面前实现切实和有效的平等；采取有效措施帮助可能受到歧视、被边缘化或成为弱势群体的人或群体；特别保护处于上述情况中的个人；对伤害或虐待上述个人的，予以惩罚。

3. 除外交仪式外，任何人在所有官方对待中，都只被视为公民。

4. 不承认贵族和世袭头衔。

第22条　本宪法和国际文件中关于权利和保障的明确规定，并不表示为对其他没有明确规定的人的固有权利的否认。对于没有受到法律明确规定的人的固有权利，并不损害对该权利的行使。

第23条　委内瑞拉签署和批准的人权相关条约、协定或公约具有宪法地位，效力优先于国内法。条约包含的权利内容比本宪法和共和国的法律更有利于权利的享有和行使的，法院和公权力机构可以直接适用相关条约的规定。

第24条　除新的法律规定有比原有法律更轻的处罚外，新法不具有追溯力。程序法自生效之时开始适用于新进入程序的事项。但在刑事程序中，对于已经认定的证据，适用

REPÚBLICA BOLIVARIANA DE VENEZUELA
ASAMBLEA NACIONAL CONSTITUYENTE

momento mismo de entrar en vigencia, aun en los procesos que se hallaren en curso; pero en los procesos penales, las pruebas ya evacuadas se estimarán en cuanto beneficien al reo o a la rea, conforme a la ley vigente para la fecha en que se promovieron.

Cuando haya dudas se aplicará la norma que beneficie al reo o a la rea.

Artículo 25. Todo acto dictado en ejercicio del Poder Público que viole o menoscabe los derechos garantizados por esta Constitución y la ley es nulo; y los funcionarios públicos y funcionarias públicas que lo ordenen o ejecuten incurren en responsabilidad penal, civil y administrativa, según los casos, sin que les sirvan de excusa órdenes superiores.

Artículo 26. Toda persona tiene derecho de acceso a los órganos de administración de justicia para hacer valer sus derechos e intereses, incluso los colectivos o difusos; a la tutela efectiva de los mismos y a obtener con prontitud la decisión correspondiente.

El Estado garantizará una justicia gratuita, accesible, imparcial, idónea, transparente, autónoma, independiente, responsable, equitativa y expedita, sin dilaciones indebidas, sin formalismos o reposiciones inútiles.

Artículo 27. Toda persona tiene derecho a ser amparada por los tribunales en el goce y ejercicio de los derechos y garantías constitucionales, aun de aquellos inherentes a la persona que no figuren expresamente en esta Constitución o en los instrumentos internacionales sobre derechos humanos.

El procedimiento de la acción de amparo constitucional será oral, público, breve, gratuito y no sujeto a formalidad; y la autoridad judicial competente tendrá potestad para restablecer inmediatamente la situación jurídica infringida o la situación que más se asemeje a ella. Todo tiempo será hábil y el tribunal lo tramitará con preferencia a cualquier otro asunto.

新生效的法律重新认定更有利于被告人的，则应依据新生效的法律对相关证据进行重新认定。

对所适用的法律规范有疑问时，适用最有利于被追究责任人的解释。

第25条　公权力实施侵犯或损害本宪法、法律保障的权利的，一律无效。发布上述命令或实施上述行为的公职人员根据相关情形承担刑事、民事和行政责任，不得以执行上级命令为理由免除上述责任。

第26条　人人有权诉诸司法管理机构以维护其集体和个人的权利和利益，获得司法管理机构有效保护，并且及时获得相应裁决。

国家保障司法免费、得以行使、公正、适当、透明、自治、独立、负责、公平和高效，确保当事人免受其中的不正当拖延和冗长手续，切实有效地恢复被损害的权利和利益。

第27条　法院保护每一个人享有和行使宪法性权利和保障，包括本宪法和关于人权的国际文件中没有列明但属个人固有的权利。

申请宪法保护的诉讼采取口头、公开、便捷和免费的形式，不受程式限制。管辖该案件的司法权力部门有权将权利立即恢复到受侵害前的法律状态或最可能接近的状态。任何时间都可以提出该类诉讼，且办理此类诉求优先于法院的其他事务。

República Bolivariana de Venezuela
Asamblea Nacional Constituyente

La acción de amparo a la libertad o seguridad podrá ser interpuesta por cualquier persona; y el detenido o detenida será puesto o puesta bajo la custodia del tribunal de manera inmediata, sin dilación alguna.

El ejercicio de este derecho no puede ser afectado, en modo alguno, por la declaración del estado de excepción o de la restricción de garantías constitucionales.

Artículo 28. Toda persona tiene el derecho de acceder a la información y a los datos que sobre sí misma o sobre sus bienes consten en registros oficiales o privados, con las excepciones que establezca la ley, así como de conocer el uso que se haga de los mismos y su finalidad, y de solicitar ante el tribunal competente la actualización, la rectificación o la destrucción de aquellos, si fuesen erróneos o afectasen ilegítimamente sus derechos. Igualmente, podrá acceder a documentos de cualquier naturaleza que contengan información cuyo conocimiento sea de interés para comunidades o grupos de personas. Queda a salvo el secreto de las fuentes de información periodística y de otras profesiones que determine la ley.

Artículo 29. El Estado estará obligado a investigar y sancionar legalmente los delitos contra los derechos humanos cometidos por sus autoridades.

Las acciones para sancionar los delitos de lesa humanidad, violaciones graves de los derechos humanos y los crímenes de guerra son imprescriptibles. Las violaciones de derechos humanos y los delitos de lesa humanidad serán investigados y juzgados por los tribunales ordinarios. Dichos delitos quedan excluidos de los beneficios que puedan conllevar su impunidad, incluidos el indulto y la amnistía.

Artículo 30. El Estado tendrá la obligación de indemnizar integralmente a las víctimas de violaciones de los derechos humanos que le sean imputables, o a su derechohabientes, incluido el pago de daños y perjuicios.

El Estado adoptará las medidas legislativas y de otra naturaleza para hacer efectivas las indemnizaciones establecidas en este artículo.

人人都可以行使保护其自由或安全的行为。被羁押者须立即被移交到法院，不得进行任何拖延。

宣布例外状态或对宪法保障进行限制时，上述权利的行使不受影响。

第28条 人人有权获得官方或私人记录中有关其自身和其财产相关的信息、数据，除非法律另有例外规定；有权获知上述信息和数据的使用情况和使用目的；有权向有管辖权的法院申请更新、修改或消除错误的和不合法地影响到其权利的信息和数据。同样地，人人都有权获得与自己所在社区或群体的与个人利益有关的信息。前述规定不影响对新闻信息来源的保密或法律规定的其他职业人士对信息来源的保密。

第29条 国家有义务调查并依据法律规定惩处权力部门侵犯人权的犯罪行为。

制裁危害人类罪、严重侵犯人权或战争罪的行为不受侵犯。侵犯人权和危害人类罪的行为由普通法院进行调查和裁判。上述罪行不得享有包括赦免和大赦在内的任何免予处罚的规定。

第30条 对于国家应当承担责任的人权受到侵犯的行为，国家有义务对受害者或其权利继承人承担完全赔偿责任，包括支付损害金和赔偿金。

国家通过立法方式和其他性质的方式落实本条规定的赔偿。

REPÚBLICA BOLIVARIANA DE VENEZUELA
ASAMBLEA NACIONAL CONSTITUYENTE

El Estado protegerá a las víctimas de delitos comunes y procurará que los culpables reparen los daños causados.

Artículo 31. Toda persona tiene derecho, en los términos establecidos por los tratados, pactos y convenciones sobre derechos humanos ratificados por la República, a dirigir peticiones o quejas ante los órganos internacionales creados para tales fines, con el objeto de solicitar el amparo a sus derechos humanos.

El Estado adoptará, conforme a procedimientos establecidos en esta Constitución y en la ley, las medidas que sean necesarias para dar cumplimiento a las decisiones emanadas de los órganos internacionales previstos en este artículo.

Capítulo II
De la nacionalidad y de la ciudadanía
Sección primera: de la nacionalidad

Artículo 32. Son venezolanos y venezolanas por nacimiento:

1. Toda persona nacida en el territorio de la República.

2. Toda persona nacida en territorio extranjero, hijo o hija de padre venezolano por nacimiento y madre venezolana por nacimiento.

3. Toda persona nacida en territorio extranjero, hijo o hija de padre venezolano por nacimiento o madre venezolana por nacimiento, siempre que establezca su residencia en el territorio de la República o declare su voluntad de acogerse a la nacionalidad venezolana.

4. Toda persona nacida en territorio extranjero, de padre venezolano por naturalización o madre venezolana por naturalización, siempre que antes de cumplir dieciocho años de edad establezca su residencia en el territorio de la República y antes de cumplir veinticinco años de edad declare su voluntad de acogerse a la nacionalidad venezolana.

国家保护普通犯罪的受害者，督促实施侵害一方对受害者给予赔偿。

第31条 人人享有依据共和国批准的人权相关国际条约、国际协定和国际公约，向为保护人权而设立的国际机构请愿和申诉的权利，要求对其人权进行保护。

国家依据本宪法和法律规定的程序，采取必要措施执行国际组织作出的本条规定的决定。

第二章
国籍和公民身份
第一节　国籍

第32条 因出生取得委内瑞拉国籍包括以下情况：

1. 在共和国领土出生的。

2. 在外国领土出生的，而父亲和母亲都是因出生取得委内瑞拉国籍。

3. 在外国领土出生的，而父亲或母亲一方是因出生取得委内瑞拉国籍，且在委内瑞拉境内确定其居住或表达获得委内瑞拉国籍的意愿。

4. 在外国领土出生的，而父亲或母亲有一方因归化取得委内瑞拉国籍，且于十八岁之前在委内瑞拉境内确定其住所，并在二十五岁之前表达获得委内瑞拉国籍的意愿。

Artículo 33. Son venezolanos y venezolanas por naturalización:

1. Los extranjeros o extranjeras que obtengan carta de naturaleza. A tal fin, deberán tener domicilio en Venezuela con residencia ininterrumpida de, por lo menos, diez años inmediatamente anteriores a la fecha de la respectiva solicitud.

   El tiempo de residencia se reducirá a cinco años en el caso de aquellos y aquellas que tuvieren la nacionalidad originaria de España, Portugal, Italia, países latinoamericanos y del Caribe.

2. Los extranjeros o extranjeras que contraigan matrimonio con venezolanas o venezolanos desde que declaren su voluntad de serlo, transcurridos por lo menos cinco años a partir de la fecha del matrimonio.

3. Los extranjeros o extranjeras menores de edad para la fecha de la naturalización del padre o de la madre que ejerza sobre ellos la patria potestad, siempre que declaren su voluntad de ser venezolanos o venezolanas antes de cumplir los veintiún años de edad y hayan residido en Venezuela, ininterrumpidamente, durante los cinco años anteriores a dicha declaración.

Artículo 34. La nacionalidad venezolana no se pierde al optar o adquirir otra nacionalidad.

Artículo 35. Los venezolanos y venezolanas por nacimiento no podrán ser privados o privadas de su nacionalidad. La nacionalidad venezolana por naturalización sólo podrá ser revocada mediante sentencia judicial, de acuerdo con la ley.

Artículo 36. Se puede renunciar a la nacionalidad venezolana. Quien renuncie a la nacionalidad venezolana por nacimiento puede recuperarla si se domicilia en el

委内瑞拉玻利瓦尔共和国
全国制宪大会

第33条　因归化取得委内瑞拉国籍包括以下情况：

1. 取得归化入籍证的外国人。为取得归化入籍证，外国公民必须在其申请日期截止前，连续在委内瑞拉的住所居住满十年。

　　原始国籍为西班牙、葡萄牙、意大利、拉丁美洲国家和加勒比海国家的，上述居住期限减少为五年。

2. 与委内瑞拉人结婚的外国人，可自婚姻缔结之日起五年后，经表达获得委内瑞拉国籍的意愿而申请获得委内瑞拉国籍。

3. 持外国国籍的未成年人，当对其具有亲权的父母一方因归化取得委内瑞拉国籍时，未成年人在二十一岁之前表达获得委内瑞拉国籍的意愿，并在表达上述意愿前在委内瑞拉连续居住满五年。

第34条　选择或取得其他国籍的，不丧失委内瑞拉国籍。

第35条　因出生取得的委内瑞拉国籍，其国籍不得被剥夺。因归化取得的委内瑞拉国籍，只有法院依据法律规定作出的司法判决才可予以撤销。

第36条　委内瑞拉国籍可以放弃。因出生在委内瑞拉而获得委内瑞拉国籍的，放弃委内瑞拉国籍后，如果在共和国领土内的住所居住满两年，并宣布表达重新获得委内瑞拉国

territorio de la República por un lapso no menor de dos años y manifiesta su voluntad de hacerlo. Los venezolanos y venezolanas por naturalización que renuncien a la nacionalidad venezolana podrán recuperarla cumpliendo nuevamente con los requisitos exigidos en el artículo 33 de esta Constitución.

Artículo 37. El Estado promoverá la celebración de tratados internacionales en materia de nacionalidad, especialmente con los Estados fronterizos y los señalados en el numeral 1 del artículo 33 de esta Constitución.

Artículo 38. La ley dictará, de conformidad con las disposiciones anteriores, las normas sustantivas y procesales relacionadas con la adquisición, opción, renuncia y recuperación de la nacionalidad venezolana, así como con la revocación y nulidad de la naturalización.

Sección segunda: de la ciudadanía

Artículo 39. Los venezolanos y venezolanas que no estén sujetos o sujetas a inhabilitación política ni a interdicción civil, y en las condiciones de edad previstas en esta Constitución, ejercen la ciudadanía; en consecuencia, son titulares de derechos y deberes políticos de acuerdo con esta Constitución.

Artículo 40. Los derechos políticos son privativos de los venezolanos y venezolanas, salvo las excepciones establecidas en esta Constitución.

Gozan de los mismos derechos de los venezolanos y venezolanas por nacimiento los venezolanos y venezolanas por naturalización que hubieren ingresado al país antes de cumplir los siete años de edad y residido en él permanentemente hasta alcanzar la mayoridad.

籍的意愿，可以重新取得委内瑞拉国籍。因归化取得委内瑞拉国籍的，放弃委内瑞拉国籍后，满足本宪法第33条规定条件，可以重新取得委内瑞拉国籍。

第37条 国家推动缔结与国籍有关的国际条约，特别是与相邻国家和本宪法第33条第1项规定的国家之间缔结上述条约。

第38条 法律根据前述诸条，对取得、选择、放弃和重新获得国籍，以及撤销因归化取得的国籍、宣布因归化取得的国籍无效的实体与程序规则作出规定。

第二节 公民身份

第39条 委内瑞拉人除被剥夺政治权利或公民权利外，只要符合本宪法规定的年龄要件，均具有公民身份，享有本宪法规定的政治权利，承担本宪法规定的政治义务。

第40条 除本宪法另有规定的情况外，政治权利专属于委内瑞拉人。

七岁前因归化取得委内瑞拉国籍且在委内瑞拉连续居住直至成年的，享有与因出生取得委内瑞拉国籍的人同样的权利。

Artículo 41. Sólo los venezolanos y venezolanas por nacimiento y sin otra nacionalidad podrán ejercer los cargos de Presidente o Presidenta de la República, Vicepresidente Ejecutivo o Vicepresidenta Ejecutiva, Presidente o Presidenta y Vicepresidentes o Vicepresidentas de la Asamblea Nacional, magistrados o magistradas del Tribunal Supremo de Justicia, Presidente o Presidenta del Consejo Nacional Electoral, Procurador o Procuradora General de la República, Contralor o Contralora General de la República, Fiscal General de la República, Defensor o Defensora del Pueblo, Ministros o Ministras de los despachos relacionados con la seguridad de la Nación, finanzas, energía y minas, educación; Gobernadores o Gobernadoras y Alcaldes o Alcaldesas de los Estados y Municipios fronterizos y de aquellos contemplados en la Ley Orgánica de la Fuerza Armada Nacional.

Para ejercer los cargos de diputados o diputadas a la Asamblea Nacional, Ministros o Ministras; Gobernadores o Gobernadoras y Alcaldes o Alcaldesas de Estados y Municipios no fronterizos, los venezolanos y venezolanas por naturalización deben tener domicilio con residencia ininterrumpida en Venezuela no menor de quince años y cumplir los requisitos de aptitud previstos en la ley.

Artículo 42. Quien pierda o renuncie a la nacionalidad pierde la ciudadanía. El ejercicio de la ciudadanía o de alguno de los derechos políticos sólo puede ser suspendido por sentencia judicial firme en los casos que determine la ley.

Capítulo III
De los derechos civiles

Artículo 43. El derecho a la vida es inviolable. Ninguna ley podrá establecer la pena de muerte, ni autoridad alguna aplicarla. El Estado protegerá la vida de las personas que se encuentren privadas de su libertad, prestando el servicio militar o civil, o sometidas a su autoridad en cualquier otra forma.

Artículo 44. La libertad personal es inviolable; en consecuencia:

第41条　只有因出生取得委内瑞拉国籍且没有其他国籍的公民才能担任共和国总统、执行副总统、国民大会主席和副主席、最高法院大法官、国家选举委员会主席、共和国总检察长、共和国总审计长、共和国总公诉人、人民卫士，以及负责与国家安全、财政、能源和矿业、教育相关事务的各部部长；位于边境的州或市的州长、市长，以及《国家武装力量组织法》中规定的职位也只能由因出生取得委内瑞拉国籍且没有其他国籍的公民担任。

因归化取得委内瑞拉国籍的委内瑞拉人担任国民大会议员、各部部长、非位于边境的州或市的州长和市长的，必须至少在委内瑞拉的住所不间断居住满十五年，并取得法律规定的其他能力条件。

第42条　丧失或放弃国籍，即丧失公民资格。仅可由法院依据法律规定的情况，由确定的司法判决，剥夺公民资格、停止实施某项政治权利。

第三章
公民权利

第43条　生命权不可侵犯。法律不得规定死刑，也不得授权任何权力部门适用死刑。国家保护被剥夺自由者的生命，以及在军事组织服役者、在民事组织供职者或其他受制于其他形式的被授权的事务的人的生命。

第44条　人身自由不可侵犯，因此：

1. Ninguna persona puede ser arrestada o detenida sino en virtud de una orden judicial, a menos que sea sorprendida in fraganti. En este caso, será llevada ante una autoridad judicial en un tiempo no mayor de cuarenta y ocho horas a partir del momento de la detención. Será juzgada en libertad, excepto por las razones determinadas por la ley y apreciadas por el juez o jueza en cada caso.

    La constitución de caución exigida por la ley para conceder la libertad de la persona detenida no causará impuesto alguno.

2. Toda persona detenida tiene derecho a comunicarse de inmediato con sus familiares, abogado o abogada, o persona de su confianza; y éstos o éstas, a su vez, tienen el derecho a ser informados o informadas sobre el lugar donde se encuentra la persona detenida; a ser notificados o notificadas inmediatamente de los motivos de la detención y a que dejen constancia escrita en el expediente sobre el estado físico y psíquico de la persona detenida, ya sea por sí mismos o por sí mismas, o con el auxilio de especialistas. La autoridad competente llevará un registro público de toda detención realizada, que comprenda la identidad de la persona detenida, lugar, hora, condiciones y funcionarios o funcionarias que la practicaron.

    Respecto a la detención de extranjeros o extranjeras se observará, además, la notificación consular prevista en los tratados internacionales sobre la materia.

3. La pena no puede trascender de la persona condenada. No habrá condenas a penas perpetuas o infamantes. Las penas privativas de la libertad no excederán de treinta años.

4. Toda autoridad que ejecute medidas privativas de la libertad estará obligada a identificarse.

5. Ninguna persona continuará en detención después de dictada orden de excarcelación por la autoridad competente, o una vez cumplida la pena impuesta.

1. 除现行犯罪外，任何人非因司法命令不得被逮捕和羁押。当场抓获的，必须在抓获之时起四十八小时内移送司法权力部门。在审判期间，除法律规定的和法官依据案件情况决定的理由外，被审判者享有自由。

被羁押者依据法律规定缴纳的保释金不予缴税。

2. 被羁押者有权立即与其家庭成员、其律师或任何其信任的人取得联系，羁押者的家庭成员、其律师或任何其信任的人有权知道被羁押者的羁押地，有权立即获知羁押的原因，有权获取由其本人或在专家辅助下对被羁押者身体和精神状况所作的书面记录。行使该权限的权力部门对每项羁押决定制作公开记录，包括被羁押者的身份和羁押的地点、时间、情况，以及执行羁押决定的公务人员。

对外国人的羁押，还须按照相关国际条约的规定通知领事。

3. 对犯罪行为的处罚仅限于实施犯罪行为的本人，不得株连他人。任何人都不得被判处永久监禁或处以不人道刑罚。剥夺自由刑罚的刑期不得超过三十年。

4. 实施剥夺自由措施的权力机关，有表明自己身份的义务。

5. 一旦有关权力部门颁布释放令，或刑期一旦届满，须立即对被羁押者进行释放。

Artículo 45. Se prohíbe a la autoridad pública, sea civil o militar, aun en estado de emergencia, excepción o restricción de garantías, practicar, permitir o tolerar la desaparición forzada de personas. El funcionario o funcionaria que reciba orden o instrucción para practicarla, tiene la obligación de no obedecerla y denunciarla a las autoridades competentes. Los autores o autoras intelectuales y materiales, cómplices y encubridores o encubridoras del delito de desaparición forzada de personas, así como la tentativa de comisión del mismo, serán sancionados o sancionadas de conformidad con la ley.

Artículo 46. Toda persona tiene derecho a que se respete su integridad física, psíquica y moral; en consecuencia:

1. Ninguna persona puede ser sometida a penas, torturas o tratos crueles, inhumanos o degradantes. Toda víctima de tortura o trato cruel, inhumano o degradante practicado o tolerado por parte de agentes del Estado, tiene derecho a la rehabilitación.

2. Toda persona privada de libertad será tratada con el respeto debido a la dignidad inherente al ser humano.

3. Ninguna persona será sometida sin su libre consentimiento a experimentos científicos, o a exámenes médicos o de laboratorio, excepto cuando se encontrare en peligro su vida o por otras circunstancias que determine la ley.

4. Todo funcionario público o funcionaria pública que, en razón de su cargo, infiera maltratos o sufrimientos físicos o mentales a cualquier persona, o que instigue o tolere este tipo de tratos, será sancionado o sancionada de acuerdo con la ley.

Artículo 47. El hogar doméstico y todo recinto privado de persona son inviolables. No podrán ser allanados sino mediante orden judicial, para impedir la perpetración de un delito o para cumplir, de acuerdo con la ley, las decisiones que dicten los tribunales, respetando siempre la dignidad del ser humano.

第45条 无论军事、民事性质的公权力部门，即使在紧急状态、例外状态或权利限制状态下，也不得实施、允许或纵容强迫失踪的行为。接到强迫失踪行为命令或指令的公务人员有义务不予遵守，并向相关权力机构进行举报。在精神或物质方面实施强迫人员失踪罪的主犯，以及该罪行的从犯、包庇犯、未遂犯，都依据法律予以制裁。

第46条 人人具有其身体完整、精神完整和道德完整受到尊重的权利，因此：

1. 不得对任何人施以不人道或有辱人格的刑罚、折磨或残忍对待。行使国家权力的机关和个人实施不人道或有辱人格的折磨或残忍对待的，受害人有权要求对其损失进行恢复。

2. 被剥夺自由的个人，其人类固有尊严受到应有对待。

3. 除本人生命处于危险或法律规定的其他情况，未经本人同意，不得将任何人用于科学实验和医学检查。

4. 任何公职人员凭借其职务身份对他人进行虐待或施加身体或精神上的痛苦，或是鼓动、纵容上述行为的，依据法律予以制裁。

第47条 个人住所和私人住宅不可侵犯。除为防止犯罪行为的进一步发生或依据法律规定执行法院作出的决定，并依据法院作出的命令，不得强行进入他人住宅。强行进入他人住宅的，任何情况下都须尊重个人尊严。

Las visitas sanitarias que se practiquen, de conformidad con la ley, sólo podrán hacerse previo aviso de los funcionarios o funcionarias que las ordenen o hayan de practicarlas.

Artículo 48. Se garantiza el secreto e inviolabilidad de las comunicaciones privadas en todas sus formas. No podrán ser interferidas sino por orden de un tribunal competente, con el cumplimiento de las disposiciones legales y preservándose el secreto de lo privado que no guarde relación con el correspondiente proceso.

Artículo 49. El debido proceso se aplicará a todas las actuaciones judiciales y administrativas; en consecuencia:

1. La defensa y la asistencia jurídica son derechos inviolables en todo estado y grado de la investigación y del proceso. Toda persona tiene derecho a ser notificada de los cargos por los cuales se le investiga; de acceder a las pruebas y de disponer del tiempo y de los medios adecuados para ejercer su defensa. Serán nulas las pruebas obtenidas mediante violación del debido proceso. Toda persona declarada culpable tiene derecho a recurrir del fallo, con las excepciones establecidas en esta Constitución y en la ley.

2. Toda persona se presume inocente mientras no se pruebe lo contrario.

3. Toda persona tiene derecho a ser oída en cualquier clase de proceso, con las debidas garantías y dentro del plazo razonable determinado legalmente por un tribunal competente, independiente e imparcial establecido con anterioridad. Quien no hable castellano, o no pueda comunicarse de manera verbal, tiene derecho a un intérprete.

4. Toda persona tiene derecho a ser juzgada por sus jueces naturales en las jurisdicciones ordinarias o especiales, con las garantías establecidas en esta Constitución y en la ley. Ninguna persona podrá ser sometida a juicio sin conocer la identidad de quien la juzga, ni podrá ser procesada por tribunales de excepción o por comisiones creadas para tal efecto.

委内瑞拉玻利瓦尔共和国
全国制宪大会

公务人员只得依据进行健康检查的命令进行通知后，才能根据法律规定执行健康检查。

第48条 对所有形式的个人通信都须确保其秘密，且不可侵犯。除依据具有管辖权的法院作出的命令并履行法律的规定，不得侵犯个人通信秘密。依据上述例外规定对个人通信进行读取时，须确保与对应程序不相关的个人秘密不受侵犯。

第49条 所有的司法和行政行为适用正当程序，因此：

1. 在调查和诉讼的各个阶段，行使辩护和接受法律援助是不可剥夺的权利。人人有权获知其被调查的内容，有权获得证据并有足够的时间和方式准备自己的辩护。违反正当程序获得的所有证据一律无效。除本宪法和法律另有规定的情况外，被宣布有罪的人享有对判决提起不服的权利。

2. 所有人在没有证据证明其有罪之前，都被推定为无罪。

3. 在任何程序中都应听取当事人意见，由具有管辖权的独立、中立的法院对当事人的申辩给予正当保障，并给予其因正当实施上述行为所需的合理时间。不会卡斯蒂利亚语或不能进行口头交流的人，有权获得翻译。

4. 人人有依据本宪法和法律规定的保障，由普通管辖法院和专门管辖法院的法官对其进行审判的权利。任何人在不知对其审理的法官身份的情况下不得被进行审判，不得以特别法庭或为案件专设的委员会对任何人进行裁判。

5. Ninguna persona podrá ser obligada a confesarse culpable o declarar contra sí misma, su cónyuge, concubino o concubina, o pariente dentro del cuarto grado de consanguinidad y segundo de afinidad.

   La confesión solamente será válida si fuere hecha sin coacción de ninguna naturaleza.

6. Ninguna persona podrá ser sancionada por actos u omisiones que no fueren previstos como delitos, faltas o infracciones en leyes preexistentes.

7. Ninguna persona podrá ser sometida a juicio por los mismos hechos en virtud de los cuales hubiese sido juzgada anteriormente.

8. Toda persona podrá solicitar del Estado el restablecimiento o reparación de la situación jurídica lesionada por error judicial, retardo u omisión injustificados. Queda a salvo el derecho del o de la particular de exigir la responsabilidad personal del magistrado o de la magistrada, del juez o de la jueza; y el derecho del Estado de actuar contra éstos o éstas.

Artículo 50. Toda persona puede transitar libremente y por cualquier medio por el territorio nacional, cambiar de domicilio y residencia, ausentarse de la República y volver, trasladar sus bienes y pertenencias en el país, traer sus bienes al país o sacarlos, sin más limitaciones que las establecidas por la ley. En caso de concesión de vías, la ley establecerá los supuestos en los que debe garantizarse el uso de una vía alterna. Los venezolanos y venezolanas pueden ingresar al país sin necesidad de autorización alguna.

Ningún acto del Poder Público podrá establecer la pena de extrañamiento del territorio nacional contra venezolanos o venezolanas.

Artículo 51. Toda persona tiene el derecho de representar o dirigir peticiones ante cualquier autoridad, funcionario público o funcionaria pública sobre los asuntos que sean de la competencia de éstos o éstas, y de obtener oportuna y

5. 不得强迫任何人自认其罪，不得要求任何人证明自己、其配偶、其同居伴侣、其四等以内血亲和两代以内姻亲有罪。

认罪，只有在通过非强迫方式下进行的，方为有效。

6. 任何人不因法律尚无明文规定的犯罪、轻微罪和违法行为而受制裁。

7. 任何人不因此前判决过的同一事实再次受到审判。

8. 人人有权对因无正当理由的司法错误、不正当的延迟或疏忽造成的法律状态损害，要求国家予以恢复或给予补救。该规定不影响追究大法官或法官的个人责任，国家应当采取行动对造成损害的上述行为予以追究。

第50条 在法律规定的限制内，人人可在国内以任何方式自由迁徙，自由改变其住所或居所、自由离开和返回共和国，在国内自由移动财产和所有物，或把自己的财产和所有物移入国内或移往国外。在需要对某种渠道制定特许制度时，法律须对可予以确保的其他可选择渠道进行规定。委内瑞拉人无须任何授权即可进入国家。

任何公权力部门不得对委内瑞拉人制定驱逐出境的惩罚。

第51条 人人享有请愿权，有权自己或通过其代表在相关权力机构和公职人员面前对其权限范围内的事务进行抗议，有权得到及时充分的回应。侵犯上述权利的，依据法律规定受到包括撤职在内的制裁。

adecuada respuesta. Quienes violen este derecho serán sancionados o sancionadas conforme a la ley, pudiendo ser destituidos o destituidas del cargo respectivo.

Artículo 52. Toda persona tiene el derecho de asociarse con fines lícitos, de conformidad con la ley. El Estado estará obligado a facilitar el ejercicio de este derecho.

Artículo 53. Toda persona tiene el derecho de reunirse, pública o privadamente, sin permiso previo, con fines lícitos y sin armas. Las reuniones en lugares públicos se regirán por la ley.

Artículo 54. Ninguna persona podrá ser sometida a esclavitud o servidumbre. La trata de personas y, en particular, la de mujeres, niños, niñas y adolescentes en todas sus formas, estará sujeta a las penas previstas en la ley.

Artículo 55. Toda persona tiene derecho a la protección por parte del Estado, a través de los órganos de seguridad ciudadana regulados por ley, frente a situaciones que constituyan amenaza, vulnerabilidad o riesgo para la integridad física de las personas, sus propiedades, el disfrute de sus derechos y el cumplimiento de sus deberes.

La participación de los ciudadanos y ciudadanas en los programas destinados a la prevención, seguridad ciudadana y administración de emergencias será regulada por una ley especial.

Los cuerpos de seguridad del Estado respetarán la dignidad y los derechos humanos de todas las personas. El uso de armas o sustancias tóxicas por parte del funcionariado policial y de seguridad estará limitado por principios de necesidad, conveniencia, oportunidad y proporcionalidad, conforme a la ley.

第52条　人人享有为其合法目的，依据法律规定结社的权利。国家有义务为该项权利的实施提供便利。

第53条　人人有权无须事先批准，为其合法目的公开或私下进行不携带武器集会的权利。在公共场所进行集会的，依据法律规定进行。

第54条　任何人都不应成为奴隶或遭受奴役。任何形式的贩卖人口，特别是对妇女、儿童和青少年的任何形式的贩卖，依据法律规定处以刑罚。

第55条　人人享有受国家保护的权利。国家通过法律规定的公民安全机构，保护处于威胁、侵犯或危害的公民的人身完整及财产，确保公民享有其权利、履行其义务。

公民参与预防、公民安全和紧急状况管理的项目的，遵守特别法的规定。

国家安全部队尊重人的尊严和所有人的权利。警察和负责安保的公务人员使用武器和有毒物质时，受到必要性、便利性、适宜性和成比例原则等的限制，依据法律规定进行。

Artículo 56. Toda persona tiene derecho a un nombre propio, al apellido del padre y al de la madre y a conocer la identidad de los mismos. El Estado garantizará el derecho a investigar la maternidad y la paternidad.

Toda persona tiene derecho a ser inscrita gratuitamente en el registro civil después de su nacimiento y a obtener documentos públicos que comprueben su identidad biológica, de conformidad con la ley. Éstos no contendrán mención alguna que califique la filiación.

Artículo 57. Toda persona tiene derecho a expresar libremente sus pensamientos, sus ideas u opiniones de viva voz, por escrito o mediante cualquier otra forma de expresión y de hacer uso para ello de cualquier medio de comunicación y difusión, sin que pueda establecerse censura. Quien haga uso de este derecho asume plena responsabilidad por todo lo expresado. No se permite el anonimato, ni la propaganda de guerra, ni los mensajes discriminatorios, ni los que promuevan la intolerancia religiosa.

Se prohíbe la censura a los funcionarios públicos o funcionarias públicas para dar cuenta de los asuntos bajo sus responsabilidades.

Artículo 58. La comunicación es libre y plural y comporta los deberes y responsabilidades que indique la ley. Toda persona tiene derecho a la información oportuna, veraz e imparcial, sin censura, de acuerdo con los principios de esta Constitución, así como a la réplica y rectificación cuando se vea afectada directamente por informaciones inexactas o agraviantes. Los niños, niñas y adolescentes tienen derecho a recibir información adecuada para su desarrollo integral.

Artículo 59. El Estado garantizará la libertad de religión y de culto. Toda persona tiene derecho a profesar su fe religiosa y cultos y a manifestar sus creencias en privado o en público, mediante la enseñanza u otras prácticas, siempre que no se opongan a la moral, a las buenas costumbres y al orden público. Se garantiza, así mismo, la independencia y la autonomía de las iglesias y confesiones

第56条　人人对其名字、父姓和母姓享有权利，有权知道其父母的身份。国家确保任何人对其父母身份进行调查的权利。

人人具有在其出生后在民事登记中心免费予以登记，并依据法律规定获得包括其生物学身份的公共文件的权利。该文件不包含涉及亲子关系的内容。

第57条　人人有权以口头、书面或其他任何表达形式，自由表达自己的想法、观点和意见，并在各类交际和传播类媒体中使用。不得为此设立审查制度。每个人对其表达的内容承担全部责任。禁止匿名发布信息，禁止宣扬战争、歧视或促使宗教仇恨的言论。

公职人员，不得针对涉及自己所管辖事务的言论，进行审查。

第58条　自由、多元地进行交流，并遵守法律规定的义务和责任。人人有权依据本宪法的原则，不受审查地获得及时、真实和客观的信息。当错误或污蔑性的信息直接影响本人时，有权进行回应和予以纠正。儿童和青少年有权获得适应其全面发展的信息。

第59条　国家保障宗教和信仰自由。人人有权信奉宗教和崇拜对象，有权私下或公开表明自己的信仰理念。在不违背道德、善良风俗和公共秩序的情况下，有权通过学习教义或其他活动传播自己的信仰理念。教会和宗教信仰事业独立、自治，只受本宪法和法律规

religiosas, sin más limitaciones que las derivadas de esta Constitución y de la ley. El padre y la madre tienen derecho a que sus hijos o hijas reciban la educación religiosa que esté de acuerdo con sus convicciones.

Nadie podrá invocar creencias o disciplinas religiosas para eludir el cumplimiento de la ley ni para impedir a otro u otra el ejercicio de sus derechos.

Artículo 60. Toda persona tiene derecho a la protección de su honor, vida privada, intimidad, propia imagen, confidencialidad y reputación.

La ley limitará el uso de la informática para garantizar el honor y la intimidad personal y familiar de los ciudadanos y ciudadanas y el pleno ejercicio de sus derechos.

Artículo 61. Toda persona tiene derecho a la libertad de conciencia y a manifestarla, salvo que su práctica afecte su personalidad o constituya delito. La objeción de conciencia no puede invocarse para eludir el cumplimiento de la ley o impedir a otros su cumplimiento o el ejercicio de sus derechos.

Capítulo IV
De los derechos políticos y del referendo popular

Sección primera: de los derechos políticos

Artículo 62. Todos los ciudadanos y ciudadanas tienen el derecho de participar libremente en los asuntos públicos, directamente o por medio de sus representantes elegidos o elegidas.

La participación del pueblo en la formación, ejecución y control de la gestión pública es el medio necesario para lograr el protagonismo que garantice su completo desarrollo, tanto individual como colectivo. Es obligación del Estado y

定的限制。父母有权使其子女接受其信仰的宗教的教育。

任何人不得以宗教信仰或宗教惩戒为由回避履行法律，或妨碍他人行使权利。

第60条　人人有权捍卫自己的名誉、私生活、隐私、个人形象、秘密和荣誉。

为保护公民及其家庭的名誉和隐私，确保其权利的充分落实，法律对信息的使用进行限制。

第61条　人人享有良心自由。除涉及人格或构成犯罪外，人人有权表达自己的内心感受。不得以表达内心感受为由，逃避履行法律、妨碍他人履行法律或妨碍他人行使权利。

第四章
政治权利和公民投票
第一节　政治权利

第62条　所有公民都有权直接或通过他们选举出的代表，自由地参与公共事务。

人民参与组建、实施和监督公共事务是实现个人和集体全面发展的必要措施。国家和

deber de la sociedad facilitar la generación de las condiciones más favorables para su práctica.

Artículo 63. El sufragio es un derecho. Se ejercerá mediante votaciones libres, universales, directas y secretas. La ley garantizará el principio de la personalización del sufragio y la representación proporcional.

Artículo 64. Son electores o electoras todos los venezolanos y venezolanas que hayan cumplido dieciocho años de edad y que no estén sujetos a interdicción civil o inhabilitación política.

El voto para las elecciones parroquiales, municipales y estadales se hará extensivo a los extranjeros o extranjeras que hayan cumplido dieciocho años de edad, con más de diez años de residencia en el país, con las limitaciones establecidas en esta Constitución y en la ley, y que no estén sujetos a interdicción civil o inhabilitación política.

Artículo 65. No podrán optar a cargo alguno de elección popular quienes hayan sido condenados o condenadas por delitos cometidos durante el ejercicio de sus funciones y otros que afecten el patrimonio público, dentro del tiempo que fije la ley, a partir del cumplimiento de la condena y de acuerdo con la gravedad del delito.

Artículo 66. Los electores y electoras tienen derecho a que sus representantes rindan cuentas públicas, transparentes y periódicas sobre su gestión, de acuerdo con el programa presentado.

Artículo 67. Todos los ciudadanos y ciudadanas tienen el derecho de asociarse con fines políticos, mediante métodos democráticos de organización, funcionamiento y dirección. Sus organismos de dirección y sus candidatos o candidatas a cargos de elección popular serán seleccionados o seleccionadas en

社会有义务为最便利地实施上述行为创造条件。

第63条　选举权是一项基本权利。通过自由、广泛、直接和无记名的投票方式行使选举权。法律保障投票的个人化和代表的比例制。

第64条　所有年满十八岁的委内瑞拉人，除被剥夺民事权利或政治权利外，都有权参与选举。

在市辖区、市和州的选举中，依据本宪法和法律规定的限制条件，年满十八岁，在委内瑞拉居住满十年以上，且没有被剥夺民事权利或政治权利的外国人也有选举权。

第65条　在行使其职权期间被作出有罪判决的，以及犯有侵犯公共财产罪的，不得竞选通过民选产生的职位。由法律根据犯罪的严重程度确定履行刑罚后不得参加竞选的时限。

第66条　选民有权根据已经作出的方案，从其选出的代表处定期获得根据代表工作所作的公开和透明记录。

第67条　所有公民都享有政治结社权。政治社团的组织、运行和领导都通过民主方式

elecciones internas con la participación de sus integrantes. No se permitirá el financiamiento de las asociaciones con fines políticos con fondos provenientes del Estado.

La ley regulará lo concerniente al financiamiento y a las contribuciones privadas de las organizaciones con fines políticos, y los mecanismos de control que aseguren la pulcritud en el origen y manejo de las mismas. Así mismo regulará las campañas políticas y electorales, su duración y límites de gastos propendiendo a su democratización.

Los ciudadanos y ciudadanas, por iniciativa propia, y las asociaciones con fines políticos, tienen derecho a concurrir a los procesos electorales postulando candidatos o candidatas. El financiamiento de la propaganda política y de las campañas electorales será regulado por la ley. Las direcciones de las asociaciones con fines políticos no podrán contratar con entidades del sector público.

Artículo 68. Los ciudadanos y ciudadanas tienen derecho a manifestar, pacíficamente y sin armas, sin otros requisitos que los que establezca la ley.

Se prohíbe el uso de armas de fuego y sustancias tóxicas en el control de manifestaciones pacíficas. La ley regulará la actuación de los cuerpos policiales y de seguridad en el control del orden público.

Artículo 69. La República Bolivariana de Venezuela reconoce y garantiza el derecho de asilo y refugio.

Se prohíbe la extradición de venezolanos y venezolanas.

Artículo 70. Son medios de participación y protagonismo del pueblo en ejercicio de su soberanía, en lo político: la elección de cargos públicos, el referendo, la consulta popular, la revocación del mandato, las iniciativas legislativa, constitucional y constituyente, el cabildo abierto y la asamblea de ciudadanos y ciudadanas cuyas decisiones serán de carácter vinculante, entre otros; y en lo social

决定。由政治社团组成人员参与的内部选举对社团的领导机关和通过民选产生的职位的候选人进行遴选。政治社团不得获得来自国家机关的资助。

法律对政治社团接受资助或个人捐款相关的事务，以及确保政治社团的资金来源合法和资金管理的机制进行规定。同样地，法律对规制政治活动和选举活动，以及在追求民主化的同时限制上述活动的持续时间和开支进行规定。

公民有权自发参与选举过程中的推选候选人活动，也可以为了政治目的联合起来参与选举过程中的推选候选人活动。政治宣传和竞选活动的资金受法律规制。政治社团的领导不得涉足公共部门的实体。

第68条 公民享有参与和平且不携带武器的示威的权利，除法律规定的要求外，不受其他限制。

严禁使用武器和有毒物质监督和平的示威活动。法律对警察和安全部队维护公共秩序的行为进行规定。

第69条 委内瑞拉玻利瓦尔共和国承认并保障避难权和庇护权。

禁止引渡委内瑞拉人。

第70条 人民主要通过以下方式参与政治事务的主权行使：选举公职，公民投票表决，人民磋商，撤回授权，立法动议，宪法修改动议，制宪动议，公开进行的市政会议和

y económico: las instancias de atención ciudadana, la autogestión, la cogestión, las cooperativas en todas sus formas incluyendo las de carácter financiero, las cajas de ahorro, la empresa comunitaria y demás formas asociativas guiadas por los valores de la mutua cooperación y la solidaridad.

La ley establecerá las condiciones para el efectivo funcionamiento de los medios de participación previstos en este artículo.

Sección segunda: del referendo popular

Artículo 71. Las materias de especial trascendencia nacional podrán ser sometidas a referendo consultivo por iniciativa del Presidente o Presidenta de la República en Consejo de Ministros; por acuerdo de la Asamblea Nacional, aprobado por el voto de la mayoría de sus integrantes; o a solicitud de un número no menor del diez por ciento de los electores y electoras inscritos en el Registro Civil y Electoral.

También podrán ser sometidas a referendo consultivo las materias de especial trascendencia parroquial, municipal y estadal. La iniciativa le corresponde a la Junta Parroquial, al Concejo Municipal, o al Consejo Legislativo, por acuerdo de las dos terceras partes de sus integrantes; al Alcalde o Alcaldesa, o al Gobernador o Gobernadora de Estado, o a un número no menor del diez por ciento del total de inscritos e inscritas en la circunscripción correspondiente, que lo soliciten.

Artículo 72. Todos los cargos y magistraturas de elección popular son revocables.

Transcurrida la mitad del período para el cual fue elegido el funcionario o funcionaria, un número no menor del veinte por ciento de los electores o electoras inscritos en la correspondiente circunscripción podrá solicitar la convocatoria de un referendo para revocar su mandato.

Cuando igual o mayor número de electores o electoras que eligieron al funcionario o funcionaria hubieren votado a favor de la revocación, siempre que

公民会议中作出具有约束力的决定；参与社会经济事务的主权行使方式有：公民关护组织，包括具有经济性质的自营、共同经营和各种形式的合营，集资合作、合伙企业以及以合作团结的原则组建的其他形式的联合体。

法律对本条规定的各种参与方式的有效运行设立条件。

第二节　公民投票

第71条　全国性特殊重大问题可以提交公民进行咨询性投票。动议此类投票的方式可以是共和国总统通过部长会议提出；或国民大会经其多数组成人员的同意提出；或在公民与选举登记处登记的至少百分之十的公民提出。

涉及全市辖区、全市、全州的特殊重大问题也可提交公民进行咨询性投票。动议此类投票的方式可以是：辖区委员会、市政委员会和州立法会的三分之二组成人员的同意而提出；或州长或市长提出；在公民与选举登记处登记的该区域至少百分之十的公民提出。

第72条　所有经民选产生的地方官员和其他官员都可予以罢免。

选举产生的公务人员任期过半后，该地区百分之二十以上的登记选民可提议对此类公务人员的罢免进行公民投票表决。

在罢免投票中，支持罢免的票数等于或多于登记选民总数的百分之二十五，且计票结

haya concurrido al referendo un número de electores o electoras igual o superior al veinticinco por ciento de los electores o electoras inscritos o inscritas, se considerará revocado su mandato y se procederá de inmediato a cubrir la falta absoluta conforme a lo dispuesto en esta Constitución y en la ley.

La revocación del mandato para los cuerpos colegiados se realizará de acuerdo con lo que establezca la ley.

Durante el período para el cual fue elegido el funcionario o funcionaria no podrá hacerse más de una solicitud de revocación de su mandato.

Artículo 73. Serán sometidos a referendo aquellos proyectos de ley en discusión por la Asamblea Nacional, cuando así lo decidan por lo menos las dos terceras partes de los o las integrantes de la Asamblea. Si el referendo concluye en un sí aprobatorio, siempre que haya concurrido el veinticinco por ciento de los electores y electoras inscritos e inscritas en el Registro Civil y Electoral, el proyecto correspondiente será sancionado como ley.

Los tratados, convenios o acuerdos internacionales que pudieren comprometer la soberanía nacional o transferir competencias a órganos supranacionales, podrán ser sometidos a referendo por iniciativa del Presidente o Presidenta de la República en Consejo de Ministros; por el voto de las dos terceras partes de los o las integrantes de la Asamblea; o por el quince por ciento de los electores o electoras inscritos e inscritas en el Registro Civil y Electoral.

Artículo 74. Serán sometidas a referendo, para ser abrogadas total o parcialmente, las leyes cuya abrogación fuere solicitada por iniciativa de un número no menor del diez por ciento de los electores y electoras inscritos e inscritas en el Registro Civil y Electoral o por el Presidente o Presidenta de la República en Consejo de Ministros.

También podrán ser sometidos a referendo abrogatorio los decretos con fuerza de ley que dicte el Presidente o Presidenta de la República en uso de la atribución prescrita en el numeral 8 del artículo 236 de esta Constitución, cuando fuere

委内瑞拉玻利瓦尔共和国
全国制宪大会

果显示支持罢免的，罢免成立。立即依据本宪法和法律的规定填补相应的人员空缺。

协会和社团中的罢免，遵守法律的规定。

在某民选公务人员的同一任期内，只能对其提起一次罢免动议。

第73条　国民大会正在审议的法案，经国民大会至少三分之二组成人员的决定，可以将其提交公民投票表决。在公民与选举登记处登记的至少百分之二十五的登记选民认同法案内容，且公民投票的结果显示赞同法案内容的，所投法案须制定为法律。

当国际条约、国际公约或国际协议可能损害到国家主权或将权力转移给超国家组织时，经共和国总统通过部长会议提出，或国民大会经其多数组成人员的同意提出，或在公民与选举登记处登记的百分之十五的公民提出，可以交付公民投票表决。

第74条　在公民与选举登记处登记的不少于百分之十的公民提出或共和国总统通过部长会议提出，可以将对法律的全部或部分废除的提议交付公民投票表决。

应公民与选举登记处登记的至少百分之五的公民要求，可以对共和国总统依据本宪法

solicitado por un número no menor del cinco por ciento de los electores y electoras inscritos e inscritas en el Registro Civil y Electoral.

Para la validez del referendo abrogatorio será indispensable la concurrencia de, por lo menos, el cuarenta por ciento de los electores y electoras inscritos e inscritas en el Registro Civil y Electoral.

No podrán ser sometidas a referendo abrogatorio las leyes de presupuesto, las que establezcan o modifiquen impuestos, las de crédito público ni las de amnistía, ni aquellas que protejan, garanticen o desarrollen los derechos humanos y las que aprueben tratados internacionales.

No podrá hacerse más de un referendo abrogatorio en un período constitucional para la misma materia.

Capítulo V
De los derechos sociales y de las familias

Artículo 75. El Estado protegerá a las familias como asociación natural de la sociedad y como el espacio fundamental para el desarrollo integral de las personas. Las relaciones familiares se basan en la igualdad de derechos y deberes, la solidaridad, el esfuerzo común, la comprensión mutua y el respeto recíproco entre sus integrantes. El Estado garantizará protección a la madre, al padre o a quienes ejerzan la jefatura de la familia.

Los niños, niñas y adolescentes tienen derecho a vivir, ser criados o criadas y a desarrollarse en el seno de su familia de origen. Cuando ello sea imposible o contrario a su interés superior, tendrán derecho a una familia sustituta, de conformidad con la ley. La adopción tiene efectos similares a la filiación y se establece siempre en beneficio del adoptado o la adoptada, de conformidad con la ley. La adopción internacional es subsidiaria de la nacional.

委内瑞拉玻利瓦尔共和国
全国制宪大会

第236条第8项颁布的具有法律效力的命令的废除进行公民投票表决。

只有达到公民与选举登记处登记的百分之四十的公民的认可，废除的提议才能有效。

不得对预算法，对关于设立或修改税种、公共借贷、大赦的法律，规定保护、保障和发展人权的法律，以及根据国际条约通过的法律，进行公民投票表决予以废除。

在由宪法确定的同一个任期内，只能进行一次废除类公民投票表决。

第五章

社会和家庭权利

第75条　家庭作为社会的自然团体和个人整体发展的基本空间，受国家保护。家庭关系的基础是家庭成员之间权利义务平等、团结、齐心协力、相互理解和相互尊重。国家对母亲、父亲或作为家长的家庭成员进行保护。

儿童和青少年有权在自己与生俱来的家庭中生活、成长，获得照顾。当这种情况不可能实现或不符合他们的最大利益时，他们有权依据法律规定更换家庭。收养具有亲子关系的类似效果，任何情况下都要依据法律规定保护被收养人的利益。国际收养属于国内收养的补充。

Artículo 76. La maternidad y la paternidad son protegidas integralmente, sea cual fuere el estado civil de la madre o del padre. Las parejas tienen derecho a decidir libre y responsablemente el número de hijos o hijas que deseen concebir y a disponer de la información y de los medios que les aseguren el ejercicio de este derecho. El Estado garantizará asistencia y protección integral a la maternidad, en general a partir del momento de la concepción, durante el embarazo, el parto y el puerperio, y asegurará servicios de planificación familiar integral basados en valores éticos y científicos.

El padre y la madre tienen el deber compartido e irrenunciable de criar, formar, educar, mantener y asistir a sus hijos o hijas, y éstos o éstas tienen el deber de asistirlos o asistirlas cuando aquel o aquella no puedan hacerlo por sí mismos o por sí mismas. La ley establecerá las medidas necesarias y adecuadas para garantizar la efectividad de la obligación alimentaria.

Artículo 77. Se protege el matrimonio entre un hombre y una mujer, fundado en el libre consentimiento y en la igualdad absoluta de los derechos y deberes de los cónyuges. Las uniones estables de hecho entre un hombre y una mujer que cumplan los requisitos establecidos en la ley producirán los mismos efectos que el matrimonio.

Artículo 78. Los niños, niñas y adolescentes son sujetos plenos de derecho y estarán protegidos por la legislación, órganos y tribunales especializados, los cuales respetarán, garantizarán y desarrollarán los contenidos de esta Constitución, la Convención sobre los Derechos del Niño y demás tratados internacionales que en esta materia haya suscrito y ratificado la República. El Estado, las familias y la sociedad asegurarán, con prioridad absoluta, protección integral, para lo cual se tomará en cuenta su interés superior en las decisiones y acciones que les conciernan. El Estado promoverá su incorporación progresiva a la ciudadanía activa y creará un sistema rector nacional para la protección integral de los niños, niñas y adolescentes.

第76条　无论父母之间的婚姻关系，作为子女的母亲身份和父亲身份受到完全保护。夫妻有权自由决定并负责希望孕育子女的数量，有权获得行使该项权利所必要的信息和方法。自受孕开始，怀孕期间和分娩的整个过程，国家确保全面帮助和保护母亲。国家以符合伦理和科学价值为基础保证整体家庭计划的服务。

供养、培养、教育、抚养和照料其子女是父母共同且不可回避的义务。当父母无法自理时，子女有对父母进行照料的义务。法律对确保有效履行提供生活帮助义务的必要和适当方式进行规定。

第77条　保护婚姻建立在夫妻双方自由同意且权利义务完全平等的基础之上。男女之间事实上的稳定结合，符合法律规定的要件的，产生与婚姻相同的效果。

第78条　儿童和青少年享有完全的权利，受专门立法、专门机构和专设法院的保护。专门立法、专门机构和专设法院尊重、保障和发展本宪法、《儿童权利公约》和共和国在该领域签署并批准的其他国际条约的规定。国家、家庭和社会绝对优先地对儿童和青少年给予全面保护，国家、家庭和社会在有关行为和决定上充分考虑儿童和青少年的最大利益。国家设立全国性的指导系统，全面保护儿童和青少年，促进其不断成长为积极的共和国公民。

Artículo 79. Los jóvenes y las jóvenes tienen el derecho y el deber de ser sujetos activos del proceso de desarrollo. El Estado, con la participación solidaria de las familias y la sociedad, creará oportunidades para estimular su tránsito productivo hacia la vida adulta y, en particular, para la capacitación y el acceso al primer empleo, de conformidad con la ley.

Artículo 80. El Estado garantizará a los ancianos y ancianas el pleno ejercicio de sus derechos y garantías. El Estado, con la participación solidaria de las familias y la sociedad, está obligado a respetar su dignidad humana, su autonomía y les garantizará atención integral y los beneficios de la seguridad social que eleven y aseguren su calidad de vida. Las pensiones y jubilaciones otorgadas mediante el sistema de seguridad social no podrán ser inferiores al salario mínimo urbano. A los ancianos y ancianas se les garantizará el derecho a un trabajo acorde con aquellos y aquellas que manifiesten su deseo y estén en capacidad para ello.

Artículo 81. Toda persona con discapacidad o necesidades especiales tiene derecho al ejercicio pleno y autónomo de sus capacidades y a su integración familiar y comunitaria. El Estado, con la participación solidaria de las familias y la sociedad, le garantizará el respeto a su dignidad humana, la equiparación de oportunidades, condiciones laborales satisfactorias, y promoverá su formación, capacitación y acceso al empleo acorde con sus condiciones, de conformidad con la ley. Se les reconoce a las personas sordas o mudas el derecho a expresarse y comunicarse a través de la lengua de señas venezolana.

Artículo 82. Toda persona tiene derecho a una vivienda adecuada, segura, cómoda, higiénica, con servicios básicos esenciales que incluyan un hábitat que humanice las relaciones familiares, vecinales y comunitarias. La satisfacción progresiva de este derecho es obligación compartida entre los ciudadanos y ciudadanas y el Estado en todos sus ámbitos.

El Estado dará prioridad a las familias y garantizará los medios para que éstas, y especialmente las de escasos recursos, puedan acceder a las políticas sociales y al crédito para la construcción, adquisición o ampliación de viviendas.

第79条　青年人具有积极参与发展进程的权利和义务。国家与家庭、社会一道，依据法律规定为激发青年人富有成效地进入成年生活创造条件，尤其是帮助其获得取得第一份职业的能力和取得第一份职业。

第80条　国家保障老年人充分行使其权利，充分获得其保障。国家与家庭、社会一道，有义务尊重老年人的人格尊严和自主，给予其以整体照料，提供其提升和保障生活质量的社会保障福利。养老金和退休金通过社会保障体系发放，其金额不得低于城市最低收入。如老年人有意愿且有能力参与工作，保障其参与适宜工作的权利。

第81条　残疾人和有特殊需要的人有权完全自主地发挥自己的能力，有权组建自己的家庭并融入社会。国家与家庭、社会一道，保障尊重残疾人和有特殊需求的人的尊严，保障其获得平等机会和满意的工作条件。依据法律规定推进对其进行培训和教育，向其提供适合自身条件的就业机会。聋哑人有权通过委内瑞拉手语表达自己的想法，与他人进行交流。

第82条　人人有权获得具备必要基本服务的充分、安全、舒适、清洁的住房，包括适合家庭、邻里和社区关系的住处。该要求在各区域的不断满足，是所有公民和国家的共同责任。

国家对家庭，特别是资源贫瘠地区的家庭，给予优先考虑和保障，为其建设、购买或扩大住房提供社会政策扶持和贷款。

Artículo 83. La salud es un derecho social fundamental, obligación del Estado, que lo garantizará como parte del derecho a la vida. El Estado promoverá y desarrollará políticas orientadas a elevar la calidad de vida, el bienestar colectivo y el acceso a los servicios. Todas las personas tienen derecho a la protección de la salud, así como el deber de participar activamente en su promoción y defensa, y el de cumplir con las medidas sanitarias y de saneamiento que establezca la ley, de conformidad con los tratados y convenios internacionales suscritos y ratificados por la República.

Artículo 84. Para garantizar el derecho a la salud, el Estado creará, ejercerá la rectoría y gestionará un sistema público nacional de salud, de carácter intersectorial, descentralizado y participativo, integrado al sistema de seguridad social, regido por los principios de gratuidad, universalidad, integralidad, equidad, integración social y solidaridad. El sistema público nacional de salud dará prioridad a la promoción de la salud y a la prevención de las enfermedades, garantizando tratamiento oportuno y rehabilitación de calidad. Los bienes y servicios públicos de salud son propiedad del Estado y no podrán ser privatizados. La comunidad organizada tiene el derecho y el deber de participar en la toma de decisiones sobre la planificación, ejecución y control de la política específica en las instituciones públicas de salud.

Artículo 85. El financiamiento del sistema público nacional de salud es obligación del Estado, que integrará los recursos fiscales, las cotizaciones obligatorias de la seguridad social y cualquier otra fuente de financiamiento que determine la ley. El Estado garantizará un presupuesto para la salud que permita cumplir con los objetivos de la política sanitaria. En coordinación con las universidades y los centros de investigación, se promoverá y desarrollará una política nacional de formación de profesionales, técnicos y técnicas y una industria nacional de producción de insumos para la salud. El Estado regulará las instituciones públicas y privadas de salud.

委内瑞拉玻利瓦尔共和国
全国制宪大会

第83条　健康是基本的社会权，国家有责任将其作为生命权的一部分予以保障。国家推动和发展旨在提高生活质量、公共福利和社会服务的导向政策。人人享有保护健康的权利，并有义务积极参与保护和提高健康的活动，履行法律中根据共和国签署和批准的国际条约和国际公约规定的健康和卫生相关的措施。

第84条　为保障健康权，国家遵循免费、普遍、全面、公平、社会一体化和团结的原则，设立并管理跨地域的、分权的、参与性的和整合社会保障体系的全国公共健康体系。国家公共体系优先保障健康，预防疾病，保障及时治疗和身体康复。公共健康资产和服务属于国家财产，不得私有化。对于公共健康制度专项政策，有组织的社团具有参与规划决策和实施、监督的权利和义务。

第85条　国家整合财政收入、强制性的社会保障缴费和其他法律确定的资金来源，负责公共健康体系的资金来源。国家保障实现健康政策目标的健康预算。国家与大学、研究机构合作，推动和发展全国性的职业与技术培训，以及生产医疗卫生用品的国家工业。国家管理公私健康机构。

Artículo 86. Toda persona tiene derecho a la seguridad social como servicio público de carácter no lucrativo, que garantice la salud y asegure protección en contingencias de maternidad, paternidad, enfermedad, invalidez, enfermedades catastróficas, discapacidad, necesidades especiales, riesgos laborales, pérdida de empleo, desempleo, vejez, viudedad, orfandad, vivienda, cargas derivadas de la vida familiar y cualquier otra circunstancia de previsión social. El Estado tiene la obligación de asegurar la efectividad de este derecho, creando un sistema de seguridad social universal, integral, de financiamiento solidario, unitario, eficiente y participativo, de contribuciones directas o indirectas. La ausencia de capacidad contributiva no será motivo para excluir a las personas de su protección. Los recursos financieros de la seguridad social no podrán ser destinados a otros fines. Las cotizaciones obligatorias que realicen los trabajadores y las trabajadoras para cubrir los servicios médicos y asistenciales y demás beneficios de la seguridad social podrán ser administrados sólo con fines sociales bajo la rectoría del Estado. Los remanentes netos del capital destinado a la salud, la educación y la seguridad social se acumularán a los fines de su distribución y contribución en esos servicios. El sistema de seguridad social será regulado por una ley orgánica especial.

Artículo 87. Toda persona tiene derecho al trabajo y el deber de trabajar. El Estado garantizará la adopción de las medidas necesarias a los fines de que toda persona pueda obtener ocupación productiva, que le proporcione una existencia digna y decorosa y le garantice el pleno ejercicio de este derecho. Es fin del Estado fomentar el empleo. La ley adoptará medidas tendentes a garantizar el ejercicio de los derechos laborales de los trabajadores y trabajadoras no dependientes. La libertad de trabajo no será sometida a otras restricciones que las que la ley establezca.

Todo patrono o patrona garantizará a sus trabajadores o trabajadoras condiciones de seguridad, higiene y ambiente de trabajo adecuados. El Estado adoptará medidas y creará instituciones que permitan el control y la promoción de estas condiciones.

第86条　社会保障作为一项非营利的公共服务，人人有权享受。社会保障保障公民健康，并在成为父母、身患疾病、丧失能力、遭受罹难、身体伤残、特殊需要、职业风险、失业、待业、年老、鳏寡、失去双亲、无住房、家庭生活遭遇困难以及遇到其他需要社会保障时，提供保障。国家有确保上述权利有效实现的义务和责任，并通过直接和间接的投入，建立普遍、全面、资金来源统一、单一、高效和参与性的社会保障体系。没有能力缴纳社会保障金不得作为不能享受社会保障的理由。社会保障资金不得用于其他目的。劳动者缴纳的强制性社会保障金包括医疗和健康护理服务，以及其他社会保障项目，在国家指导下，仅用于社会目的的管理。用于健康、教育和社会保障的资金只能分配和用于上述项目。社会保障体系依据专门的组织法规定。

第87条　人人享有工作的权利，履行工作的义务。国家采取必要的措施确保人人享有与其有尊严和体面生活相适应的工作，充分行使自己的该项权利。促进就业是国家的目标。法律对自主工作的方式行使劳动权的保障措施进行规定。除依据法律规定外，工作自由不受其他限制。

雇主充分确保提供给劳动者与其职业相适应的安全、环境和卫生条件。国家采取措施和设立制度对上述条件进行监督和促进。

Artículo 88. El Estado garantizará la igualdad y equidad de hombres y mujeres en el ejercicio del derecho al trabajo. El Estado reconocerá el trabajo del hogar como actividad económica que crea valor agregado y produce riqueza y bienestar social. Las amas de casa tienen derecho a la seguridad social de conformidad con la ley.

Artículo 89. El trabajo es un hecho social y gozará de la protección del Estado. La ley dispondrá lo necesario para mejorar las condiciones materiales, morales e intelectuales de los trabajadores y trabajadoras. Para el cumplimiento de esta obligación del Estado se establecen los siguientes principios:

1. Ninguna ley podrá establecer disposiciones que alteren la intangibilidad y progresividad de los derechos y beneficios laborales. En las relaciones laborales prevalece la realidad sobre las formas o apariencias.

2. Los derechos laborales son irrenunciables. Es nula toda acción, acuerdo o convenio que implique renuncia o menoscabo de estos derechos. Sólo es posible la transacción y convenimiento al término de la relación laboral, de conformidad con los requisitos que establezca la ley.

3. Cuando hubiere dudas acerca de la aplicación o concurrencia de varias normas, o en la interpretación de una determinada norma, se aplicará la más favorable al trabajador o trabajadora. La norma adoptada se aplicará en su integridad.

4. Toda medida o acto del patrono o patrona contrario a esta Constitución es nulo y no genera efecto alguno.

5. Se prohíbe todo tipo de discriminación por razones de política, edad, raza, sexo o credo o por cualquier otra condición.

6. Se prohíbe el trabajo de adolescentes en labores que puedan afectar su desarrollo integral. El Estado los o las protegerá contra cualquier explotación económica y social.

第88条　国家保障男女在行使工作权时能够得到平等公正的对待。国家承认在家工作也是一种创造附加值和产生社会财富和福利的经济活动。家庭主妇依据法律规定享有社会保障权。

第89条　工作是一项社会行为，受到国家保护。法律对提高劳动者物质、道德和智力水平作出必要的规定。国家为履行上述义务，确立以下原则：

1. 任何立法不得制定有损劳动权益不可侵犯和不断进步的规定。劳动关系中，实质内容优先于表面形式。

2. 劳动权不得放弃。任何涉及放弃或侵犯该权利的行为、协议或约定无效。雇佣关系解除时，方可依据法律规定的方式进行协商和和解。

3. 当对规则的适用或解释某项特定规则时出现疑问或规则之间出现冲突时，适用最有利于劳动者的规则或解释。规则必须作为整体予以适用。

4. 雇主违反本宪法的任何措施和行为均为无效，其措施和行为不产生任何效力。

5. 禁止因为政治倾向、年龄、种族、性别、信仰或其他原因进行各种歧视。

6. 不得雇用未成年人从事可能影响其全面发展的工作。国家保护未成年人免受任何形式的经济和社会剥削。

Artículo 90. La jornada de trabajo diurna no excederá de ocho horas diarias ni de cuarenta y cuatro horas semanales. En los casos en que la ley lo permita, la jornada de trabajo nocturna no excederá de siete horas diarias ni de treinta y cinco semanales. Ningún patrono o patrona podrá obligar a los trabajadores o trabajadoras a laborar horas extraordinarias. Se propenderá a la progresiva disminución de la jornada de trabajo dentro del interés social y del ámbito que se determine y se dispondrá lo conveniente para la mejor utilización del tiempo libre en beneficio del desarrollo físico, espiritual y cultural de los trabajadores y trabajadoras.

Los trabajadores y trabajadoras tienen derecho al descanso semanal y vacaciones remunerados en las mismas condiciones que las jornadas efectivamente laboradas.

Artículo 91. Todo trabajador o trabajadora tiene derecho a un salario suficiente que le permita vivir con dignidad y cubrir para sí y su familia las necesidades básicas materiales, sociales e intelectuales. Se garantizará el pago de igual salario por igual trabajo y se fijará la participación que debe corresponder a los trabajadores y trabajadoras en el beneficio de la empresa. El salario es inembargable y se pagará periódica y oportunamente en moneda de curso legal, salvo la excepción de la obligación alimentaria, de conformidad con la ley.

El Estado garantizará a los trabajadores y trabajadoras del sector público y del sector privado un salario mínimo vital que será ajustado cada año, tomando como una de las referencias el costo de la canasta básica. La ley establecerá la forma y el procedimiento.

Artículo 92. Todos los trabajadores y trabajadoras tienen derecho a prestaciones sociales que les recompensen la antigüedad en el servicio y los amparen en caso de cesantía. El salario y las prestaciones sociales son créditos laborales de exigibilidad inmediata. Toda mora en su pago genera intereses, los cuales constituyen deudas de valor y gozarán de los mismos privilegios y garantías de la deuda principal.

第90条　每天的工作时间不得超过八小时，每周的工作时间不得超过四十四小时。对于法律许可的夜间工作，每天工作不得超过七小时，每周工作不得超过三十五小时。雇主无权要求其雇用的劳动者超时工作。在社会利益及其确定的范围内不断努力减少工作时间。采取适当措施使劳动者更好地利用自由时间，以促进其身心和文化发展。

劳动者有权每周休息，有权享有以有效工作时间薪酬计价的带薪休假。

第91条　劳动者有权获得足额薪金，以使自己过上有尊严的生活，满足自己和家庭的物质、社会和智力基本需要。保障同工同酬，保障员工根据贡献分配所在企业的利润。工资定期支付，不得拖欠。除食品补贴外，工资应依据法律规定及时以法定货币形式支付。

国家保障公私部门劳动者取得最低工资。最低工资标准须符合法定的程序和形式，以基本开支消费为依据之一，每年调整。

第92条　劳动者有权根据其工作的年限，在其面临失业时获得保护，获得劳动者遣散费。薪水和劳动者遣散费为劳动者所应得，应及时根据应得数额予以支付。延迟支付产生利息，并构成债务，享有与其他主债务相同的优先权和保障。

Artículo 93. La ley garantizará la estabilidad en el trabajo y dispondrá lo conducente para limitar toda forma de despido no justificado. Los despidos contrarios a esta Constitución son nulos.

Artículo 94. La ley determinará la responsabilidad que corresponda a la persona natural o jurídica en cuyo provecho se presta el servicio mediante intermediario o contratista, sin perjuicio de la responsabilidad solidaria de éstos. El Estado establecerá, a través del órgano competente, la responsabilidad que corresponda a los patronos o patronas en general, en caso de simulación o fraude, con el propósito de desvirtuar, desconocer u obstaculizar la aplicación de la legislación laboral.

Artículo 95. Los trabajadores y las trabajadoras, sin distinción alguna y sin necesidad de autorización previa, tienen derecho a constituir libremente las organizaciones sindicales que estimen convenientes para la mejor defensa de sus derechos e intereses, así como a afiliarse o no a ellas, de conformidad con la ley. Estas organizaciones no están sujetas a intervención, suspensión o disolución administrativa. Los trabajadores y trabajadoras están protegidos y protegidas contra todo acto de discriminación o de injerencia contrario al ejercicio de este derecho. Los promotores o promotoras y los o las integrantes de las directivas de las organizaciones sindicales gozarán de inamovilidad laboral durante el tiempo y en las condiciones que se requieran para el ejercicio de sus funciones.

Para el ejercicio de la democracia sindical, los estatutos y reglamentos de las organizaciones sindicales establecerán la alternabilidad de los y las integrantes de las directivas y representantes mediante el sufragio universal, directo y secreto. Los y las integrantes de las directivas y representantes sindicales que abusen de los beneficios derivados de la libertad sindical para su lucro o interés personal, serán sancionados o sancionadas de conformidad con la ley. Los y las integrantes de las directivas de las organizaciones sindicales estarán obligados u obligadas a hacer declaración jurada de bienes.

第93条 法律保障稳定形式的就业，对不得不正当地对劳动者予以解雇作出限制。违反本《宪法》的解雇无效。

第94条 法律规定通过中间人或承包人为自然人或法人提供有偿服务时，接受服务的自然人和法人应承担法律责任，但不影响中间人或承包人承担的连带责任。在雇主为违反、漠视或妨碍适用劳动立法而实施伪造和欺诈行为时，国家通过主管机构追究雇主应承担的相应全部责任。

第95条 劳动者，不分工种也无须批准，有权依据法律规定，自由组建工会维护其权利和利益。劳动者有加入或不加入工会组织的权利。不得通过行政权解散、暂停或介入工会组织。劳动者在行使上述权利时受到保护，不受任何形式的歧视和干涉。工会组织的负责人和管理机构组成人员因其履行职务所需的时间和条件，享有不得被解雇的权利。

为保障工会民主，工会的规章制度规定通过普遍、直接和无记名的投票方式更换管理机构组成人员和代表。任何工会管理机构组成人员或代表滥用源于工会自由的利益，为个人谋私利的，依据法律规定予以制裁。工会管理机构组成人员有义务如实填写资产声明。

REPÚBLICA BOLIVARIANA DE VENEZUELA
ASAMBLEA NACIONAL CONSTITUYENTE

Artículo 96. Todos los trabajadores y las trabajadoras del sector público y del privado tienen derecho a la negociación colectiva voluntaria y a celebrar convenciones colectivas de trabajo, sin más requisitos que los que establezca la ley. El Estado garantizará su desarrollo y establecerá lo conducente para favorecer las relaciones colectivas y la solución de los conflictos laborales. Las convenciones colectivas ampararán a todos los trabajadores y trabajadoras activos y activas al momento de su suscripción y a quienes ingresen con posterioridad.

Artículo 97. Todos los trabajadores y trabajadoras del sector público y del sector privado tienen derecho a la huelga, dentro de las condiciones que establezca la ley.

Capítulo VI
De los derechos culturales y educativos

Artículo 98. La creación cultural es libre. Esta libertad comprende el derecho a la inversión, producción y divulgación de la obra creativa, científica, tecnológica y humanística, incluyendo la protección legal de los derechos del autor o de la autora sobre sus obras. El Estado reconocerá y protegerá la propiedad intelectual sobre las obras científicas, literarias y artísticas, invenciones, innovaciones, denominaciones, patentes, marcas y lemas de acuerdo con las condiciones y excepciones que establezcan la ley y los tratados internacionales suscritos y ratificados por la República en esta materia.

Artículo 99. Los valores de la cultura constituyen un bien irrenunciable del pueblo venezolano y un derecho fundamental que el Estado fomentará y garantizará, procurando las condiciones, instrumentos legales, medios y presupuestos necesarios. Se reconoce la autonomía de la administración cultural pública en los términos que establezca la ley. El Estado garantizará la protección y preservación, enriquecimiento, conservación y restauración del patrimonio cultural, tangible e intangible, y la memoria histórica de la Nación. Los bienes que

第96条　除法律规定的限制外，在公私部门任职的劳动者享有自愿参与集体谈判和签署集体谈判协议的权利。国家保障集体谈判，采取适当措施促进集体关系和劳动冲突的解决。集体谈判协议适用于所有签署时的和此后新雇用的劳动者。

第97条　在公私部门任职的劳动者，均依据法律规定的条件享有罢工权。

第六章
文化教育权

第98条　文化创作自由。该项自由包括创作作品、科学作品、技术成果和人文作品的投资、创作和传播，也包括对著作权人或作者对其作品进行依法保护。国家依据法律和共和国签署和批准的国际条约，承认并保护科学、文学和艺术作品的知识产权，承认并保护发明、创造、商号、专利、商标和口号等知识产权。

第99条　文化价值构成委内瑞拉人民不可剥夺的财产，是受到国家推动和保障的基本权利，为此，国家努力提供必要的条件、法律制度、方法和资金。依据法律规定，承认文化在公共管理上的自治。国家保护、维护、丰富、保存和重建有形与无形的文化遗产以及

constituyen el patrimonio cultural de la Nación son inalienables, imprescriptibles e inembargables. La ley establecerá las penas y sanciones para los daños causados a estos bienes.

Artículo 100. Las culturas populares constitutivas de la venezolanidad gozan de atención especial, reconociéndose y respetándose la interculturalidad bajo el principio de igualdad de las culturas. La ley establecerá incentivos y estímulos para las personas, instituciones y comunidades que promuevan, apoyen, desarrollen o financien planes, programas y actividades culturales en el país, así como la cultura venezolana en el exterior. El Estado garantizará a los trabajadores y trabajadoras culturales su incorporación al sistema de seguridad social que les permita una vida digna, reconociendo las particularidades del quehacer cultural, de conformidad con la ley.

Artículo 101. El Estado garantizará la emisión, recepción y circulación de la información cultural. Los medios de comunicación tienen el deber de coadyuvar a la difusión de los valores de la tradición popular y la obra de los o las artistas, escritores, escritoras, compositores, compositoras, cineastas, científicos, científicas y demás creadores y creadoras culturales del país. Los medios televisivos deberán incorporar subtítulos y traducción a la lengua de señas, para las personas con problemas auditivos. La ley establecerá los términos y modalidades de estas obligaciones.

Artículo 102. La educación es un derecho humano y un deber social fundamental, es democrática, gratuita y obligatoria. El Estado la asumirá como función indeclinable y de máximo interés en todos sus niveles y modalidades, y como instrumento del conocimiento científico, humanístico y tecnológico al servicio de la sociedad. La educación es un servicio público y está fundamentada en el respeto a todas las corrientes del pensamiento, con la finalidad de desarrollar el potencial creativo de cada ser humano y el pleno ejercicio de su personalidad en una sociedad democrática basada en la valoración ética del trabajo y en la participación activa, consciente y solidaria en los procesos de transformación social, consustanciados con los valores de la identidad nacional y con una visión

国家的历史纪念物。国家的文化遗产不可转让、不受漠视、不遭遗弃。法律对损害上述财产应予的刑罚和制裁作出规定。

第100条　构成委内瑞拉国家特征的大众文化受到特别保护，依据文化平等原则，对不同文化间的关系予以承认和尊重。法律对个人、机构和团体推动、支持、发展或资助国内的，以及委内瑞拉在国外的文化计划、文化项目和文化活动进行鼓励和激发。国家依据法律规定保障文化工作者包括通过社会保障制度为其提供有尊严的生活，承认文化工作的特性。

第101条　国家保障文化信息的发布、接受和传播。媒体有义务协助传播民间传统和艺术家、作家、作曲家、电影工作者、科学家以及其他文化创作者的作品。电视媒体应当为听力有困难的人提供字幕和手语翻译。法律对履行上述义务的条件和形式进行规定。

第102条　教育是一项人权和基本的社会义务，具有民主性、免费性和义务性。教育作为获取服务于社会的科学研究、人文和技术知识的工具，具有不可磨灭和最高的功用，国家负责各个层次和各种形式的教育。教育属于公共服务。社会转型进程中，以职业伦理和积极、有意识和团结地参与为基础的民主社会里，教育以尊重各种思潮为基础，充分发展具有民族认同价值和拉美、世界视角的每个人的创造性，充分调动每个人在民主社会中

latinoamericana y universal. El Estado, con la participación de las familias y la sociedad, promoverá el proceso de educación ciudadana, de acuerdo con los principios contenidos en esta Constitución y en la ley.

Artículo 103. Toda persona tiene derecho a una educación integral de calidad, permanente, en igualdad de condiciones y oportunidades, sin más limitaciones que las derivadas de sus aptitudes, vocación y aspiraciones. La educación es obligatoria en todos sus niveles, desde el maternal hasta el nivel medio diversificado. La impartida en las instituciones del Estado es gratuita hasta el pregrado universitario. A tal fin, el Estado realizará una inversión prioritaria, de conformidad con las recomendaciones de la Organización de las Naciones Unidas. El Estado creará y sostendrá instituciones y servicios suficientemente dotados para asegurar el acceso, permanencia y culminación en el sistema educativo. La ley garantizará igual atención a las personas con necesidades especiales o con discapacidad y a quienes se encuentren privados o privadas de su libertad o carezcan de condiciones básicas para su incorporación y permanencia en el sistema educativo.

Las contribuciones de los particulares a proyectos y programas educativos públicos a nivel medio y universitario serán reconocidas como desgravámenes al impuesto sobre la renta según la ley respectiva.

Artículo 104. La educación estará a cargo de personas de reconocida moralidad y de comprobada idoneidad académica. El Estado estimulará su actualización permanente y les garantizará la estabilidad en el ejercicio de la carrera docente, bien sea pública o privada, atendiendo a esta Constitución y a la ley, en un régimen de trabajo y nivel de vida acorde con su elevada misión. El ingreso, promoción y permanencia en el sistema educativo, serán establecidos por ley y responderá a criterios de evaluación de méritos, sin injerencia partidista o de otra naturaleza no académica.

Artículo 105. La ley determinará las profesiones que requieren título y las condiciones que deben cumplirse para ejercerlas, incluyendo la colegiación.

行使其个性。国家与家庭、社会一道，根据本《宪法》和法律确立的原则，推动公民教育进程。

第103条　除受个人才能、职业和理想产生的限制外，人人都有平等机会和条件持续接受高质量的全面教育。自早期教育到多样化的中学教育，人人都有义务予以接受。直到大学教育都由国家免费提供。为此，国家根据联合国的建议作出优先投资安排。国家建立和维护足以确保教育体系中从入学、接受教育直到学业完成的整套制度和服务。法律确保对有特殊需要和身有残疾的人给予同等的保障，给予被剥夺自由或不符合入学基本条件的人在教育系统内享有进入和持续获得教育的机会。

私人向中等教育和大学教育层次中公立项目和计划的捐赠，依据相关法律承认享有税收减免优惠。

第104条　教育的从业者须具有公认的良好道德品质和学术水平。国家依据本宪法和法律，在与其工作相匹配的工作和生活水平制度内，鼓励公立和私立学校的从业者连续任职，保障教师职业的稳定。教育从业系统的准入，以及系统内的晋升和留任依照法律规定进行，以功绩为基础建立相应的评价标准，严禁党派或其他非学术因素对其进行干扰。

第105条　对从事各种职业和担任职业团体成员的基本学历和需要满足的相应条件，由法律进行规定。

Artículo 106. Toda persona natural o jurídica, previa demostración de su capacidad, cuando cumpla de manera permanente con los requisitos éticos, académicos, científicos, económicos, de infraestructura y los demás que la ley establezca, puede fundar y mantener instituciones educativas privadas bajo la estricta inspección y vigilancia del Estado, previa aceptación de éste.

Artículo 107. La educación ambiental es obligatoria en los niveles y modalidades del sistema educativo, así como también en la educación ciudadana no formal. Es de obligatorio cumplimiento en las instituciones públicas y privadas, hasta el ciclo diversificado, la enseñanza de la lengua castellana, la historia y la geografía de Venezuela, así como los principios del ideario bolivariano.

Artículo 108. Los medios de comunicación social, públicos y privados, deben contribuir a la formación ciudadana. El Estado garantizará servicios públicos de radio, televisión y redes de bibliotecas y de informática, con el fin de permitir el acceso universal a la información. Los centros educativos deben incorporar el conocimiento y aplicación de las nuevas tecnologías, de sus innovaciones, según los requisitos que establezca la ley.

Artículo 109. El Estado reconocerá la autonomía universitaria como principio y jerarquía que permite a los profesores, profesoras, estudiantes, egresados y egresadas de su comunidad dedicarse a la búsqueda del conocimiento a través de la investigación científica, humanística y tecnológica, para beneficio espiritual y material de la Nación. Las universidades autónomas se darán sus normas de gobierno, funcionamiento y la administración eficiente de su patrimonio bajo el control y vigilancia que a tales efectos establezca la ley. Se consagra la autonomía universitaria para planificar, organizar, elaborar y actualizar los programas de investigación, docencia y extensión. Se establece la inviolabilidad del recinto universitario. Las universidades nacionales experimentales alcanzarán su autonomía de conformidad con la ley.

第106条　私立教育机构的自然人和法人必须具备相应的能力，私立教育机构须稳定地满足法律规定的道德、学术、科学、资金、基础设施和其他要求，并事先获得国家批准，接受国家的严格检查和监督。

第107条　在各层级和模式的教育系统，以及非正式的公民教育中，环境教育都是必修内容。卡斯蒂利亚语言教育、委内瑞拉地理和历史教育，以及玻利瓦尔思想原则教育，是公立和私立学校在分科教育前的必修内容。

第108条　公私大众媒体都须致力于公民教育。国家对进行公共服务的电台、电视台、图书馆和信息网络提供保障，以便大众获取信息。教育中心根据法律规定的要求，融入知识、新技术的应用和新技术创新的应用。

第109条　国家承认大学自治作为一项原则和制度，允许教师、学生和毕业生为国家的精神和物质利益从事科学、人文和技术研究。自治的大学采用自己的管理规则，有效运行和管理其资产，但受到法律规定的控制和监督。大学自治是建立在研究、教学和项目扩展的规划、组织、制定和实施基础之上的自治。大学校园神圣不可侵犯。实验性的国立大学依据法律规定取得自治。

Artículo 110. El Estado reconocerá el interés público de la ciencia, la tecnología, el conocimiento, la innovación y sus aplicaciones y los servicios de información necesarios por ser instrumentos fundamentales para el desarrollo económico, social y político del país, así como para la seguridad y soberanía nacional. Para el fomento y desarrollo de esas actividades, el Estado destinará recursos suficientes y creará el sistema nacional de ciencia y tecnología de acuerdo con la ley. El sector privado deberá aportar recursos para las mismas. El Estado garantizará el cumplimiento de los principios éticos y legales que deben regir las actividades de investigación científica, humanística y tecnológica. La ley determinará los modos y medios para dar cumplimiento a esta garantía.

Artículo 111. Todas las personas tienen derecho al deporte y a la recreación como actividades que benefician la calidad de vida individual y colectiva. El Estado asumirá el deporte y la recreación como política de educación y salud pública y garantizará los recursos para su promoción. La educación física y el deporte cumplen un papel fundamental en la formación integral de la niñez y adolescencia. Su enseñanza es obligatoria en todos los niveles de la educación pública y privada hasta el ciclo diversificado, con las excepciones que establezca la ley. El Estado garantizará la atención integral de los y las deportistas sin discriminación alguna, así como el apoyo al deporte de alta competencia y la evaluación y regulación de las entidades deportivas del sector público y del privado, de conformidad con la ley.

La ley establecerá incentivos y estímulos a las personas, instituciones y comunidades que promuevan a los y las atletas y desarrollen o financien planes, programas y actividades deportivas en el país.

Capítulo VII
De los derechos económicos

Artículo 112. Todas las personas pueden dedicarse libremente a la actividad económica de su preferencia, sin más limitaciones que las previstas en esta

第110条　国家承认科学、技术、知识、创新及其应用，以及必要信息服务的公共利益属性，是国家经济、社会、政治发展以及维护国家安全和主权的重要手段。国家依据法律规定分配足够的资源，设立国家科学技术制度，推动和发展上述活动。私人部门应当为此贡献资源。国家保障道德和法律原则得以在科学、人文和技术研究中贯彻。法律对履行上述保障的方式和手段进行规定。

第111条　人人享有运动和休闲的权利，以提高个人和集体的生活质量。国家负责将运动和休闲作为教育和公共健康政策并为其发展提供资源。体育运动教育在儿童和青少年的全面培养中发挥着重要作用。除法律另有规定外，体育课是所有层级的公立和私立学校在分科教育前的必修内容。国家依据法律规定，不产生任何歧视地对运动员提供全面保障，国家支持高水平的竞技运动，评价和规范公立和私立的运动组织。

法律对鼓励和激发个人、机构和社区提升运动员水平，以及发展或资助委内瑞拉国内的体育计划、体育项目和体育活动进行规定。

第七章

经济权

第112条　除本《宪法》和法律为了人类发展、安全、健康、环境保护或其他社会利益设定的限制外，人人享有自由选择经济活动的权利。国家鼓励个人发挥主动性，保障财富

Constitución y las que establezcan las leyes, por razones de desarrollo humano, seguridad, sanidad, protección del ambiente u otras de interés social. El Estado promoverá la iniciativa privada, garantizando la creación y justa distribución de la riqueza, así como la producción de bienes y servicios que satisfagan las necesidades de la población, la libertad de trabajo, empresa, comercio, industria, sin perjuicio de su facultad para dictar medidas para planificar, racionalizar y regular la economía e impulsar el desarrollo integral del país.

Artículo 113. No se permitirán monopolios. Se declaran contrarios a los principios fundamentales de esta Constitución cualesquier acto, actividad, conducta o acuerdo de los y las particulares que tengan por objeto el establecimiento de un monopolio o que conduzcan, por sus efectos reales e independientemente de la voluntad de aquellos o aquellas, a su existencia, cualquiera que fuere la forma que adoptare en la realidad. También es contrario a dichos principios el abuso de la posición de dominio que un o una particular, un conjunto de ellos o de ellas, o una empresa o conjunto de empresas, adquiera o haya adquirido en un determinado mercado de bienes o de servicios, con independencia de la causa determinante de tal posición de dominio, así como cuando se trate de una demanda concentrada. En todos los casos antes indicados, el Estado adoptará las medidas que fueren necesarias para evitar los efectos nocivos y restrictivos del monopolio, del abuso de la posición de dominio y de las demandas concentradas, teniendo como finalidad la protección del público consumidor, de los productores y productoras, y el aseguramiento de condiciones efectivas de competencia en la economía.

Cuando se trate de explotación de recursos naturales propiedad de la Nación o de la prestación de servicios de naturaleza pública con exclusividad o sin ella, el Estado podrá otorgar concesiones por tiempo determinado, asegurando siempre la existencia de contraprestaciones o contrapartidas adecuadas al interés público.

Artículo 114. El ilícito económico, la especulación, el acaparamiento, la usura, la cartelización y otros delitos conexos, serán penados severamente de acuerdo con la ley.

的产生和公平分配，保障供应符合大众需要的货物和服务，保障工作自由，保护工业、商业和企业。但不得影响国家为促进国家全面发展，采取措施和对经济进行规划、管理和规范的权利。

第113条　禁止垄断。任何私人之间，以建立垄断为目的，或出于意志以外因素但事实上产生垄断效果的行动、行为、活动或协议，无论以何种形式存在，一律被视为违反了本《宪法》的基本原则。个人、个人结成的联合、商业公司或集团在特定的商品和服务市场中，获得主导地位，无论获得该主导地位的原因——即使是因为需求的集中——但只要滥用上述主导地位的，一律视为违反上述原则。在上述提及的情况中，国家为保护消费者和生产者的利益，确保经济活动中存在真正的竞争，采取必要的措施防止垄断、滥用主导地位和集中需求的危害，避免造成危害。

在开发专属于国家的自然资源或接受专属于国家提供的公共服务时，或该自然资源或公共服务尽管不专属于国家，但为国家所有或国家所提供时，国家在明确授权期限和确保有充足的报酬或补偿用与公共利益的条件下，可以授权进行开发。

第114条　不法进行经济活动，投机、囤积、高利贷、组建垄断联盟和从事其他相关犯罪行为的，依据法律规定处以严厉刑罚。

Artículo 115. Se garantiza el derecho de propiedad. Toda persona tiene derecho al uso, goce, disfrute y disposición de sus bienes. La propiedad estará sometida a las contribuciones, restricciones y obligaciones que establezca la ley con fines de utilidad pública o de interés general. Sólo por causa de utilidad pública o interés social, mediante sentencia firme y pago oportuno de justa indemnización, podrá ser declarada la expropiación de cualquier clase de bienes.

Artículo 116. No se decretarán ni ejecutarán confiscaciones de bienes sino en los casos permitidos por esta Constitución. Por vía de excepción podrán ser objeto de confiscación, mediante sentencia firme, los bienes de personas naturales o jurídicas, nacionales o extranjeras, responsables de delitos cometidos contra el patrimonio público, los bienes de quienes se hayan enriquecido ilícitamente al amparo del Poder Público y los bienes provenientes de las actividades comerciales, financieras o cualesquiera otras vinculadas al tráfico ilícito de sustancias psicotrópicas y estupefacientes.

Artículo 117. Todas las personas tendrán derecho a disponer de bienes y servicios de calidad, así como a una información adecuada y no engañosa sobre el contenido y características de los productos y servicios que consumen; a la libertad de elección y a un trato equitativo y digno. La ley establecerá los mecanismos necesarios para garantizar esos derechos, las normas de control de calidad y cantidad de bienes y servicios, los procedimientos de defensa del público consumidor, el resarcimiento de los daños ocasionados y las sanciones correspondientes por la violación de estos derechos.

Artículo 118. Se reconoce el derecho de los trabajadores y trabajadoras, así como de la comunidad para desarrollar asociaciones de carácter social y participativo, como las cooperativas, cajas de ahorro, mutuales y otras formas asociativas. Estas asociaciones podrán desarrollar cualquier tipo de actividad económica, de conformidad con la ley. La ley reconocerá las especificidades de estas organizaciones, en especial, las relativas al acto cooperativo, al trabajo asociado y su carácter generador de beneficios colectivos.

第115条　财产权受到保障。人人对其财产享有占有、使用、收益和处分的权利。所有权受制于为公共事业和整体利益制定的法律中确立的限制和义务。对任何形式的财产进行征收必须出于公共事业或社会利益，且经过最终裁决并及时给予公平补偿。

第116条　除本《宪法》规定外，不得制定没收财产的决定或实施没收财产的行为。作为一项例外，实施侵犯公共财产的犯罪、利用公权力不法占有的财产，以及与精神药品和麻醉药品的非法交易有关的商业活动、金融活动或其他活动中获得的财产，无论属于委内瑞拉的还是外国的自然人或法人财产，可以通过判决予以没收。

第117条　人人享有获得商品和服务的权利，有权充分、真实地得知与其消费的商品和服务的内容和特点有关的信息。人人享有自由选择和公平且有尊严地交易的权利。法律对确立必要的措施保障上述权利，以及明确商品和服务的质量标准、消费者保护程序、损害赔偿和侵犯上述权利适用的制裁等作出规定。

第118条　劳动者和劳动者群体结成社会性、参与性的合作、集资、共同出资和其他性质的社团的权利应予承认。上述社团可以依据法律规定开展任何形式的经济活动。法律对上述社团特征的认可，特别是与合作、联合生产和产生集体收益有关的社团的认可作出规定。

El Estado promoverá y protegerá estas asociaciones destinadas a mejorar la economía popular y alternativa.

Capítulo VIII
De los derechos de los pueblos indígenas

Artículo 119. El Estado reconocerá la existencia de los pueblos y comunidades indígenas, su organización social, política y económica, sus culturas, usos y costumbres, idiomas y religiones, así como su hábitat y derechos originarios sobre las tierras que ancestral y tradicionalmente ocupan y que son necesarias para desarrollar y garantizar sus formas de vida. Corresponderá al Ejecutivo Nacional, con la participación de los pueblos indígenas, demarcar y garantizar el derecho a la propiedad colectiva de sus tierras, las cuales serán inalienables, imprescriptibles, inembargables e intransferibles de acuerdo con lo establecido en esta Constitución y en la ley.

Artículo 120. El aprovechamiento de los recursos naturales en los hábitats indígenas por parte del Estado se hará sin lesionar la integridad cultural, social y económica de los mismos e, igualmente, está sujeto a previa información y consulta a las comunidades indígenas respectivas. Los beneficios de este aprovechamiento por parte de los pueblos indígenas están sujetos a esta Constitución y a la ley.

Artículo 121. Los pueblos indígenas tienen derecho a mantener y desarrollar su identidad étnica y cultural, cosmovisión, valores, espiritualidad y sus lugares sagrados y de culto. El Estado fomentará la valoración y difusión de las manifestaciones culturales de los pueblos indígenas, los cuales tienen derecho a una educación propia y a un régimen educativo de carácter intercultural y bilingüe, atendiendo a sus particularidades socioculturales, valores y tradiciones.

国家对上述社团予以促进和保护，以提高大众经济水平，增强经济的可替换性。

第八章
土著人民的权利

第119条　国家承认土著人民及其社区的存在，认可其社会、政治和经济组织，其文化和风俗习惯，其语言和宗教信仰，其住所及其祖先和传统占领的土地的原始权利。该土地对发展和保障其生活方式必不可少。国家行政权部门，在土著人民的参与下，对土著人民的集体土地所有权进行划定并予以保障。依据本宪法和法律，土著人民对土地的集体所有权不可剥夺、不可侵犯、不可查封和不可转让。

第120条　国家对土著人民居住地自然资源的开发应先通知当地社区并与其磋商，且不得损害其文化、社会和经济的完整性。依照本宪法和法律的规定，确保土著人民从上述开发中获得利益。

第121条　土著人民有权维护和发展其精神和文化认同，其世界观、人生观、精神世界以及宗教和祭祀场所。国家促进对土著人民文化表现形式的评价和传播。考虑到土著人民特殊的社会文化特点、价值观和传统，土著人民可以有自己的教育权，以及跨文化和双语教育制度。

Artículo 122. Los pueblos indígenas tienen derecho a una salud integral que considere sus prácticas y culturas. El Estado reconocerá su medicina tradicional y las terapias complementarias, con sujeción a principios bioéticos.

Artículo 123. Los pueblos indígenas tienen derecho a mantener y promover sus propias prácticas económicas basadas en la reciprocidad, la solidaridad y el intercambio; sus actividades productivas tradicionales, su participación en la economía nacional y a definir sus prioridades. Los pueblos indígenas tienen derecho a servicios de formación profesional y a participar en la elaboración, ejecución y gestión de programas específicos de capacitación, servicios de asistencia técnica y financiera que fortalezcan sus actividades económicas en el marco del desarrollo local sustentable. El Estado garantizará a los trabajadores y trabajadoras pertenecientes a los pueblos indígenas el goce de los derechos que confiere la legislación laboral.

Artículo 124. Se garantiza y protege la propiedad intelectual colectiva de los conocimientos, tecnologías e innovaciones de los pueblos indígenas. Toda actividad relacionada con los recursos genéticos y los conocimientos asociados a los mismos perseguirán beneficios colectivos. Se prohíbe el registro de patentes sobre estos recursos y conocimientos ancestrales.

Artículo 125. Los pueblos indígenas tienen derecho a la participación política. El Estado garantizará la representación indígena en la Asamblea Nacional y en los cuerpos deliberantes de las entidades federales y locales con población indígena, conforme a la ley.

Artículo 126. Los pueblos indígenas, como culturas de raíces ancestrales, forman parte de la Nación, del Estado y del pueblo venezolano como único, soberano e indivisible. De conformidad con esta Constitución tienen el deber de salvaguardar la integridad y la soberanía nacional.

委内瑞拉玻利瓦尔共和国
全国制宪大会

第122条　土著人民享有与自己习惯和文化相一致的整体健康权。对于土著人民的传统医术和补充疗法，在符合生物伦理原则的基础上国家予以承认。

第123条　土著人民在互惠、团结和交流的基础上，有权维持和发展自己的经济活动；有权维持和发展传统的生产活动，参与国家经济活动，并界定传统的生产活动和国家经济活动之间的优先权。土著人民有权接受职业训练，有权参与筹备、实施和管理具体的培训项目，有权获得技术和经济援助，在当地可持续发展的框架下加强经济活动。国家保障属于土著人民的劳动者享有劳动法律规定的权利。

第124条　对土著人民在知识、技术和创新方面的集体知识产权予以保障和保护。与基因资源有关的任何活动和知识都应用于集体利益。禁止对上述祖先遗传来的知识和资源进行专利登记。

第125条　土著人民享有政治参与的权利。国家依据法律规定保证国民大会中具有土著人民的代表，联邦和地方的审议性机构中也具有土著人民代表。

第126条　土著人民，作为祖先根基的文化，是作为整体、具有主权和不可分割的委内瑞拉民族、国家和人民的一部分。依据本《宪法》，土著人民负有捍卫国家完整和国家主权的义务。

El término pueblo no podrá interpretarse en esta Constitución en el sentido que se le da en el derecho internacional.

Capítulo IX
De los derechos ambientales

Artículo 127. Es un derecho y un deber de cada generación proteger y mantener el ambiente en beneficio de sí misma y del mundo futuro. Toda persona tiene derecho individual y colectivamente a disfrutar de una vida y de un ambiente seguro, sano y ecológicamente equilibrado. El Estado protegerá el ambiente, la diversidad biológica, los recursos genéticos, los procesos ecológicos, los parques nacionales y monumentos naturales y demás áreas de especial importancia ecológica. El genoma de los seres vivos no podrá ser patentado, y la ley que se refiera a los principios bioéticos regulará la materia.

Es una obligación fundamental del Estado, con la activa participación de la sociedad, garantizar que la población se desenvuelva en un ambiente libre de contaminación, en donde el aire, el agua, los suelos, las costas, el clima, la capa de ozono, las especies vivas, sean especialmente protegidos, de conformidad con la ley.

Artículo 128. El Estado desarrollará una política de ordenación del territorio atendiendo a las realidades ecológicas, geográficas, poblacionales, sociales, culturales, económicas, políticas, de acuerdo con las premisas del desarrollo sustentable, que incluya la información, consulta y participación ciudadana. Una ley orgánica desarrollará los principios y criterios para este ordenamiento.

Artículo 129. Todas las actividades susceptibles de generar daños a los ecosistemas deben ser previamente acompañadas de estudios de impacto ambiental y sociocultural. El Estado impedirá la entrada al país de desechos tóxicos y peligrosos, así como la fabricación y uso de armas nucleares, químicas y

本《宪法》中的术语"人民",不得解释为国际法中该术语的含义。

第九章
环境权

第127条　每一代人都有为自身利益和未来世界保护、维持环境的权利和义务。人人都有享有安全、健康和生态平衡的环境,并在其中生活的个人权利和集体权利。国家保护环境、生物多样性、遗传资源和生态进程,保护国家公园、自然景观和其他重要的生态领域。生物基因组不得获取专利,关于生物原则的法律对该事务进行规定。

国家,在社会的积极参与下,确保人民生活在没有污染的环境中。以此作为国家应当承担的基本义务。国家有义务依据法律规定对空气、水、土壤、海岸、气候、臭氧层和生物物种进行特别保护。

第128条　国家以可持续发展为前提,综合考虑生态、地理、人口、社会、文化、经济和政治的现实,在公民知晓、公民协商和公民参与的基础上制定领土区划政策。组织法对领土区划的原则和标准进行规定。

第129条　在进行任何可能对生态系统造成损害的活动之前,都须先对活动可能造成的环境和社会文化影响进行研究。国家禁止有毒有害废弃物进入国境,禁止制造和使用核武

biológicas. Una ley especial regulará el uso, manejo, transporte y almacenamiento de las sustancias tóxicas y peligrosas.

En los contratos que la República celebre con personas naturales o jurídicas, nacionales o extranjeras, o en los permisos que se otorguen, que afecten los recursos naturales, se considerará incluida aun cuando no estuviere expresa, la obligación de conservar el equilibrio ecológico, de permitir el acceso a la tecnología y la transferencia de la misma en condiciones mutuamente convenidas y de restablecer el ambiente a su estado natural si éste resultare alterado, en los términos que fije la ley.

Capítulo X
De los deberes

Artículo 130. Los venezolanos y venezolanas tienen el deber de honrar y defender a la patria, sus símbolos y valores culturales; resguardar y proteger la soberanía, la nacionalidad, la integridad territorial, la autodeterminación y los intereses de la Nación.

Artículo 131. Toda persona tiene el deber de cumplir y acatar esta Constitución, las leyes y los demás actos que en ejercicio de sus funciones dicten los órganos del Poder Público.

Artículo 132. Toda persona tiene el deber de cumplir sus responsabilidades sociales y participar solidariamente en la vida política, civil y comunitaria del país, promoviendo y defendiendo los derechos humanos como fundamento de la convivencia democrática y de la paz social.

Artículo 133. Toda persona tiene el deber de coadyuvar a los gastos públicos mediante el pago de impuestos, tasas y contribuciones que establezca la ley.

器、化学武器、生物武器。特别法对有毒有害物质的使用、处理、运输和储藏进行规定。

共和国与委内瑞拉的或外国的自然人、法人签订的任何涉及自然资源的合同或作出的授权许可中，都应当认为包括有义务维护生态平衡，即包括环境一旦受到破坏时双方有义务以双方认可的条件获得或转让修复环境，使之恢复到自然状态的技术的规定。即使协议或许可中没有明确此类规定，也依据法律规定确定视为包括此类条款。

第十章
义务

第130条　委内瑞拉人负有尊敬和捍卫祖国、国家标志和国家文化价值的义务，有义务守卫和保护国家主权、民族特征、领土完整、民族自决和国家利益。

第131条　人人负有遵守本宪法、法律，以及公权力机构行使其职责所颁布的其他法令中规定的义务。

第132条　人人有义务履行自己的社会责任；有义务在促进和保护人权作为民主共存、社会和平的基础的同时，共同参与国家的政治生活、公民生活和公共生活。

第133条　人人有义务缴付税收、收费和其他缴纳，分担公共开支。

Artículo 134. Toda persona, de conformidad con la ley, tiene el deber de prestar los servicios civil o militar necesarios para la defensa, preservación y desarrollo del país, o para hacer frente a situaciones de calamidad pública. Nadie puede ser sometido a reclutamiento forzoso.

Toda persona tiene el deber de prestar servicios en las funciones electorales que se le asignen de conformidad con la ley.

Artículo 135. Las obligaciones que correspondan al Estado, conforme a esta Constitución y a la ley, en cumplimiento de los fines del bienestar social general, no excluyen las que, en virtud de la solidaridad y responsabilidad social y asistencia humanitaria, correspondan a los o a las particulares según su capacidad. La ley proveerá lo conducente para imponer el cumplimiento de estas obligaciones en los casos en que fuere necesario. Quienes aspiren al ejercicio de cualquier profesión, tienen el deber de prestar servicio a la comunidad durante el tiempo, lugar y condiciones que determine la ley.

TÍTULO IV
DEL PODER PÚBLICO

Capítulo I

De las disposiciones fundamentales

Sección primera: disposiciones generales

Artículo 136. El Poder Público se distribuye entre el Poder Municipal, el Poder Estadal y el Poder Nacional. El Poder Público Nacional se divide en Legislativo, Ejecutivo, Judicial, Ciudadano y Electoral.

Cada una de las ramas del Poder Público tiene sus funciones propias, pero los órganos a los que incumbe su ejercicio colaborarán entre sí en la realización de los fines del Estado.

第134条　人人有义务依据法律规定参与国防、国家发展和应对公共灾难而服兵役和提供公民服务。不得强征任何人入伍。

人人有依据法律分配的义务为选举活动提供服务。

第135条　根据本宪法和法律规定，国家承担的提升社会共同福祉的义务，并不妨碍个人根据其能力承担团结合作、社会责任和人道援助的义务。法律对在必要的情况下保障上述义务的履行作出规定。从事任何职业的个人，都有义务根据法律规定的时间、地点和条件为大众提供服务。

第四编
公权力
第一章
基本条款
第一节　一般规定

第136条　公权力分为市政权力、州权力和国家权力。国家公权力分为立法权、行政权、司法权、公民权和选举权。

公权力各部门具有各自的职能，但具有相同职能的机构应当相互合作，共同实现国家目标。

Artículo 137. Esta Constitución y la ley definen las atribuciones de los órganos que ejercen el Poder Público, a las cuales deben sujetarse las actividades que realicen.

Artículo 138. Toda autoridad usurpada es ineficaz y sus actos son nulos.

Artículo 139. El ejercicio del Poder Público acarrea responsabilidad individual por abuso o desviación de poder o por violación de esta Constitución o de la ley.

Artículo 140. El Estado respónderá patrimonialmente por los daños que sufran los o las particulares en cualquiera de sus bienes y derechos, siempre que la lesión sea imputable al funcionamiento de la Administración Pública.

Sección segunda: de la administración pública

Artículo 141. La Administración Pública está al servicio de los ciudadanos y ciudadanas y se fundamenta en los principios de honestidad, participación, celeridad, eficacia, eficiencia, transparencia, rendición de cuentas y responsabilidad en el ejercicio de la función pública, con sometimiento pleno a la ley y al derecho.

Artículo 142. Los institutos autónomos sólo podrán crearse por ley. Tales instituciones, así como los intereses públicos en corporaciones o entidades de cualquier naturaleza, estarán sujetos al control del Estado, en la forma que la ley establezca.

Artículo 143. Los ciudadanos y ciudadanas tienen derecho a ser informados e informadas oportuna y verazmente por la Administración Pública, sobre el estado de las actuaciones en que estén directamente interesados e interesadas, y a conocer

委内瑞拉玻利瓦尔共和国
全国制宪大会

第137条　公权力各部门的职权由本宪法和法律界定，各公权力部门的活动依照本宪法和法律的规定进行。

第138条　权力部门不得超越自身权限。超越其权限的行为无效。

第139条　个人滥用、误用或违反本宪法和法律的有关规定行使公权力的，承担个人责任。

第140条　公共管理给个人财产或权利造成损害的，由国家对该损害承担经济责任。

第二节　公共管理

第141条　公共管理为公民提供服务，完全遵守法律、完全尊重权利，依据诚实、参与、迅速、有效、效率、透明、报告制和问责制的原则履行公共职能。

第142条　自治机构只得依据法律设立。国家依据法律规定对自治机构，以及所有性质的公益组织和实体进行监督。

第143条　公民对公共管理享有及时和真实的知情权。对于涉及公民个人直接利益的事项，公民有权获知程序进展和最终结果。除涉及对内对外安全、刑事调查和私生活隐私的

las resoluciones definitivas que se adopten sobre el particular. Asimismo, tienen acceso a los archivos y registros administrativos, sin perjuicio de los límites aceptables dentro de una sociedad democrática en materias relativas a seguridad interior y exterior, a investigación criminal y a la intimidad de la vida privada, de conformidad con la ley que regule la materia de clasificación de documentos de contenido confidencial o secreto. No se permitirá censura alguna a los funcionarios públicos o funcionarias públicas que informen sobre asuntos bajo su responsabilidad.

Sección tercera: de la función pública

Artículo 144. La ley establecerá el Estatuto de la función pública mediante normas sobre el ingreso, ascenso, traslado, suspensión y retiro de los funcionarios o funcionarias de la Administración Pública, y proveerá su incorporación a la seguridad social.

La ley determinará las funciones y requisitos que deben cumplir los funcionarios públicos y funcionarias públicas para ejercer sus cargos.

Artículo 145. Los funcionarios públicos y funcionarias públicas están al servicio del Estado y no de parcialidad alguna. Su nombramiento o remoción no podrán estar determinados por la afiliación u orientación política. Quien esté al servicio de los Municipios, de los Estados, de la República y demás personas jurídicas de derecho público o de derecho privado estatales, no podrá celebrar contrato alguno con ellas, ni por sí ni por interpósita persona, ni en representación de otro u otra, salvo las excepciones que establezca la ley.

Artículo 146. Los cargos de los órganos de la Administración Pública son de carrera. Se exceptúan los de elección popular, los de libre nombramiento y remoción, los contratados y contratadas, los obreros y obreras al servicio de la Administración Pública y los demás que determine la Ley.

事项按照民主社会可接受的标准外，以及依据法律规定被列为保密或机密的内容外，公民有权获知行政档案和记录。不允许公职人员对其自己负责的事务进行审查。

第三节　公共职能

第144条　法律规定公共事务条例的制定，明确公务人员的录用、晋升、调任、停职和离任的相关规则，并明确将其纳入社会保障。

法律规定公务人员行使行政职能时的义务和要求。

第145条　公职人员均效力于国家，而不是服务于党派利益。不得依政治隶属关系或政治倾向任命和开除公职人员，除非法律具有例外规定。在市、州、共和国或其他国家公私权力法人部门供职的人员，不得直接、通过其代理人，以及代理他人与上述部门缔结任何合同。

第146条　公共管理机构的职位由职业公职人员担任。但经民选产生的人员、任命者可自由任命和撤换的人员、以合同形式辅助参与公共管理服务的人员，以及法律规定的其他人员除外。

El ingreso de los funcionarios públicos y las funcionarias públicas a los cargos de carrera será por concurso público, fundamentado en principios de honestidad, idoneidad y eficiencia. El ascenso estará sometido a métodos científicos basados en el sistema de méritos, y el traslado, suspensión o retiro será de acuerdo con su desempeño.

Artículo 147. Para la ocupación de cargos públicos de carácter remunerado es necesario que sus respectivos emolumentos estén previstos en el presupuesto correspondiente.

Las escalas de salarios en la Administración Pública se establecerán reglamentariamente conforme a la ley.

La ley orgánica podrá establecer límites razonables a los emolumentos que devenguen los funcionarios públicos y funcionarias públicas municipales, estadales y nacionales.

La ley nacional establecerá el régimen de las jubilaciones y pensiones de los funcionarios públicos y funcionarias públicas nacionales, estadales y municipales.

Artículo 148. Nadie podrá desempeñar a la vez más de un destino público remunerado, a menos que se trate de cargos académicos, accidentales, asistenciales o docentes que determine la ley. La aceptación de un segundo destino que no sea de los exceptuados en este artículo, implica la renuncia del primero, salvo cuando se trate de suplentes, mientras no reemplacen definitivamente al principal.

Nadie podrá disfrutar más de una jubilación o pensión, salvo los casos expresamente determinados en la ley.

Artículo 149. Los funcionarios públicos y funcionarias públicas no podrán aceptar cargos, honores o recompensas de gobiernos extranjeros sin la autorización de la Asamblea Nacional.

职业公职人员的录用，遵照诚实、能力、效率的原则，通过公开竞争选拔。通过一套业绩体系为基础的科学方法对适格的公务员进行提拔，依据个人表现进行调职、停职和离任。

第147条 公共职位实行薪酬制。为此，各自薪金必须列入相关预算。

公共管理领域的薪酬结构依据法律规定由规章予以确定。

组织法可以对国家、州和市的公职人员的津贴进行合理限制。

国家立法对国家、州和市的公职人员的退休金和养老金制度进行规定。

第148条 除由法律规定的学术性、暂时性、公益性或教学性职位外，任何人不得同时兼任一个以上领取报酬的公职。接受非本条规定前述性质的第二份公职，须辞去前一份公职；除非该公职作为另一公职人员的候补，且尚未确定予以递补。

除法律明确规定的情况外，任何人不得享受一份以上的退休金或养老金。

第149条 未经国民大会批准，任何公职人员不得接受来自外国政府的职位、荣誉或奖励。

Sección cuarta: de los contratos de interés público

Artículo 150. La celebración de los contratos de interés público nacional requerirá la aprobación de la Asamblea Nacional en los casos que determine la ley.

No podrá celebrarse contrato alguno de interés público municipal, estadal o nacional con Estados o entidades oficiales extranjeras o con sociedades no domiciliadas en Venezuela, ni traspasarse a ellos sin la aprobación de la Asamblea Nacional.

La ley podrá exigir en los contratos de interés público determinadas condiciones de nacionalidad, domicilio o de otro orden, o requerir especiales garantías.

Artículo 151. En los contratos de interés público, si no fuere improcedente de acuerdo con la naturaleza de los mismos, se considerará incorporada, aun cuando no estuviere expresa, una cláusula según la cual las dudas y controversias que puedan suscitarse sobre dichos contratos y que no llegaren a ser resueltas amigablemente por las partes contratantes, serán decididas por los tribunales competentes de la República, de conformidad con sus leyes, sin que por ningún motivo ni causa puedan dar origen a reclamaciones extranjeras.

Sección quinta: de las relaciones internacionales

Artículo 152. Las relaciones internacionales de la República responden a los fines del Estado en función del ejercicio de la soberanía y de los intereses del pueblo; ellas se rigen por los principios de independencia, igualdad entre los Estados, libre determinación y no intervención en sus asuntos internos, solución pacífica de los conflictos internacionales, cooperación, respeto a los derechos humanos y solidaridad entre los pueblos en la lucha por su emancipación y el

委内瑞拉玻利瓦尔共和国
全国制宪大会

第四节　涉及公共利益的合同

第150条　缔结涉及国家公共利益的合同，只要法律予以规定，需要获得国民大会的批准。

未经国民大会批准，不得与外国或外国官方实体，以及未在委内瑞拉注册的公司签订涉及市、州或国家公共利益的合同，也不得将此类合同转让给上述机构。

法律可以对涉及公共利益的合同设定国籍、住所或其他条件的要求，也可以要求其提供特殊担保。

第151条　关于涉及公共利益的合同，除合同性质决定不适用本条规定外，即使合同未明确规定，当出现疑问或产生争议且合同缔结各方不能友好解决时，一律由共和国有管辖权的法院依据法律规定进行裁决，且不得以任何目的和理由提起外国诉讼。

第五节　国际关系

第152条　共和国处理国际关系时须符合国家维护主权和人民利益的目标，坚持国家间独立、平等、自主、不干涉他国内政、和平解决国际争端、合作、尊重人权和团结一致争

bienestar de la humanidad. La República mantendrá la más firme y decidida defensa de estos principios y de la práctica democrática en todos los organismos e instituciones internacionales.

Artículo 153. La República promoverá y favorecerá la integración latinoamericana y caribeña, en aras de avanzar hacia la creación de una comunidad de naciones, defendiendo los intereses económicos, sociales, culturales, políticos y ambientales de la región. La República podrá suscribir tratados internacionales que conjuguen y coordinen esfuerzos para promover el desarrollo común de nuestras naciones, y que garanticen el bienestar de los pueblos y la seguridad colectiva de sus habitantes. Para estos fines, la República podrá atribuir a organizaciones supranacionales, mediante tratados, el ejercicio de las competencias necesarias para llevar a cabo estos procesos de integración. Dentro de las políticas de integración y unión con Latinoamérica y el Caribe, la República privilegiará relaciones con Iberoamérica, procurando sea una política común de toda nuestra América Latina. Las normas que se adopten en el marco de los acuerdos de integración serán consideradas parte integrante del ordenamiento legal vigente y de aplicación directa y preferente a la legislación interna.

Artículo 154. Los tratados celebrados por la República deben ser aprobados por la Asamblea Nacional antes de su ratificación por el Presidente o Presidenta de la República, a excepción de aquellos mediante los cuales se trate de ejecutar o perfeccionar obligaciones preexistentes de la República, aplicar principios expresamente reconocidos por ella, ejecutar actos ordinarios en las relaciones internacionales o ejercer facultades que la ley atribuya expresamente al Ejecutivo Nacional.

Artículo 155. En los tratados, convenios y acuerdos internacionales que la República celebre, se insertará una cláusula por la cual las partes se obliguen a resolver por las vías pacíficas reconocidas en el derecho internacional o previamente convenidas por ellas, si tal fuere el caso, las controversias que pudieren suscitarse entre las mismas con motivo de su interpretación o ejecución si

委内瑞拉玻利瓦尔共和国
全国制宪大会

取人民解放和幸福的原则。共和国最坚定和最坚决地在所有国际组织和机构中贯彻这些原则和进行民主实践。

第153条　共和国支持并推动拉丁美洲和加勒比地区一体化，促成在这一地区朝着最终设立国家共同体的目标，捍卫本地区的经济、社会、文化、政治和环境利益。共和国有权签署促进我们国家之间共同发展，确保国民福祉和居民集体安全的国际条约。为实现上述目标，共和国可以通过合同授权超国家组织行使必要的权力完成一体化的进程。在关于拉丁美洲和加勒比地区一体化和联盟的政策中，共和国可以把发展伊比利亚美洲各国的关系置于优先地位，并致力于将此变成拉丁美洲各国的共同政策。一体化协议框架内的相关条款可视为现行法律制度的一部分，可直接适用，并优先于国内法。

第154条　除为履行或改善共和国此前已经承担了义务的条约、适用国民大会明确认可其原则的条约、执行国际关系日常行为的条约，或行使法律明确授予国家行政部门权力的条约外，共和国缔结的条约在由共和国总统签署前，须提交国民大会进行批准。

第155条　共和国在缔结国际条约、国际协定和国际协议时，只要适当且程序允许，应当加入以下条款：各方在解释或实施过程中出现的任何争议，应根据国际法承认的或之前

263

no fuere improcedente y así lo permita el procedimiento que deba seguirse para su celebración.

Capítulo II
De la competencia del Poder Público Nacional

Artículo 156. Es de la competencia del Poder Público Nacional:

1. La política y la actuación internacional de la República.

2. La defensa y suprema vigilancia de los intereses generales de la República, la conservación de la paz pública y la recta aplicación de la ley en todo el territorio nacional.

3. La bandera, escudo de armas, himno, fiestas, condecoraciones y honores de carácter nacional.

4. La naturalización, la admisión, la extradición y expulsión de extranjeros o extranjeras.

5. Los servicios de identificación.

6. La policía nacional.

7. La seguridad, la defensa y el desarrollo nacional.

8. La organización y régimen de la Fuerza Armada Nacional.

9. El régimen de la administración de riesgos y emergencias.

10. La organización y régimen del Distrito Capital y de las dependencias federales.

约定的和平方式解决。

第二章
国家公权力的权限

第156条 下列事项属于国家公权力的权限：

1. 共和国的国际政策和国际行动。

2. 国防以及共和国整体利益的最高防御，公共和平的维护，法律在全部国境范围内的直接实施。

3. 国旗、国徽、国歌和国定节假日，以及具有国家性质的勋章和荣誉。

4. 接受外国公民归化入籍、准入，以及对外国人进行引渡和驱逐出境。

5. 身份证明。

6. 治安。

7. 国家安全、国家防御和国家发展。

8. 国家武装力量的组织和管理。

9. 风险和紧急状况的管理。

10. 首都区和联邦属地的组织和制度。

11. La regulación de la banca central, del sistema monetario, del régimen cambiario, del sistema financiero y del mercado de capitales; la emisión y acuñación de moneda.

12. La creación, organización, recaudación, administración y control de los impuestos sobre la renta, sobre sucesiones, donaciones y demás ramos conexos, el capital, la producción, el valor agregado, los hidrocarburos y minas; de los gravámenes a la importación y exportación de bienes y servicios; de los impuestos que recaigan sobre el consumo de licores, alcoholes y demás especies alcohólicas, cigarrillos y demás manufacturas del tabaco; y de los demás impuestos, tasas y rentas no atribuidas a los Estados y Municipios por esta Constitución o por la ley.

13. La legislación para garantizar la coordinación y armonización de las distintas potestades tributarias; para definir principios, parámetros y limitaciones, especialmente para la determinación de los tipos impositivos o alícuotas de los tributos estadales y municipales; así como para crear fondos específicos que aseguren la solidaridad interterritorial.

14. La creación y organización de impuestos territoriales o sobre predios rurales y sobre transacciones inmobiliarias, cuya recaudación y control corresponda a los Municipios, de conformidad con esta Constitución.

15. El régimen del comercio exterior y la organización y régimen de las aduanas.

16. El régimen y administración de las minas e hidrocarburos; el régimen de las tierras baldías; y la conservación, fomento y aprovechamiento de los bosques, suelos, aguas y otras riquezas naturales del país.

El Ejecutivo Nacional no podrá otorgar concesiones mineras por tiempo indefinido.

La ley establecerá un sistema de asignaciones económicas especiales en beneficio de los Estados en cuyo territorio se encuentren situados los bienes

11. 中央银行、货币体系、外汇制度、财政体系和资本市场的调节，以及货币的制造和发行。

12. 所得税，关于遗产税、捐赠税以及相关领域的税收，资产税、生产税、增值税、矿藏开采税；货物和服务的进出口税；酒和酒精类产品，香烟和烟草产品的消费税；以及本宪法和相关法律没有明确分配给州和市的其他所有税费的设立、组织、征收、管理和监督。

13. 立法确保不同税权之间的配合和和谐。明确州、市之间分税原则与权限，尤其是税收种类和税率的立法。设置专门基金确保各内部区域间税费一致性的立法。

14. 依据宪法由市征收和负责的土地税、农村财产税和不动产交易税的设立和组织。

15. 外贸管理以及海关的组织和管理。

16. 矿藏的制度和管理，闲置土地的管理，森林、土地、水资源和其他国家自然资源的保护、开发和利用。

国家行政部门不得授予无期限的矿藏开采权。

法律设立特别的经济分配系统，对上述提及的资源所在州给予一定经济援助，但不

que se mencionan en este numeral, sin perjuicio de que también puedan establecerse asignaciones especiales en beneficio de otros Estados.

17. El régimen de metrología legal y control de calidad.

18. Los censos y estadísticas nacionales.

19. El establecimiento, coordinación y unificación de normas y procedimientos técnicos para obras de ingeniería, de arquitectura y de urbanismo, y la legislación sobre ordenación urbanística.

20. Las obras públicas de interés nacional.

21. Las políticas macroeconómicas, financieras y fiscales de la República.

22. El régimen y organización del sistema de seguridad social.

23. Las políticas nacionales y la legislación en materia naviera, de sanidad, vivienda, seguridad alimentaria, ambiente, aguas, turismo y ordenación del territorio.

24. Las políticas y los servicios nacionales de educación y salud.

25. Las políticas nacionales para la producción agrícola, ganadera, pesquera y forestal.

26. El régimen de la navegación y del transporte aéreo, terrestre, marítimo, fluvial y lacustre, de carácter nacional; de los puertos, aeropuertos y su infraestructura.

27. El sistema de vialidad y de ferrocarriles nacionales.

28. El régimen del servicio de correo y de las telecomunicaciones, así como el régimen y la administración del espectro electromagnético.

29. El régimen general de los servicios públicos domiciliarios y, en especial, electricidad, agua potable y gas.

影响同时对其他州给予的特殊拨付。

17. 法定计量制度和质量监督。

18. 国家普查和统计。

19. 工程、建筑和城市化的技术规范和技术程序的设立、协调和统一，以及城市规划立法。

20. 涉及国家利益的公共工程。

21. 共和国的宏观经济调控、财政和金融政策。

22. 社会保障体系的管理和组织。

23. 航运、健康、住房、食品安全、环境、水资源、旅游、区划等领域的国家政策和立法。

24. 教育和卫生领域的国家政策和服务。

25. 农业、畜牧业、渔业和林业生产的国家政策。

26. 国家性质的空、陆、海、河和湖的交通和运输制度。港口、机场及其基础设施的制度。

27. 国家公路和铁路系统建设。

28. 邮政和电信业务的管理，以及电磁波的制度和管理。

29. 与住宅有关的公用服务，特别是电、饮用水和气的整体制度。

30 El manejo de la política de fronteras con una visión integral del país, que permita la presencia de la venezolanidad y el mantenimiento territorial y la soberanía en esos espacios.

31.La organización y administración nacional de la justicia, del Ministerio Público y de la Defensoría del Pueblo.

32.La legislación en materia de derechos, deberes y garantías constitucionales; la civil, mercantil, penal, penitenciaria, de procedimientos y de derecho internacional privado; la de elecciones; la de expropiación por causa de utilidad pública o social; la de crédito público; la de propiedad intelectual, artística e industrial; la del patrimonio cultural y arqueológico; la agraria; la de inmigración y poblamiento; la de pueblos indígenas y territorios ocupados por ellos; la del trabajo, previsión y seguridad sociales; la de sanidad animal y vegetal; la de notarías y registro público; la de bancos y la de seguros; la de loterías, hipódromos y apuestas en general; la de organización y funcionamiento de los órganos del Poder Público Nacional y demás órganos e instituciones nacionales del Estado; y la relativa a todas las materias de la competencia nacional.

33.Toda otra materia que la presente Constitución atribuya al Poder Público Nacional, o que le corresponda por su índole o naturaleza.

Artículo 157. La Asamblea Nacional, por mayoría de sus integrantes, podrá atribuir a los Municipios o a los Estados determinadas materias de la competencia nacional, a fin de promover la descentralización.

Artículo 158. La descentralización, como política nacional, debe profundizar la democracia, acercando el poder a la población y creando las mejores condiciones, tanto para el ejercicio de la democracia como para la prestación eficaz y eficiente de los cometidos estatales.

30. 以国家的整体视角对边境政策的管理，诸如允许委内瑞拉人在该区域居住，维护该领域的领土和主权。

31. 司法、公共部和人民卫士办公室的全国性组织和管理。

32. 宪法保障、宪法权利和宪法规定的义务方面的立法；民事、商事、刑事、监狱、程序和国际私法领域的立法；有关选举的立法；有关为公共或社会使用进行征收的立法；有关公共借贷的立法；有关知识产权、艺术和工业产权的立法；有关文化和古迹遗产的立法；农业立法；有关移民和定居的立法；有关土著人民及其占有土地的立法；有关劳动、福利和社会保障的立法；有关动植物卫生的立法；有关公证和公共登记的立法；有关银行、保险的立法；有关彩票、赛马和一般性博戏的立法；有关国家公权力机构和国家其他机构、部门的组织和运行的立法；与国家管辖权限有关的立法。

33. 本宪法分配给国家公权力部门的事务，或者其性质和属性属于国家公权力管理的其他事务。

第157条　为促进分权，国民大会经多数组成人员同意，有权将部分属于国家公权力的权限授予市或州。

第158条　分权作为一项国家政策，应当增进民主，使权力贴近人民，为民主的落实和有效履行政府职能提供最有利的条件。

REPÚBLICA BOLIVARIANA DE VENEZUELA
ASAMBLEA NACIONAL CONSTITUYENTE

Capítulo III
Del Poder Público Estadal

Artículo 159. Los Estados son entidades autónomas e iguales en lo político, con personalidad jurídica plena, y quedan obligados a mantener la independencia, soberanía e integridad nacional, y a cumplir y hacer cumplir esta Constitución y las leyes de la República.

Artículo 160. El gobierno y administración de cada Estado corresponde a un Gobernador o Gobernadora. Para ser Gobernador o Gobernadora se requiere ser venezolano o venezolana, mayor de veinticinco años y de estado seglar.

El Gobernador o Gobernadora será elegido o elegida por un período de cuatro años por mayoría de las personas que voten. El Gobernador o Gobernadora podrá ser reelegido o reelegida, de inmediato, y por una sola vez, para un nuevo período.
(Ver Enmienda N° 1 de fecha 15 de febrero de 2009)

Artículo 161. Los Gobernadores o Gobernadoras rendirán anual y públicamente cuenta de su gestión ante el Contralor o Contralora del Estado y presentarán un informe de la misma ante el Consejo Legislativo y el Consejo de Planificación y Coordinación de Políticas Públicas.

Artículo 162. El Poder Legislativo se ejercerá en cada Estado por un Consejo Legislativo conformado por un número no mayor de quince ni menor de siete integrantes, quienes proporcionalmente representarán a la población del Estado y de los Municipios. El Consejo Legislativo tendrá las atribuciones siguientes:

1. Legislar sobre las materias de la competencia estadal.

2. Sancionar la Ley de Presupuesto del Estado.

3. Las demás que establezcan esta Constitución y la ley.

第三章
州公共权力

第159条 各州是具有完全法律主体资格和政治上一律平等的自治单位。各州有义务捍卫国家独立、主权和领土完整，有义务遵守并实施共和国的本宪法和法律。

第160条 州长负责各州的治理和管理事务。州长必须是年满二十五岁的委内瑞拉人，且不是神职人员。

州长经由参加选举的多数票产生，任期四年。仅可连选连任一次。

（见2009年2月15日第1号宪法修正案）

第161条 州长每年向州审计长公开提交其管理的财务报告，同时向州立法会和公共政策规划与协调委员会提交相同的报告。

第162条 各州的立法权由各州立法会行使。立法会的组成人数根据州和各市的人口数按比例确定，由七至十五人组成。立法会具有下列职权：

1. 针对州权限范围内的事务制定法律。

2. 批准州的预算法。

3. 本宪法和法律规定的其他职权。

Los requisitos para ser integrante del Consejo Legislativo, la obligación de rendición anual de cuentas y la inmunidad en su jurisdicción territorial se regirán por las normas que esta Constitución establece para los diputados y diputadas a la Asamblea Nacional, en cuanto les sean aplicables. Los legisladores o legisladoras estadales serán elegidos o elegidas por un período de cuatro años pudiendo ser reelegidos o reelegidas por dos períodos consecutivos como máximo. La ley nacional regulará el régimen de la organización y el funcionamiento del Consejo Legislativo.
(Ver Enmienda Nº 1 de fecha 15 de febrero de 2009)

Artículo 163. Cada Estado tendrá una Contraloría que gozará de autonomía orgánica y funcional. La Contraloría del Estado ejercerá, conforme a esta Constitución y la ley, el control, la vigilancia y la fiscalización de los ingresos, gastos y bienes estadales, sin menoscabo del alcance de las funciones de la Contraloría General de la República. Dicho órgano actuará bajo la dirección y responsabilidad de un Contralor o Contralora, cuyas condiciones para el ejercicio del cargo serán determinadas por la ley, la cual garantizará su idoneidad e independencia; así como la neutralidad en su designación, que será mediante concurso público.

Artículo 164. Es de la competencia exclusiva de los estados:

1. Dictar su Constitución para organizar los poderes públicos, de conformidad con lo dispuesto en esta Constitución.

2. La organización de sus Municipios y demás entidades locales y su división político territorial, conforme a esta Constitución y a la ley.

3. La administración de sus bienes y la inversión y administración de sus recursos, incluso de los provenientes de transferencias, subvenciones o asignaciones especiales del Poder Nacional, así como de aquellos que se les asignen como participación en los tributos nacionales.

委内瑞拉玻利瓦尔共和国
全国制宪大会

关于州立法会组成人员的任职要求、提交年度财务报告的义务，以及在其管辖地理范围内的豁免，适用本宪法对国民大会议员制定的规则中可以使用的规则。州立法会成员由选举产生，任期四年，可连选连任，但连选连任不得超过两次。国家立法对州立法会的组织和运行进行规定。

（见2009年2月15日第1号宪法修正案）

第163条　各州均设立一个审计长办公室，审计长办公室的组织和运行自治。除共和国总审计署的职责范围外，州审计长办公室依据本宪法和法律的规定，对州内税收、支出和资产行使控制、监督和审计的权力。审计长办公室由审计长负责和领导。审计长的任职资格由法律进行规定。审计长的任命中立，通过公共竞争上岗，确保审计长的任职能力和独立。

第164条　下列权限专属于各州：

1. 根据本宪法的规定颁布州宪法，组建公权力部门。

2. 根据本宪法和法律的规定，组织州内的市和其他地方实体，以及内部的政治区划。

3. 管理州内资产和投资，管理州内资源，包括从国家权力中转移、补贴或特别分配获得的资源，以及分配给州的国家财政税收。

4. La organización, recaudación, control y administración de los ramos tributarios propios, según las disposiciones de las leyes nacionales y estadales.

5. El régimen y aprovechamiento de minerales no metálicos, no reservados al Poder Nacional, las salinas y ostrales y la administración de las tierras baldías en su jurisdicción, de conformidad con la ley.

6. La organización de la policía y la determinación de las ramas de este servicio atribuidas a la competencia municipal, conforme a la legislación nacional aplicable.

7. La creación, organización, recaudación, control y administración de los ramos de papel sellado, timbres y estampillas.

8. La creación, régimen y organización de los servicios públicos estadales.

9. La ejecución, conservación, administración y aprovechamiento de las vías terrestres estadales.

10. La conservación, administración y aprovechamiento de carreteras y autopistas nacionales, así como de puertos y aeropuertos de uso comercial, en coordinación con el Ejecutivo Nacional.

11. Todo lo que no corresponda, de conformidad con esta Constitución, a la competencia nacional o municipal.

Artículo 165. Las materias objeto de competencias concurrentes serán reguladas mediante leyes de bases dictadas por el Poder Nacional, y leyes de desarrollo aprobadas por los Estados. Esta legislación estará orientada por los principios de la interdependencia, coordinación, cooperación, corresponsabilidad y subsidiariedad.

Los Estados descentralizarán y transferirán a los Municipios los servicios y competencias que gestionen y que éstos estén en capacidad de prestar, así como la

4. 根据国家立法和州立法的规定，组织、征收、监督和管理州内税收。

5. 依据法律规定管理和开采除保留给国家权力之外的非金属矿、盐类矿床和牡蛎场，依据法律规定管理管辖范围内的闲置土地。

6. 根据可以适用的相关国家立法，组织警察队伍并决定将相关警务分配为市权限。

7. 设定、组织、征收、监督和管理各类印花税税种。

8. 建设、管理和组织州内公共服务。

9. 建设、维护、管理和利用各州之间的道路交通。

10. 根据国家行政命令，维护、管理和利用国道和国家高速公路、商用港口和商用机场。

11. 根据本宪法，未分配给国家和市的所有权限。

第165条　涉及权限竞合的事务由国家权力部门通过法律进行规定，各州并通过立法予以实施。立法须遵循相互依存、相互协调、相互合作、承担责任和从属辅助的原则。

对于两级公权力权限竞合的领域，只要市级公权力能够提供的服务、行使的权限，以及能够管理的相关资源，各州公权力应当将上述权力下放和转移给市级公权力。转移机制

administración de los respectivos recursos, dentro de las áreas de competencias concurrentes entre ambos niveles del Poder Público. Los mecanismos de transferencia estarán regulados por el ordenamiento jurídico estadal.

Artículo 166. En cada Estado se creará un Consejo de Planificación y Coordinación de Políticas Públicas, presidido por el Gobernador o Gobernadora e integrado por los Alcaldes o Alcaldesas, los directores o directoras estadales de los ministerios; y una representación de los legisladores elegidos o legisladoras elegidas por el Estado a la Asamblea Nacional, del Consejo Legislativo, de los concejales o concejalas y de las comunidades organizadas, incluyendo las indígenas donde las hubiere. El mismo funcionará y se organizará de acuerdo con lo que determine la ley.

Artículo 167. Son ingresos de los Estados:

1. Los procedentes de su patrimonio y de la administración de sus bienes.

2. Las tasas por el uso de sus bienes y servicios, multas y sanciones, y las que les sean atribuidas.

3. El producto de lo recaudado por concepto de venta de especies fiscales.

4. Los recursos que les correspondan por concepto de situado constitucional. El situado es una partida equivalente a un máximo del veinte por ciento del total de los ingresos ordinarios estimados anualmente por el Fisco Nacional, la cual se distribuirá entre los Estados y el Distrito Capital en la forma siguiente: un treinta por ciento de dicho porcentaje por partes iguales, y el setenta por ciento restante en proporción a la población de cada una de dichas entidades.

   En cada ejercicio fiscal, los Estados destinarán a la inversión un mínimo del cincuenta por ciento del monto que les corresponda por concepto de situado. A los Municipios de cada Estado les corresponderá, en cada ejercicio fiscal, una participación no menor del veinte por ciento del situado y de los demás ingresos ordinarios del respectivo Estado.

依据相关的州法律制度进行规定。

第166条　各州设立公共政策规划与协调委员会，由州长主持，组成人员包括各市市长、州各部长官、州选举产生的国民大会代表的一名代表、一名州立法会的代表、一名市政委员会代表和一名已经组成社区的代表，当地有土著居民的，还应当有一名土著居民代表。公共政策规划与协调委员会的职能和组织，依据法律规定。

第167条　各州的收入包括：

1. 州资产以及对州资产管理所获得的收益。

2. 州使用其商品和服务所取得的收益、罚金罚款和所有由州负责的收费。

3. 出售州所拥有的资产获得的收入。

4. 依据宪法性财政分配制度属于州的资源。年度国家财政中普通收入的最多百分之二十在各州和首都区之间进行分配，其中的百分之三十进行平均分配，剩余百分之七十根据各州和首都区的人口数进行分配。

每个财政年度中，各州必须将分配所得总额的不少于百分之五十用于投入。州内各市至少有权获得每个财政年度州分配所得和其他州普通收入所得的百分之二十。

En caso de variaciones de los ingresos del Fisco Nacional que impongan una modificación del Presupuesto Nacional, se efectuará un reajuste proporcional del situado.

La ley establecerá los principios, normas y procedimientos que propendan a garantizar el uso correcto y eficiente de los recursos provenientes del situado constitucional y de la participación municipal en el mismo.

5. Los demás impuestos, tasas y contribuciones especiales que se les asignen por ley nacional, con el fin de promover el desarrollo de las haciendas públicas estadales.

Las leyes que creen o transfieran ramos tributarios a favor de los Estados podrán compensar dichas asignaciones con modificaciones de los ramos de ingresos señalados en este artículo, a fin de preservar la equidad interterritorial. El porcentaje del ingreso nacional ordinario estimado que se destine al situado constitucional, no será menor al quince por ciento del ingreso ordinario estimado, para lo cual se tendrá en cuenta la situación y sostenibilidad financiera de la Hacienda Pública Nacional, sin menoscabo de la capacidad de las administraciones estadales para atender adecuadamente los servicios de su competencia.

6. Los recursos provenientes del Fondo de Compensación Interterritorial y de cualquier otra transferencia, subvención o asignación especial, así como de aquellos que se les asignen como participación en los tributos nacionales, de conformidad con la respectiva ley.

Capítulo IV
Del Poder Público Municipal

Artículo 168. Los Municipios constituyen la unidad política primaria de la organización nacional, gozan de personalidad jurídica y autonomía dentro de los límites de esta Constitución y de la ley. La autonomía municipal comprende:

1. La elección de sus autoridades.

国家财政收入发生变化需要对国家预算作出调整时，宪法性财政分配按比例作出调整。

为确保来源于宪法性财政分配的资源得以正当有效使用，确保各市得以参与其中，由法律对其使用原则、规范和程序作出规定。

5. 为帮助州公共财政的发展，依据国家立法向各州分配其他税收、收费和缴纳收入。

为保证各区域公平，为各州设立税种和税收转移的法律可以通过改变本条规定的其他税收种类，对分配产生的差别进行补偿。考虑到国家公共财政的经济状况和持续性，宪法性财政分配中分配给各州的收入不应少于国家普通财政收入的百分之十五，且不得影响到州行政权在其权限范围内提供充分服务。

6. 各州通过区域间补偿基金和任何其他转移、补贴或特殊拨款获得的资源，以及分配所得的国家财税，均依据有关法律规定。

第四章
市政公共权力

第168条　市，是国家组织中的初级政治单位，在本宪法和法律规定的限度内享有法人人格和自治权。市的自治内容包括：

1. 其权力部门的选举。

REPÚBLICA BOLIVARIANA DE VENEZUELA
ASAMBLEA NACIONAL CONSTITUYENTE

2. La gestión de las materias de su competencia.

3. La creación, recaudación e inversión de sus ingresos.

Las actuaciones del Municipio en el ámbito de sus competencias se cumplirán incorporando la participación ciudadana al proceso de definición y ejecución de la gestión pública y al control y evaluación de sus resultados, en forma efectiva, suficiente y oportuna, conforme a la ley.

Los actos de los Municipios no podrán ser impugnados sino ante los tribunales competentes, de conformidad con esta Constitución y con la ley.

Artículo 169. La organización de los Municipios y demás entidades locales se regirá por esta Constitución, por las normas que para desarrollar los principios constitucionales establezcan las leyes orgánicas nacionales, y por las disposiciones legales que de conformidad con aquellas dicten los Estados.

La legislación que se dicte para desarrollar los principios constitucionales relativos a los Municipios y demás entidades locales, establecerá diferentes regímenes para su organización, gobierno y administración, incluso en lo que respecta a la determinación de sus competencias y recursos, atendiendo a las condiciones de población, desarrollo económico, capacidad para generar ingresos fiscales propios, situación geográfica, elementos históricos y culturales y otros factores relevantes. En particular, dicha legislación establecerá las opciones para la organización del régimen de gobierno y administración local que corresponderá a los Municipios con población indígena. En todo caso, la organización municipal será democrática y responderá a la naturaleza propia del gobierno local.

Artículo 170. Los Municipios podrán asociarse en mancomunidades o acordar entre sí o con los demás entes públicos territoriales, la creación de modalidades asociativas intergubernamentales para fines de interés público relativos a materias de su competencia. Por ley se determinarán las normas concernientes a la agrupación de dos o más Municipios en distritos metropolitanos.

2. 其权限内事务的管理。

3. 其收入的设立、征收和投资。

市政在其权限范围内的行为须依据法律规定保障公民参与公共事务的界限和过程，并以有效、充分和及时的方式，依据法律规定接受公民对上述行为的完成情况进行监督和评价。

市政行为，只得依据本宪法和法律规定，由具有管辖权的法院进行管辖。

第169条　市和其他地方实体的组织依据本宪法、贯彻宪法原则的国家组织法的规定，以及州依据宪法和上述组织法制定的相关法律规定。

贯彻宪法原则制定的与市政和其他地方实体有关的法律，须考虑到不同地方的人口、经济发展、自身财政收入能力、地理位置、历史因素、文化因素以及其他相关因素，为上述政治主体的组织、治理和管理提供不同的方案，包括如何决定其权力和资源。特别地，上述法律制度规定的地方治理和管理的组成制度，可以为土著居民所在市进行选择。在任何情况下，市政结构应当是民主的，并与地方政府的自身性质相一致。

第170条　不同市为实现其管辖权限内的公共利益，可以联合成共同体，或通过不同市间的协议或与其他区域的公共单位协议建立政府间的联系组织。通过法律，对两个或多个市组建行政区域的规则进行规定。

Artículo 171. Cuando dos o más Municipios pertenecientes a una misma entidad federal tengan relaciones económicas, sociales y físicas que den al conjunto características de un área metropolitana, podrán organizarse como distritos metropolitanos. La ley orgánica que al efecto se dicte garantizará el carácter democrático y participativo del gobierno metropolitano y establecerá sus competencias funcionales, así como el régimen fiscal, financiero y de control. También asegurará que en los órganos de gobierno metropolitano tengan adecuada participación los respectivos Municipios, y señalará la forma de convocar y realizar las consultas populares que decidan la vinculación de estos últimos al distrito metropolitano.

La ley podrá establecer diferentes regímenes para la organización, gobierno y administración de los distritos metropolitanos, atendiendo a las condiciones de población, desarrollo económico y social, situación geográfica y otros factores de importancia. En todo caso, la atribución de competencias para cada distrito metropolitano tendrá en cuenta esas condiciones.

Artículo 172. El Consejo Legislativo, previo pronunciamiento favorable mediante consulta popular de la población afectada, definirá los límites del distrito metropolitano y lo organizará según lo establecido en la ley orgánica nacional, determinando cuáles de las competencias metropolitanas serán asumidas por los órganos de gobierno del respectivo distrito metropolitano.

Cuando los Municipios que deseen constituirse en un distrito metropolitano pertenezcan a entidades federales distintas, corresponderá a la Asamblea Nacional su creación y organización.

Artículo 173. El Municipio podrá crear parroquias conforme a las condiciones que determine la ley. La legislación que se dicte para desarrollar los principios constitucionales sobre régimen municipal establecerá los supuestos y condiciones para la creación de otras entidades locales dentro del territorio

第171条　同时隶属于同一联邦组成单位的两个或多个市，具备大都会区应当具有的经济、社会和地理空间关系的，可以组建为大都会区。有关大都会区的组织法，应保证大都会区的政府具有民主性和公众参与性的特点，规定大都会区的运行权限，并规定其财政、金融和监督。同时，该组织法确保相关各市得以充分参与大都会区各管理机构，对在决定各市联系成为大都会区时发起和进行公众协商的方式进行规定。

大都会区的组织、治理和管理须考虑人口条件、经济和社会发展、地理位置和其他重要因素，为此，法律应规定大都会区的不同制度。在所有情况下，对每个大都会区授予权限时都须考虑上述因素。

第172条　州立法会同与设立大都会区具有利益相关的人进行协商后，公布同意设立大都会的决定，并确定大都会区的地域边界，依据国家组织法的规定组织大都会区，决定大都会区的权限具体由组成大都会区的地区管理机构行使。

不同的市组建成为隶属于联邦组成实体的大都会区时，由国民大会负责大都会区的设立和组织。

第173条　市可以依据法律规定的条件设立市辖区域。立法应明确市域内设立其他地方实体的前提和条件，并根据分配的职责决定市辖区域可以利用的资源，包括参与的市政收

municipal, así como los recursos de que dispondrán, concatenados a las funciones que se les asignen, incluso su participación en los ingresos propios del Municipio. Su creación atenderá a la iniciativa vecinal o comunitaria, con el objeto de promover la desconcentración de la administración del Municipio, la participación ciudadana y la mejor prestación de los servicios públicos. En ningún caso las parroquias serán asumidas como divisiones exhaustivas o imperativas del territorio del Municipio.

Artículo 174. El gobierno y la administración del Municipio corresponderán al Alcalde o Alcaldesa, quien será también la primera autoridad civil. Para ser Alcalde o Alcaldesa se requiere ser venezolano o venezolana, mayor de veinticinco años y de estado seglar. El Alcalde o Alcaldesa será elegido o elegida por un período de cuatro años por mayoría de las personas que votan, y podrá ser reelegido o reelegida, de inmediato y por una sola vez, para un nuevo período. *(Ver Enmienda N° 1 de fecha 15 de febrero de 2009)*

Artículo 175. La función legislativa del Municipio corresponde al Concejo, integrado por concejales elegidos o concejalas elegidas en la forma establecida en esta Constitución, en el número y condiciones de elegibilidad que determine la ley.

Artículo 176. Corresponde a la Contraloría Municipal el control, vigilancia y fiscalización de los ingresos, gastos y bienes municipales, así como las operaciones relativas a los mismos, sin menoscabo del alcance de las atribuciones de la Contraloría General de la República, y será dirigida por el Contralor o Contralora Municipal, designado o designada por el Concejo mediante concurso público que garantice la idoneidad y capacidad de quien sea designado o designada para el cargo, de acuerdo con las condiciones establecidas por la ley.

Artículo 177. La ley nacional podrá establecer principios, condiciones y requisitos de residencia, prohibiciones, causales de inhibición e incompatibilidades para la postulación y ejercicio de las funciones de Alcaldes o Alcaldesas y Concejales o Concejalas.

入的分配。为促进市政管理权的分散，促进公民参与和更好地提供公共服务，设立市辖区域应考虑当地居民和社区的主动性。市辖区域不是市内唯一的分区方式，也不是必须要求的分区方式。

第174条 市政的治理和管理由市长负责，市长也是市政民事权利的第一负责人。市长必须是委内瑞拉人，年满二十五岁，且不得是神职人员。市长经选举，由参与选举的选民的多数票产生，任期四年，可连选连任一次。

（见2009年2月15日第1号宪法修正案）

第175条 市的立法权属于市议会。依据本宪法规定的方式选举产生市议员组成市议会。议员的数量和任职资格依据法律规定。

第176条 市审计办公室负责控制、监督和审计市级收入、支出、资产，以及与之相关的交易，但不影响共和国总审计署的职权。市议会依据法律规定的条件通过公开选拔的方式任命市审计长官，确保任职者的任职资格和能力。

第177条 国家立法可以对市长和市议员的提名人选，以及其行使职权的原则、居住条件和要求、禁止性规定、不得担任的理由和不得兼任等进行规定。

REPÚBLICA BOLIVARIANA DE VENEZUELA
ASAMBLEA NACIONAL CONSTITUYENTE

Artículo 178. Son de la competencia del Municipio el gobierno y administración de sus intereses y la gestión de las materias que le asignen esta Constitución y las leyes nacionales, en cuanto concierne a la vida local, en especial la ordenación y promoción del desarrollo económico y social, la dotación y prestación de los servicios públicos domiciliarios, la aplicación de la política referente a la materia inquilinaria con criterios de equidad, justicia y contenido de interés social, de conformidad con la delegación prevista en la ley que rige la materia, la promoción de la participación, y el mejoramiento, en general, de las condiciones de vida de la comunidad, en las siguientes áreas:

1. Ordenación territorial y urbanística; patrimonio histórico; vivienda de interés social; turismo local; parques y jardines, plazas, balnearios y otros sitios de recreación; arquitectura civil, nomenclatura y ornato público.

2. Vialidad urbana; circulación y ordenación del tránsito de vehículos y personas en las vías municipales; servicios de transporte público urbano de pasajeros y pasajeras.

3. Espectáculos públicos y publicidad comercial, en cuanto concierne a los intereses y fines específicos municipales.

4. Protección del ambiente y cooperación con el saneamiento ambiental; aseo urbano y domiciliario, comprendidos los servicios de limpieza, de recolección y tratamiento de residuos y protección civil.

5. Salubridad y atención primaria en salud, servicios de protección a la primera y segunda infancia, a la adolescencia y a la tercera edad; educación preescolar, servicios de integración familiar de la persona con discapacidad al desarrollo comunitario, actividades e instalaciones culturales y deportivas; servicios de prevención y protección, vigilancia y control de los bienes y las actividades relativas a las materias de la competencia municipal.

第178条　市具有管理与该市自身利益，以及本宪法、法律分配的由其治理和管理相关事务的权限，关注地方生活，特别是管理和促进经济社会发展，赋予和提供居民公用事业服务，依据相关领域法律授权的内容，基于公平、公正、促进社会公益的原则，适用上述事务有关的政策，促进公民参与，全面提高当地生活水平。其领域包括：

1. 地域和城市规划管理，历史遗产，社会利益住房，当地旅游，公园、花园、广场、温泉和其他娱乐场地，民用建筑、城市设施命名和公共景观。

2. 城市道路，市政道路上机动车和行人的流动和管理，城市公共交通服务。

3. 与具体市政利益和目标相关的公共演出和商业广告。

4. 环境保护和与环境卫生系统合作；城市与居民卫生，包括清洁、废弃物的收集和处理，以及文明保护。

5. 初级健康护理，婴幼儿、青少年和老年人的保护；学前教育；促进残疾人融入社区的家政服务；文化与体育运动设施；预防和保护性服务，与市政权限相关的财产和活动的监督和控制。

6. Servicio de agua potable, electricidad y gas doméstico; alcantarillado, canalización y disposición de aguas servidas; cementerios y servicios funerarios.

7. Justicia de paz, prevención y protección vecinal y servicios de policía municipal, conforme a la legislación nacional aplicable.

8. Las demás que le atribuyan esta Constitución y la ley.

Las actuaciones que corresponden al Municipio en la materia de su competencia no menoscaban las competencias nacionales o estadales que se definan en la ley conforme a esta Constitución.

Artículo 179. Los Municipios tendrán los siguientes ingresos:

1. Los procedentes de su patrimonio, incluso el producto de sus ejidos y bienes.

2. Las tasas por el uso de sus bienes o servicios; las tasas administrativas por licencias o autorizaciones; los impuestos sobre actividades económicas de industria, comercio, servicios, o de índole similar, con las limitaciones establecidas en esta Constitución; los impuestos sobre inmuebles urbanos, vehículos, espectáculos públicos, juegos y apuestas lícitas, propaganda y publicidad comercial; y la contribución especial sobre plusvalías de las propiedades generadas por cambios de uso o de intensidad de aprovechamiento con que se vean favorecidas por los planes de ordenación urbanística.

3. El impuesto territorial rural o sobre predios rurales, la participación en la contribución por mejoras y otros ramos tributarios nacionales o estadales, conforme a las leyes de creación de dichos tributos.

4. Los derivados del situado constitucional y otras transferencias o subvenciones nacionales o estadales.

6. 饮用水，家用电、气；污水处理，废水排放和处理；公墓和丧葬服务。

7. 依据可适用的国家立法配置和平法院，预防和保护居民区治安，提供市政警事服务。

8. 本宪法和法律赋予的其他权限。

各市在其权限范围内有权采取的行为，不得影响本宪法确定的属于联邦和州的权限。

第179条　下列收入属于市所有：

1. 来自其资产的收入，包括从市属公共土地和其他资产中获得的收入。

2. 使用其商品和服务产生的收费；颁发许可证和授权收取的行政收费；依据本宪法的限制性规定，征收的工业、商业和服务业以及其他类似经济活动的税收；城市不动产、运输工具、公共展览、公共演出和合法博戏的税收；广告和商业宣传获得的收入；因区域规划造成使用用途或利用强度变更后，因为资本收益的生成性质产生的特别收入。

3. 农村土地税和农村财产税，以及依据设立对应税种的法律获得的增值税和国家与州征收的税收的分配。

4. 宪法性财政分配，以及其他国家和州财政的转移支付或补贴。

5. El producto de las multas y sanciones en el ámbito de sus competencias y las demás que les sean atribuidas.

6. Los demás que determine la ley.

Artículo 180. La potestad tributaria que corresponde a los Municipios es distinta y autónoma de las potestades reguladoras que esta Constitución o las leyes atribuyan al Poder Nacional o Estadal sobre determinadas materias o actividades.

Las inmunidades frente a la potestad impositiva de los Municipios, a favor de los demás entes politicoterritoriales, se extiende sólo a las personas jurídicas estatales creadas por ellos, pero no a concesionarios ni a otros contratistas de la Administración Nacional o de los Estados.

Artículo 181. Los ejidos son inalienables e imprescriptibles. Sólo podrán enajenarse previo cumplimiento de las formalidades previstas en las ordenanzas municipales y en los supuestos que las mismas señalen, conforme a esta Constitución y a la legislación que se dicte para desarrollar sus principios.

Los terrenos situados dentro del área urbana de las poblaciones del Municipio, carentes de dueño o dueña, son ejidos, sin menoscabo de legítimos derechos de terceros, válidamente constituidos. Igualmente, se constituyen en ejidos las tierras baldías ubicadas en el área urbana. Quedarán exceptuadas las tierras correspondientes a las comunidades y pueblos indígenas. La ley establecerá la conversión en ejidos de otras tierras públicas.

Artículo 182. Se crea el Consejo Local de Planificación Pública, presidido por el Alcalde o Alcaldesa e integrado por los concejales y concejalas, los Presidentes o Presidentas de las juntas parroquiales y representantes de organizaciones vecinales y otras de la sociedad organizada, de conformidad con las disposiciones que establezca la ley.

委内瑞拉玻利瓦尔共和国
全国制宪大会

5. 其权限范围内的或赋予其职权的罚款和处罚。

6. 法律规定的其他来源。

第180条　市的征税权不同于并独立于本宪法或法律对于国家或州的事务和活动赋予的征税权，市的征税权实行自治。

市的征税权对政治机构的豁免仅限于由各市设立的公法人，不包括与国家或州政府签订协议的其他经营方或缔约方。

第181条　不得剥夺和侵犯市属公共土地。仅得依据市政条例规定的条件和要求办理转让。上述市政条例应依据本宪法和确定其原则的法律予以制定。

城市地区的无主土地属于市属公共土地，但不影响第三方对其合法有效的权利。城市地区内的闲置土地也可能成为公共土地。但属于土著社区和村镇的土地除外。法律对将其他公共土地转变为市属公共土地进行规定。

第182条　根据法律规定设立地方公共规划委员会。该委员会由市长主持，其成员包括市立法会议员、市辖区会议长官、居民区以及其他社会组织代表。

Artículo 183. Los Estados y los Municipios no podrán:

1. Crear aduanas ni impuestos de importación, de exportación o de tránsito sobre bienes nacionales o extranjeros, o sobre las demás materias rentísticas de la competencia nacional.

2. Gravar bienes de consumo antes de que entren en circulación dentro de su territorio.

3. Prohibir el consumo de bienes producidos fuera de su territorio, ni gravarlos en forma diferente a los producidos en él.

Los Estados y Municipios sólo podrán gravar la agricultura, la cría, la pesca y la actividad forestal en la oportunidad, forma y medida que lo permita la ley nacional.

Artículo 184. La ley creará mecanismos abiertos y flexibles para que los Estados y los Municipios descentralicen y transfieran a las comunidades y grupos vecinales organizados los servicios que éstos gestionen previa demostración de su capacidad para prestarlos, promoviendo:

1. La transferencia de servicios en materia de salud, educación, vivienda, deporte, cultura, programas sociales, ambiente, mantenimiento de áreas industriales, mantenimiento y conservación de áreas urbanas, prevención y protección vecinal, construcción de obras y prestación de servicios públicos. A tal efecto, podrán establecer convenios cuyos contenidos estarán orientados por los principios de interdependencia, coordinación, cooperación y corresponsabilidad.

2. La participación de las comunidades y de ciudadanos o ciudadanas, a traves de las asociaciones vecinales y organizaciones no gubernamentales, en la formulación de propuestas de inversión ante las autoridades estadales y municipales encargadas de la elaboración de los respectivos planes de inversión, así como en la ejecución, evaluación y control de obras, programas sociales y servicios públicos en su jurisdicción.

第183条 州和市不得：

1. 设置海关，或对国内外货物设置进出口以及运输进行征税，其他属于国家权限内的税收进行征税。

2. 在本地市场进行消费前征收消费税。

3. 禁止对在其本地市场外消费的物品征税，或对外地商品征收与本地相同商品不同的税收。

州和市可以在国家立法允许的时间，以国家立法允许的形式和方式征收农业税、畜牧业税、渔业税和林业税。

第184条 法律设立开放和弹性机制，将市和州的权力分权给能够管理事务的社区和居民组织，由其自行管理其事务，以促进：

1. 在健康、教育、住房、体育、文化、社会项目、环境、工业区维护、城市区维护和保护、居民区预防和保护、工程建设和公共服务等领域进行服务转移。为此，可以独立、协调、合作和承担责任的原则为导向，通过签订协议制定内容。

2. 州和市的权力机构在筹备投资规划中应通过居民区联合非政府组织促进社区和公民参与，同时使其参与管辖范围内的工程、社会项目和公共服务的执行、评估和监督。

3. La participación en los procesos económicos estimulando las expresiones de la economía social, tales como cooperativas, cajas de ahorro, mutuales y otras formas asociativas.

4. La participación de los trabajadores o trabajadoras y comunidades en la gestión de las empresas públicas mediante mecanismos autogestionarios y cogestionarios.

5. La creación de organizaciones, cooperativas y empresas comunales de servicios, como fuentes generadoras de empleo y de bienestar social, propendiendo a su permanencia mediante el diseño de políticas en las cuales aquellas tengan participación.

6. La creación de nuevos sujetos de descentralización a nivel de las parroquias, las comunidades, los barrios y las vecindades a los fines de garantizar el principio de la corresponsabilidad en la gestión pública de los gobiernos locales y estadales y desarrollar procesos autogestionarios y cogestionarios en la administración y control de los servicios públicos estadales y municipales.

7. La participación de las comunidades en actividades de acercamiento a los establecimientos penales y de vinculación de éstos con la población.

Capítulo V
Del Consejo Federal de Gobierno

Artículo 185. El Consejo Federal de Gobierno es el órgano encargado de la planificación y coordinación de políticas y acciones para el desarrollo del proceso de descentralización y transferencia de competencias del Poder Nacional a los Estados y Municipios. Estará presidido por el Vicepresidente Ejecutivo o Vicepresidenta Ejecutiva e integrado por los Ministros o Ministras, los Gobernadores o Gobernadoras, un Alcalde o Alcaldesa por cada Estado y representantes de la sociedad organizada, de acuerdo con la ley.

3. 以合作、集资、共同出资和其他联合形式参与社会经济发展进程。

4. 劳动者和社区居民通过自我管理或联合管理的方式参与公共企业的管理。

5. 设立社区服务组织、合作社和企业，促进就业，提供社会福利。通过为群体提供得以参与的政策设计，确保上述组织长期存在。

6. 设立市辖区域、社区、街区和居民区层级的新主体承担分权，确保当地和州的公共管理责任得到分担，在州和市公共服务的管理和监督方面促进自我管理和联合管理进程。

7. 积极参与刑罚执行机构组织的社区服刑活动，建立刑罚执行机构同民众之间的联系。

第五章
政府联邦会议

第185条　政府联邦会议是负责政策规划和协调，并采取行动将国家权力分散和转移给州与市的机构。政府联邦会议依据法律规定，由执行副总统主持，由各部部长、各州州长、每州一名市长和社会组织的代表组成。

El Consejo Federal de Gobierno contará con una Secretaría, integrada por el Vicepresidente Ejecutivo o Vicepresidenta Ejecutiva, dos Ministros o Ministras, tres Gobernadores o Gobernadoras y tres Alcaldes o Alcaldesas. Del Consejo Federal de Gobierno dependerá el Fondo de Compensación Interterritorial, destinado al financiamiento de inversiones públicas para promover el desarrollo equilibrado de las regiones, la cooperación y complementación de las políticas e iniciativas de desarrollo de las distintas entidades públicas territoriales, y a apoyar especialmente la dotación de obras y servicios esenciales en las regiones y comunidades de menor desarrollo relativo. El Consejo Federal de Gobierno, con base en los desequilibrios regionales, discutirá y aprobará anualmente los recursos que se destinarán al Fondo de Compensación Interterritorial y las áreas de inversión prioritaria a las cuales se aplicarán dichos recursos.

TÍTULO V
DE LA ORGANIZACIÓN DEL PODER PÚBLICO NACIONAL
Capítulo I
Del Poder Legislativo Nacional
Sección primera: disposiciones generales

Artículo 186. La Asamblea Nacional estará integrada por diputados y diputadas elegidos o elegidas en cada entidad federal por votación universal, directa, personalizada y secreta con representación proporcional, según una base poblacional del uno coma uno por ciento de la población total del país.

Cada entidad federal elegirá, además, tres diputados o diputadas.

Los pueblos indígenas de la República Bolivariana de Venezuela elegirán tres diputados o diputadas de acuerdo con lo establecido en la ley electoral, respetando sus tradiciones y costumbres.

Cada diputado o diputada tendrá un suplente o una suplente, escogido o escogida en el mismo proceso.

政府联邦会议设秘书处，由执行副总统、两名部长、三名州长和三名市长组成。政府联邦会议下设的区域间补偿基金，为促进地区间的平衡发展筹措资金投资，对国内各政治实体的发展政策和行动进行合作和提供补充，特别支持在相关欠发达地区和社区提供基本工程和基本服务。政府联邦会议，建立在地区发展不平衡的基础上，主要讨论和批准区域间补偿基金每年分配的资源，以及优先向适用上述资源的区域进行投资。

第五编
国家公权力组织
第一章
国家立法权
第一节　一般规定

第186条　国民大会由联邦各组成单位选举的代表组成。联邦各组成单位，以国家总人口数的百分之一点一为基础，遵循比例代表制和普遍、直接、投票的个人化和无记名的原则选举代表。

联邦各组成单位另外再选举三名代表。

委内瑞拉玻利瓦尔共和国的土著居民依据选举法的规定，并考虑其传统和习俗，选举三名代表。

同样依据上述程序，选举每位代表的各一名候补代表。

Artículo 187. Corresponde a la Asamblea Nacional:

1. Legislar en las materias de la competencia nacional y sobre el funcionamiento de las distintas ramas del Poder Nacional.

2. Proponer enmiendas y reformas a esta Constitución, en los términos establecidos en ésta.

3. Ejercer funciones de control sobre el Gobierno y la Administración Pública Nacional, en los términos consagrados en esta Constitución y en la ley. Los elementos comprobatorios obtenidos en el ejercicio de esta función, tendrán valor probatorio, en las condiciones que la ley establezca.

4. Organizar y promover la participación ciudadana en los asuntos de su competencia.

5. Decretar amnistías.

6. Discutir y aprobar el presupuesto nacional y todo proyecto de ley concerniente al régimen tributario y al crédito público.

7. Autorizar los créditos adicionales al presupuesto.

8. Aprobar las líneas generales del plan de desarrollo económico y social de la Nación, que serán presentadas por el Ejecutivo Nacional en el transcurso del tercer trimestre del primer año de cada período constitucional.

9. Autorizar al Ejecutivo Nacional para celebrar contratos de interés nacional, en los casos establecidos en la ley. Autorizar los contratos de interés público municipal, estadal o nacional con Estados o entidades oficiales extranjeros o con sociedades no domiciliadas en Venezuela.

10. Dar voto de censura al Vicepresidente Ejecutivo o Vicepresidenta Ejecutiva y a los Ministros o Ministras. La moción de censura sólo podrá ser discutida dos días después de presentada a la Asamblea, la cual podrá decidir, por las tres quintas partes de los diputados o diputadas, que el voto

第187条　国民大会行使下列职权：

1. 根据各公权力部门的不同职能，为国家权力部门权限相关的事务进行立法。

2. 根据本宪法确立的规则，提出宪法修正案和宪法改革案。

3. 根据本宪法和法律的有关规定，对政府和国家公共管理部门实施控制。国民大会在行使该职能时获得的证据与法律规定的证据具有同等效力。

4. 组织和促进公民在权限范围内的参与。

5. 制定大赦的决定。

6. 审议和批准国家预算，以及与税收和公共贷款制度相关的所有法案。

7. 批准预算之外的临时项目。

8. 对国家行政部门在其每个宪法规定的任期第一年第三季度内提交的国家经济社会发展计划纲要进行批准。

9. 根据法律规定的情况，批准国家行政部门依据法律规定签订的涉及国家利益的合同。批准与外国或外国官方实体以及未在委内瑞拉注册的公司签订的涉及市、州和国家公共利益的合同。

10. 表决针对副总统和各部部长的谴责案。谴责案提交到国民大会后仅经讨论两天，经

de censura implica la destitución del Vicepresidente Ejecutivo o Vicepresidenta Ejecutiva o del Ministro o Ministra.

11. Autorizar el empleo de misiones militares venezolanas en el exterior o extranjeras en el país.

12. Autorizar al Ejecutivo Nacional para enajenar bienes inmuebles del dominio privado de la Nación, con las excepciones que establezca la ley.

13. Autorizar a los funcionarios públicos o funcionarias públicas para aceptar cargos, honores o recompensas de gobiernos extranjeros.

14. Autorizar el nombramiento del Procurador o Procuradora General de la República y de los Jefes o Jefas de Misiones Diplomáticas Permanentes.

15. Acordar los honores del Panteón Nacional a venezolanos y venezolanas ilustres que hayan prestado servicios eminentes a la República, después de transcurridos veinticinco años de su fallecimiento. Esta decisión podrá tomarse por recomendación del Presidente o Presidenta de la República, de las dos terceras partes de los Gobernadores o Gobernadoras de Estado o de los rectores o rectoras de las Universidades Nacionales en pleno.

16. Velar por los intereses y autonomía de los Estados.

17. Autorizar la salida del Presidente o Presidenta de la República del territorio nacional cuando su ausencia se prolongue por un lapso superior a cinco días consecutivos.

18. Aprobar por ley los tratados o convenios internacionales que celebre el Ejecutivo Nacional, salvo las excepciones consagradas en esta Constitución.

19. Dictar su reglamento y aplicar las sanciones que en él se establezcan.

20. Calificar a sus integrantes y conocer de su renuncia. La separación temporal de un diputado o diputada sólo podrá acordarse por el voto de las dos terceras partes de los diputados y las diputadas presentes.

其五分之三代表投票同意的，可对所针对的副总统和部长进行解职。

11. 批准委内瑞拉军队在国外进行的军事活动，以及外国军队在国内进行的军事活动。

12. 授权国家行政部门处理属国家占有的非公共不动产，法律另有规定的除外。

13. 批准公职人员接受外国政府授予的职位、荣誉或奖励。

14. 批准共和国总检察长和外交常设使团的负责人。

15. 为共和国作出杰出贡献的卓越人士逝世二十五年后，对其授予民族英雄的荣誉。共和国总统，或三分之二的州长，或全国所有大学校长可推荐授予该荣誉的人选。

16. 促进各州利益和自治。

17. 当共和国总统需要离开委内瑞拉领土连续五日以上时，对其予以批准。

18. 除本宪法规定的例外情形，依据法律规定批准国家行政部门订立的国际条约和国际协定。

19. 制定国民大会的内部规章并根据其规定进行处罚。

20. 规定其组成人员的资格并接受其辞职。临时剥夺代表职位，须得到出席大会的三分之二代表的同意。

República Bolivariana de Venezuela
Asamblea Nacional Constituyente

21.Organizar su servicio de seguridad interna.

22.Acordar y ejecutar su presupuesto de gastos, tomando en cuenta las limitaciones financieras del país.

23.Ejecutar las resoluciones concernientes a su funcionamiento y organización administrativa.

24.Todo lo demás que le señalen esta Constitución y la ley.

Artículo 188. Las condiciones para ser elegido o elegida diputado o diputada a la Asamblea Nacional son:

1. Ser venezolano o venezolana por nacimiento, o por naturalización con, por lo menos, quince años de residencia en territorio venezolano.

2. Ser mayor de veintiún años de edad.

3. Haber residido cuatro años consecutivos en la entidad correspondiente antes de la fecha de la elección.

Artículo 189. No podrán ser elegidos o elegidas diputados o diputadas:

1. El Presidente o Presidenta de la República, el Vicepresidente Ejecutivo o Vicepresidenta Ejecutiva, los Ministros o Ministras, el Secretario o Secretaria de la Presidencia de la República y los Presidentes o Presidentas y Directores o Directoras de los institutos autónomos y empresas del Estado, hasta tres meses después de la separación absoluta de sus cargos.

2. Los Gobernadores o Gobernadoras y Secretarios o Secretarias de gobierno, de los Estados y autoridades de similar jerarquía del Distrito Capital, hasta tres meses después de la separación absoluta de sus cargos.

3. Los funcionarios o funcionarias municipales, estadales o nacionales, de institutos autónomos o empresas del Estado, cuando la elección tenga lugar

21. 组织内部安全服务。

22. 根据国家财政限制，通过并执行本部门的支出预算。

23. 执行有关其职能和管理组织相关的决议。

24. 本宪法和法律规定的所有其他职权。

第188条 当选为国民大会代表须同时满足以下条件：

1. 生来取得委内瑞拉国籍的本国公民，或在委内瑞拉居住至少十五年的，因归化取得委内瑞拉国籍的公民。

2. 年满二十一岁。

3. 截至选举日，须在其参选所在地连续居住满四年。

第189条 下列情况不得当选为国民大会代表：

1. 共和国总统、副总统、各部部长、总统办公室秘书长、自治机构和国有公司的主席、负责人等，在其确定地离任上述职位三个月之内。

2. 各州、首都区，以及行政级别类似于首都区的地方当局行政长官、政务秘书长，在其确定地离任三个月之内。

3. 市、州或国家、自治机构或国有公司的公职人员，于选举时在选举地任职。但担任

en la jurisdicción en la cual actúa, salvo si se trata de un cargo accidental, asistencial, docente o académico.

La Ley Orgánica podrá establecer la inelegibilidad de otros funcionarios o funcionarias.

Artículo 190. Los Diputados o Diputadas a la Asamblea Nacional no podrán ser propietarios o propietarias, administradores o administradoras o directores o directoras de empresas que contraten con personas jurídicas estatales, ni podrán gestionar causas particulares de interés lucrativo con las mismas. Durante la votación sobre causas en las cuales surjan conflictos de intereses económicos, los o las integrantes de la Asamblea Nacional, que estén involucrados o involucradas en dichos conflictos deberán abstenerse.

Artículo 191. Los Diputados o Diputadas a la Asamblea Nacional no podrán aceptar o ejercer cargos públicos sin perder su investidura, salvo en actividades docentes, académicas, accidentales o asistenciales, siempre que no supongan dedicación exclusiva.

Artículo 192. Los Diputados o Diputadas a la Asamblea Nacional durarán cinco años en el ejercicio de sus funciones, pudiendo ser reelegidos o reelegidas por dos períodos consecutivos como máximo.
(Ver Enmienda N° 1 de fecha 15 de febrero de 2009)

Sección Segunda
De la Organización de la Asamblea Nacional

Artículo 193. La Asamblea Nacional nombrará Comisiones Permanentes, ordinarias y especiales. Las Comisiones Permanentes, en un número no mayor de quince, estarán referidas a los sectores de actividad nacional. Igualmente, podrá crear Comisiones con carácter temporal para investigación y estudio, todo ello de conformidad con su Reglamento. La Asamblea Nacional podrá crear o suprimir Comisiones Permanentes con el voto favorable de las dos terceras partes de sus integrantes.

临时性、福利性、教学性和学术性职位的除外。

组织法可以作出其他公务人员不得当选为国民大会代表的规定。

第190条　国民大会代表不得是与国家公法人缔结合同的公司所有人、管理人或负责人，以便代表在涉及的公共事务中没有私人利益。国民大会在对经济利益具有冲突的事务进行投票时，参与该冲突的国民大会组成人员应当予以回避。

第191条　除全教学性、学术性、临时性或福利性职位外，国民大会代表不得接受其他公共职位、行使其他公共职能。

第192条　国民大会代表的任期为五年，其代表可连选连任，但连选连任不得超过两次。

（见2009年2月15日第1号宪法修正案）

第二节
国民大会的组织

第193条　国民大会围绕国家活动的领域设立一般常设委员会和特别常设委员会，常设委员会不得超过十五个。国民大会有权根据其规则设立临时性质的委员会进行调查和研究。经国民大会三分之二组成人员同意，国民大会有权设立或撤销常设委员会。

Artículo 194. La Asamblea Nacional elegirá de su seno un Presidente o Presidenta y dos Vicepresidentes o Vicepresidentas, un Secretario o Secretaria y un Subsecretario o Subsecretaria fuera de su seno, por un período de un año. El reglamento establecerá las formas de suplir las faltas temporales y absolutas.

Artículo 195. Durante el receso de la Asamblea funcionará la Comisión Delegada integrada por el Presidente o Presidenta, los Vicepresidentes o Vicepresidentas y los Presidentes o Presidentas de las Comisiones Permanentes.

Artículo 196. Son atribuciones de la Comisión Delegada:

1. Convocar la Asamblea Nacional a sesiones extraordinarias, cuando así lo exija la importancia de algún asunto.

2. Autorizar al Presidente o Presidenta de la República para salir del territorio nacional.

3. Autorizar al Ejecutivo Nacional para decretar créditos adicionales.

4. Designar Comisiones temporales integradas por miembros de la Asamblea.

5. Ejercer las funciones de investigación atribuidas a la Asamblea.

6. Autorizar al Ejecutivo Nacional por el voto favorable de las dos terceras partes de sus integrantes para crear, modificar o suspender servicios públicos en caso de urgencia comprobada.

7. Las demás que establezcan esta Constitución y la ley.

Sección tercera: de los diputados y diputadas a la Asamblea Nacional

Artículo 197. Los diputados o diputadas a la Asamblea Nacional están obligados u obligadas a cumplir sus labores a dedicación exclusiva, en beneficio de los intereses del pueblo y a mantener una vinculación permanente con sus electores

第194条　国民大会从其成员中选举一名主席和两名副主席，从其非组成人员中选出一名秘书长和一名副秘书长，任期为一年。规章对临时性空缺和永久性空缺的递补规则进行规定。

第195条　国民大会休会期间，由国民大会主席、副主席和各常设委员会主席组成的授权委员会继续运行。

第196条　被授权的委员会行使下列职权：

1. 出现须召开临时会议的重要事项时，召集国民大会举行临时会议。

2. 授权共和国总统离开委内瑞拉国境。

3. 批准国家行政部门制定的额外拨款。

4. 委任由国民大会成员组成的临时委员会。

5. 执行属于国民大会职权的调查活动。

6. 出现紧急情况时，经其三分之二组成人员同意，批准国家行政部门设立、修改或暂停公共服务。

7. 本宪法和法律规定的其他职权。

第三节　国民大会代表

第197条　国民大会代表有义务全职为人民的利益工作，与自己的选民保持日常联系，倾听其选民的意见和建议，将个人和国民大会的安排及时告知其选民。国民大会代表须向

y electoras, atendiendo sus opiniones y sugerencias y manteniéndolos informados e informadas acerca de su gestión y la de la Asamblea. Deben dar cuenta anualmente de su gestión a los electores y electoras de la circunscripción por la cual fueron elegidos o elegidas y estarán sometidos o sometidas al referendo revocatorio del mandato en los términos previstos en esta Constitución y en la ley sobre la materia.

Artículo 198. El diputado o diputada a la Asamblea Nacional, cuyo mandato fuere revocado, no podrá optar a cargos de elección popular en el siguiente período.

Artículo 199. Los diputados o diputadas a la Asamblea Nacional no son responsables por votos y opiniones emitidos en el ejercicio de sus funciones. Sólo responderán ante los electores o electoras y el cuerpo legislativo de acuerdo con esta Constitución y con los reglamentos.

Artículo 200. Los diputados o diputadas a la Asamblea Nacional gozarán de inmunidad en el ejercicio de sus funciones desde su proclamación hasta la conclusión de su mandato o la renuncia del mismo. De los presuntos delitos que cometan los o las integrantes de la Asamblea Nacional conocerá en forma privativa el Tribunal Supremo de Justicia, única autoridad que podrá ordenar, previa autorización de la Asamblea Nacional, su detención y continuar su enjuiciamiento. En caso de delito flagrante cometido por un parlamentario o parlamentaria, la autoridad competente lo o la pondrá bajo custodia en su residencia y comunicará inmediatamente el hecho al Tribunal Supremo de Justicia.

Los funcionarios públicos o funcionarias públicas que violen la inmunidad de los o las integrantes de la Asamblea Nacional, incurrirán en responsabilidad penal y serán castigados o castigadas de conformidad con la ley.

Artículo 201. Los diputados o diputadas son representantes del pueblo y de los Estados en su conjunto, no sujetos o sujetas a mandatos ni instrucciones, sino sólo a su conciencia. Su voto en la Asamblea Nacional es personal.

所在选区提交年度工作报告。依据本宪法和相关法律规定的公民投票表决方式取消国民大会代表的资格。

第198条　国民大会代表被取消资格的，在原任期的剩余期间不得当选任何须经民选才能当选的职务。

第199条　国民大会代表无须为履行其职务期间的投票和言论负责。国民大会代表，只需依据本宪法和规章的规定，向选民和立法部门负责。

第200条　国民大会代表自其就职直至任期结束或辞职，在上述期间内享有豁免权。可能追究国民大会组成人员刑事责任的案件只得由最高法院管辖。最高法院经国民大会授权后，可以批准对国民大会代表进行逮捕和继续进行诉讼。国民大会代表实施现行犯罪的，具有管辖权限的权力部门应将其看管于其居所，并立即告知最高法院。

公职人员侵犯国民大会组成人员豁免权的，须承担刑事责任，并依据法律规定接受惩罚。

第201条　国民大会代表是人民的代表，也是其所在州的代表，无须服从命令和指示，只服从于自己的良知。国民大会代表在国民大会的投票属于其个人行为。

Sección cuarta: de la formación de las leyes

Artículo 202. La ley es el acto sancionado por la Asamblea Nacional como cuerpo legislador. Las leyes que reúnan sistemáticamente las normas relativas a determinada materia se podrán denominar códigos.

Artículo 203. Son leyes orgánicas las que así denomina esta Constitución; las que se dicten para organizar los poderes públicos o para desarrollar los derechos constitucionales y las que sirvan de marco normativo a otras leyes.

Todo proyecto de ley orgánica, salvo aquel que esta Constitución califique como tal, será previamente admitido por la Asamblea Nacional, por el voto de las dos terceras partes de los o las integrantes presentes antes de iniciarse la discusión del respectivo proyecto de ley. Esta votación calificada se aplicará también para la modificación de las leyes orgánicas.

Las leyes que la Asamblea Nacional haya calificado de orgánicas serán remitidas antes de su promulgación a la Sala Constitucional del Tribunal Supremo de Justicia, para que se pronuncie acerca de la constitucionalidad de su carácter orgánico. La Sala Constitucional decidirá en el término de diez días contados a partir de la fecha de recibo de la comunicación. Si la Sala Constitucional declara que no es orgánica, la ley perderá este carácter.

Son leyes habilitantes las sancionadas por la Asamblea Nacional por las tres quintas partes de sus integrantes, a fin de establecer las directrices, propósitos y marco de las materias que se delegan al Presidente o Presidenta de la República, con rango y valor de ley. Las leyes habilitantes deben fijar el plazo de su ejercicio.

Artículo 204. La iniciativa de las leyes corresponde:

1. Al Poder Ejecutivo Nacional.

2. A la Comisión Delegada y a las Comisiones Permanentes.

委内瑞拉玻利瓦尔共和国
全国制宪大会

第四节　法律的通过

第202条　法案，通过作为立法机构的国民大会批准，成为法律。就某特定领域的规范进行系统化聚合的多部法律，可以作为法典。

第203条　本宪法所谓的组织法，旨在组织公权力或贯彻宪法权利，并为其他法律提供规范框架。

组织法法案在被提交国民大会进行辩论前，须得到出席国民大会的三分之二组成人员的同意。该要求同样适用于对组织法的修订。本宪法另有规定的除外。

由国民大会确定为组织法的法律，在对其进行颁布前须交付最高法院宪法庭审查其是否具有组织法性质的合宪性。宪法庭须在接到该法律后十日内作出裁决。宪法庭裁决该法律不具有组织法性质的，该法律不具有组织法性质。

授权法的制定须由国民大会五分之三组成人员通过，具有法律的位阶和效力，对授权共和国总统的事务确立指南、目的和框架。授权法中应当规定其实施期间。

第204条　立法动议权属于：

1. 国家行政权部门。

2. 授权委员会和常设委员会。

3. A los y las integrantes de la Asamblea Nacional, en número no menor de tres.

4. Al Tribunal Supremo de Justicia, cuando se trate de leyes relativas a la organización y procedimientos judiciales.

5. Al Poder Ciudadano, cuando se trate de leyes relativas a los órganos que lo integran.

6. Al Poder Electoral, cuando se trate de leyes relativas a la materia electoral.

7. A los electores y electoras en un número no menor del cero coma uno por ciento de los inscritos e inscritas en el Registro Civil y Electoral.

8. Al Consejo Legislativo, cuando se trate de leyes relativas a los Estados.

Artículo 205. La discusión de los proyectos de ley presentados por los electores y electoras conforme a lo dispuesto en el artículo anterior, se iniciará a más tardar en el período de sesiones ordinarias siguiente al que se haya presentado. Si el debate no se inicia dentro de dicho lapso, el proyecto se someterá a referendo aprobatorio de conformidad con la ley.

Artículo 206. Los Estados serán consultados por la Asamblea Nacional, a través del Consejo Legislativo, cuando se legisle en materias relativas a los mismos. La ley establecerá los mecanismos de consulta a la sociedad civil y demás instituciones de los Estados, por parte del Consejo, en dichas materias.

Artículo 207. Para convertirse en ley todo proyecto recibirá dos discusiones, en días diferentes, siguiendo las reglas establecidas en esta Constitución y en los reglamentos respectivos. Aprobado el proyecto, el Presidente o Presidenta de la Asamblea Nacional declarará sancionada la ley.

Artículo 208. En la primera discusión se considerará la exposición de motivos y se evaluarán sus objetivos, alcance y viabilidad, a fin de determinar la

3. 至少三名国民大会组成人员。

4. 最高法院有权提出与司法组织和司法程序相关的立法动议。

5. 公民权部门有权提出与公民权机构组成相关的立法动议。

6. 选举权部门有权提出与选举事务相关的立法动议。

7. 在公民与选举登记处登记的选民数至少百分之零点一的选民。

8. 州立法会有权对关于各州相关法律提出立法动议。

第205条　公民依据前条规定提交的法案，至迟须在提交的常规会期的下次会期期间开始予以讨论。未在规定的期间开始进行讨论的，依据法律规定交付公民投票表决。

第206条　国民大会在制定涉及各州的法律时，通过州立法会咨询各州意见。法律对州立法会就上述问题咨询公民和其他机构的机制进行规定。

第207条　法案须依据本宪法和相关规则，经过在不同日期进行的两读程序，方能制定为法律。法案通过后，国民大会主席须颁布所制定的法律。

第208条　一读期间，考量立法的意图，评估立法的目标、范围和可行性，以判断法律的适当性，同时对法案的条文进行讨论。一读通过后，法案直接交付与法案内容相关的常

REPÚBLICA BOLIVARIANA DE VENEZUELA
ASAMBLEA NACIONAL CONSTITUYENTE

pertinencia de la ley, y se discutirá el articulado. Aprobado en primera discusión, el proyecto será remitido a la Comisión directamente relacionada con la materia objeto de la ley. En caso de que el proyecto de ley esté relacionado con varias Comisiones Permanentes, se designará una comisión mixta para realizar el estudio y presentar el informe.

Las Comisiones que estudien proyectos de ley presentarán el informe correspondiente en un plazo no mayor de treinta días consecutivos.

Artículo 209. Recibido el informe de la Comisión correspondiente, se dará inicio a la segunda discusión del proyecto de ley, la cual se realizará artículo por artículo. Si se aprobare sin modificaciones, quedará sancionada la ley. En caso contrario, si sufre modificaciones, se devolverá a la Comisión respectiva para que ésta las incluya en un plazo no mayor de quince días continuos; leída la nueva versión del proyecto de ley en la plenaria de la Asamblea Nacional, ésta decidirá por mayoría de votos lo que fuere procedente respecto a los artículos en que hubiere discrepancia y a los que tuvieren conexión con éstos. Resuelta la discrepancia, la Presidencia declarará sancionada la ley.

Artículo 210. La discusión de los proyectos que quedaren pendientes al término de las sesiones, podrá continuarse en las sesiones siguientes o en sesiones extraordinarias.

Artículo 211. La Asamblea Nacional o las Comisiones Permanentes, durante el procedimiento de discusión y aprobación de los proyectos de leyes, consultarán a los otros órganos del Estado, a los ciudadanos y ciudadanas y a la sociedad organizada para oír su opinión sobre los mismos. Tendrán derecho de palabra en la discusión de las leyes los Ministros o Ministras en representación del Poder Ejecutivo; el magistrado o magistrada del Tribunal Supremo de Justicia a quien éste designe, en representación del Poder Judicial; el o la representante del Poder Ciudadano designado o designada por el Consejo Moral Republicano; los o las integrantes del Poder Electoral; los Estados a través de un o una representante

316

设委员会。法案涉及多个常设委员会的，组成混合委员会对法案进行研究，并提交报告。

研究法案的委员会须在随后的不超过三十日内提交相应报告。

第209条　收到相应委员会提交的报告后，开始对法案的二读程序逐条进行讨论。法案未经修改获得通过的，即成为法律。有修改的，则退回相关委员会，由该委员会在随后的十五日内对修改进行吸收。修改后的法案，在国民大会全体会议上进行审议。任何存在异议的条款以及相关条款，须获得多数赞同票方能通过。异议解决后，国民大会主席宣布法案成为法律。

第210条　立法会期结束时法案仍未获得表决通过的，可由下个正常会期或特殊会期继续进行讨论。

第211条　在对法案进行讨论和批准的程序时，国民大会或常设委员会应当听取其他国家机构、公民和社会组织对法案的意见。作为行政权部门代表的部长、被指派代表司法权部门的最高法院大法官、共和国道德伦理委员会指派的公民权部门代表、选举权部门组成人员、各州通过州立法会委派的代表，以及依据国民大会规章规定确定的社会组织代表，

designado o designada por el Consejo Legislativo y los o las representantes de la sociedad organizada, en los términos que establezca el reglamento de la Asamblea Nacional.

Artículo 212. Al texto de las leyes precederá la siguiente fórmula: "La Asamblea Nacional de la República Bolivariana de Venezuela decreta:"

Artículo 213. Una vez sancionada la ley, se extenderá por duplicado con la redacción final que haya resultado de las discusiones. Ambos ejemplares serán firmados por el Presidente o Presidenta, los dos Vicepresidentes o Vicepresidentas y el Secretario o Secretaria de la Asamblea Nacional, con la fecha de su aprobación definitiva. Uno de los ejemplares de la ley será enviado por el Presidente o Presidenta de la Asamblea Nacional al Presidente o Presidenta de la República a los fines de su promulgación.

Artículo 214. El Presidente o Presidenta de la República promulgará la ley dentro de los diez días siguientes a aquel en que la haya recibido. Dentro de ese lapso podrá, en acuerdo con el Consejo de Ministros, solicitar a la Asamblea Nacional, mediante exposición razonada, que modifique alguna de las disposiciones de la ley o levante la sanción a toda la ley o a parte de ella.

La Asamblea Nacional decidirá acerca de los aspectos planteados por el Presidente o Presidenta de la República, por mayoría absoluta de los diputados o diputadas presentes y le remitirá la ley para la promulgación.

El Presidente o Presidenta de la República debe proceder a promulgar la ley dentro de los cinco días siguientes a su recibo, sin poder formular· nuevas observaciones.

Cuando el Presidente o Presidenta de la República considere que la ley o alguno de sus artículos es inconstitucional solicitará el pronunciamiento de la Sala Constitucional del Tribunal Supremo de Justicia, en el lapso de diez días que tiene para promulgar la misma. El Tribunal Supremo de Justicia decidirá en el término

有权在对法案进行讨论期间进行发言。

第212条　法律文本在其之首须注明："委内瑞拉玻利瓦尔共和国国民大会制定："。

第213条　法律一经制定，须对经辩论通过的最终文本的副本进行制作。国民大会主席、两名副主席和国民大会秘书长在原本和副本上签名，并注明最终通过日期。国民大会主席将其中一份法律递交共和国总统，供其予以颁布。

第214条　共和国总统在收到法律之后十日内予以颁布。在此期间，总统可以经部长会议同意，通过包含合理意见的陈述，请求国民大会修改法律中的任何条款，或搁置其中的全部或部分内容。

国民大会经到场代表半数以上的意见对共和国总统提出的问题作出决定，将法律发回总统，要求其予以颁布。

共和国总统必须在收到决定的五日内予以颁布，且不得提出新的反对理由。

共和国总统认为法律或其中的某些条款违宪的，可以在要求总统对其进行颁布的十日期间内，提请最高法院宪法庭作出宣布。最高法院宪法庭应当在收到总统的提请后十五日

de quince días contados desde el recibo de la comunicación del Presidente o Presidenta de la República. Si el Tribunal negare la inconstitucionalidad invocada o no decidiere en el lapso anterior, el Presidente o Presidenta de la República promulgará la ley dentro de los cinco días siguientes a la decisión del Tribunal o al vencimiento de dicho lapso.

Artículo 215. La ley quedará promulgada al publicarse con el correspondiente "Cúmplase" en la Gaceta Oficial de la República Bolivariana de Venezuela.

Artículo 216. Cuando el Presidente o Presidenta de la República no promulgare la ley en los lapsos señalados, el Presidente o Presidenta y los dos Vicepresidentes o Vicepresidentas de la Asamblea Nacional procederán a su promulgación, sin perjuicio de la responsabilidad en que aquel o aquella incurriere por su omisión.

Artículo 217. La oportunidad en que deba ser promulgada la ley aprobatoria de un tratado, de un acuerdo o de un convenio internacional, quedará a la discreción del Ejecutivo Nacional, de acuerdo con los usos internacionales y la conveniencia de la República.

Artículo 218. Las leyes se derogan por otras leyes y se abrogan por referendo, salvo las excepciones establecidas en esta Constitución. Podrán ser reformadas total o parcialmente. La ley que sea objeto de reforma parcial se publicará en un solo texto que incorpore las modificaciones aprobadas.

Sección quinta: de los procedimientos

Artículo 219. El primer período de las sesiones ordinarias de la Asamblea Nacional comenzará, sin convocatoria previa, el cinco de enero de cada año o el día posterior más inmediato posible y durará hasta el quince de agosto.

内作出决定。宪法庭否认构成违宪的，或在上述期限内未作出决定的，共和国总统必须在宪法庭裁决作出后或上述期限届满后五日内对法律进行颁布。

第215条　法律以在《委内瑞拉玻利瓦尔共和国官方公报》上公布的形式予以颁布，并附"予以执行"的字样。

第216条　共和国总统未在上述指定期限内颁布法律的，国民大会主席和两个副主席予以颁布，且不影响追究共和国总统失职应当承担的责任。

第217条　对国际条约、国际协议和国际公约予以批准的法律，其颁布的时间由国家行政部门根据国际惯例和共和国的利益进行裁量。

第218条　除本宪法规定的例外情况，可通过制定新法来废除旧法，或通过公民投票终止旧法。可以全部或部分修订法律。部分修订法律时，仅对包含修订内容的文本进行公布。

第五节　程序

第219条　国民大会正常立法会期无须提前告知，第一次会期自每年一月五日或之后第一个可以召开的日期开会，持续直至八月十五日。

El segundo período comenzará el quince de septiembre o el día posterior más inmediato posible y terminará el quince de diciembre.

Artículo 220. La Asamblea Nacional se reunirá en sesiones extraordinarias para tratar las materias expresadas en la convocatoria y las que les fueren conexas. También podrá considerar las que fueren declaradas de urgencia por la mayoría de sus integrantes.

Artículo 221. Los requisitos y procedimientos para la instalación y demás sesiones de la Asamblea Nacional, y para el funcionamiento de sus Comisiones, serán determinados por el reglamento.

El quórum no podrá ser en ningún caso inferior a la mayoría absoluta de los o las integrantes de la Asamblea Nacional.

Artículo 222. La Asamblea Nacional podrá ejercer su función de control mediante los siguientes mecanismos: las interpelaciones, las investigaciones, las preguntas, las autorizaciones y las aprobaciones parlamentarias previstas en esta Constitución y en la ley, y mediante cualquier otro mecanismo que establezcan las leyes y su reglamento. En ejercicio del control parlamentario, podrán declarar la responsabilidad política de los funcionarios públicos o funcionarias públicas y solicitar al Poder Ciudadano que intente las acciones a que haya lugar para hacer efectiva tal responsabilidad.

Artículo 223. La Asamblea o sus Comisiones podrán realizar las investigaciones que juzguen convenientes en las materias de su competencia, de conformidad con el reglamento.

Todos los funcionarios públicos o funcionarias públicas están obligados u obligadas, bajo las sanciones que establezcan las leyes, a comparecer ante dichas Comisiones y a suministrarles las informaciones y documentos que requieran para el cumplimiento de sus funciones.

第二次会期自九月十五日或之后第一个可以召开的日期开会，十二月十五日闭会。

第220条　国民大会举行特别会期，处理议事日程上列举的事务以及所有相关事务。特别会期也可以审议经其多数组成人员宣布为紧急的事务。

第221条　由规章对国民大会的组成及其他会期的要求和程序、其委员会的职能进行规定。

任何情况下，参会人数达到国民大会组成人员半数以上的，才构成法定人数。

第222条　国民大会有权通过下列机制行使其监督职能：国会质询、调查、询问、本宪法和法律规定的国会性质的批准和同意，以及法律和国民大会规章规定的其他机制。在行使国会监督时，国民大会有权宣布公职人员的政治责任，并要求公民权部门采取适当行为落实上述责任。

第223条　国民大会或其委员会有权依据规章的规定，行使与其权限内容相适应的调查权。

所有公职人员有义务接受委员会的调查，提供委员会履行其职责要求的信息和文件。未履行上述义务的，接受法律规定的制裁。

Esta obligación comprende también a los y las particulares, a quienes se les respetarán los derechos y garantías que esta Constitución reconoce.

Artículo 224. El ejercicio de la facultad de investigación no afecta las atribuciones de los demás poderes públicos. Los jueces o juezas estarán obligados u obligadas a evacuar las pruebas para las cuales reciban comisión de la Asamblea Nacional o de sus Comisiones.

Capítulo II
Del Poder Ejecutivo Nacional
Sección primera: del Presidente o Presidenta de la República

Artículo 225. El Poder Ejecutivo se ejerce por el Presidente o Presidenta de la República, el Vicepresidente Ejecutivo o Vicepresidenta Ejecutiva, los Ministros o Ministras y demás funcionarios o funcionarias que determinen esta Constitución y la ley.

Artículo 226. El Presidente o Presidenta de la República es el Jefe o Jefa del Estado y del Ejecutivo Nacional, en cuya condición dirige la acción del Gobierno.

Artículo 227. Para ser elegido Presidente de la República o elegida Presidenta de la República se requiere ser venezolano o venezolana por nacimiento, no poseer otra nacionalidad, ser mayor de treinta años, de estado seglar y no estar sometido o sometida a condena mediante sentencia definitivamente firme y cumplir con los demás requisitos establecidos en esta Constitución.

Artículo 228. La elección del Presidente o Presidenta de la República se hará por votación universal, directa y secreta, de conformidad con la ley. Se proclamará

公民个人也承担上述义务，但本宪法承认的权利和保障不因此受到影响。

第224条 调查权的行使不影响其他公权力部门的职权。法官有义务应国民大会或其委员会的要求进行取证。

第二章
国家行政权
第一节 共和国总统

第225条 行政权由共和国总统、执行副总统、各部部长和本宪法、法律规定的其他公职人员行使。

第226条 共和国总统是国家元首和国家行政首长，以其职权领导政府。

第227条 总统候选人须生来取得委内瑞拉国籍且不具有其他国家国籍，年满三十岁，不是神职人员，未经生效的确定判决判处有罪，并满足本宪法规定的其他要求。

第228条 共和国总统的选举，在普遍选举权的基础上依据法律规定进行直接、无记名

electo o electa el candidato o la candidata que hubiere obtenido la mayoría de votos válidos.

Artículo 229. No podrá ser elegido Presidente o elegida Presidenta de la República quien esté en ejercicio del cargo de Vicepresidente Ejecutivo o Vicepresidenta Ejecutiva, Ministro o Ministra, Gobernador o Gobernadora, o Alcalde o Alcaldesa, en el día de su postulación o en cualquier momento entre esta fecha y la de la elección.

Artículo 230. El período presidencial es de seis años. El Presidente o Presidenta de la República puede ser reelegido o reelegida, de inmediato y por una sola vez, para un nuevo período.
(Ver Enmienda N° 1 de fecha 15 de febrero de 2009)

Artículo 231. El candidato elegido o candidata elegida tomará posesión del cargo de Presidente o Presidenta de la República el diez de enero del primer año de su período constitucional, mediante juramento ante la Asamblea Nacional. Si por cualquier motivo sobrevenido el Presidente o Presidenta de la República no pudiese tomar posesión ante la Asamblea Nacional, lo hará ante el Tribunal Supremo de Justicia.

Artículo 232. El Presidente o Presidenta de la República es responsable de sus actos y del cumplimiento de las obligaciones inherentes a su cargo.

Está obligado u obligada a procurar la garantía de los derechos y libertades de los venezolanos y venezolanas, así como la independencia, integridad, soberanía del territorio y defensa de la República. La declaración de los estados de excepción no modifica el principio de su responsabilidad, ni la del Vicepresidente Ejecutivo o Vicepresidenta Ejecutiva, ni la de los Ministros o Ministras, de conformidad con esta Constitución y con la ley.

的投票，由获得多数有效选票的候选人当选。

第229条　在任的执行副总统、各部部长、各州州长和各市市长不得当选共和国总统。宣布竞选共和国总统之日起直至选举当日，候选人不得担任上述职务。

第230条　总统任期六年。共和国总统可连选连任一次。

（见2009年2月15日第1号宪法修正案）

第231条　共和国总统候选人当选后，于宪法规定的其任期第一年的一月十日在国民大会宣誓就职。因出现任何原因造成共和国总统无法在国民大会宣誓就职的，在最高法院宣誓就职。

第232条　共和国总统对其行为负责，有责任履行与其职位相应的义务。

共和国总统有义务致力于维护委内瑞拉人的权利和自由，以及共和国的独立、完整、领土主权和国防。宣布进入例外状态并不改变共和国总统依据本宪法和法律规定所承担责任的原则，也不改变执行副总统、各部部长依据本宪法和法律规定所承担责任的原则。

REPÚBLICA BOLIVARIANA DE VENEZUELA
ASAMBLEA NACIONAL CONSTITUYENTE

Artículo 233. Serán faltas absolutas del Presidente o Presidenta de la República: su muerte, su renuncia, o su destitución decretada por sentencia del Tribunal Supremo de Justicia; su incapacidad física o mental permanente certificada por una junta médica designada por el Tribunal Supremo de Justicia y con aprobación de la Asamblea Nacional; el abandono del cargo, declarado como tal por la Asamblea Nacional, así como la revocación popular de su mandato.

Cuando se produzca la falta absoluta del Presidente electo o Presidenta electa antes de tomar posesión, se procederá a una nueva elección universal, directa y secreta dentro de los treinta días consecutivos siguientes. Mientras se elige y toma posesión el nuevo Presidente o la nueva Presidenta, se encargará de la Presidencia de la República el Presidente o Presidenta de la Asamblea Nacional.

Si la falta absoluta del Presidente o la Presidenta de la República se produce durante los primeros cuatro años del período constitucional, se procederá a una nueva elección universal, directa y secreta dentro de los treinta días consecutivos siguientes. Mientras se elige y toma posesión el nuevo Presidente o la nueva Presidenta, se encargará de la Presidencia de la República el Vicepresidente Ejecutivo o la Vicepresidenta Ejecutiva.

En los casos anteriores, el nuevo Presidente o Presidenta completará el período constitucional correspondiente.

Si la falta absoluta se produce durante los últimos dos años del período constitucional, el Vicepresidente Ejecutivo o la Vicepresidenta Ejecutiva asumirá la Presidencia de la República hasta completar dicho período.

Artículo 234. Las faltas temporales del Presidente o Presidenta de la República serán suplidas por el Vicepresidente Ejecutivo o Vicepresidenta Ejecutiva hasta por noventa días, prorrogables por decisión de la Asamblea Nacional hasta por noventa días más.

Si una falta temporal se prolonga por más de noventa días consecutivos, la Asamblea Nacional decidirá por mayoría de sus integrantes si debe considerarse que hay falta absoluta

第233条 出现下列事由，共和国总统永久无法任职：死亡，辞职，或经最高法院判决决定罢免；最高法院委任的医疗委员会认定，因永久性身体或精神障碍无法担任总统，并经国民大会同意；国民大会宣布总统离职，以及经民众投票罢免。

当选总统在就职前出现永久无法任职情况的，须于三十日内通过普遍、直接和无记名的投票形式重新进行选举。在选举期间和新选出的总统就职前，国民大会主席行使共和国总统的职权。

总统在宪法规定任期的前四年出现永久无法任职情况的，须于三十日内通过普遍、直接和无记名的投票形式重新进行选举。在选举期间和新选出的总统就职前，由执行副总统行使共和国总统的职权。

出现上述情况，新当选的总统完成宪法规定总统任期的剩余部分。

总统在宪法规定任期的后两年出现永久无法任职情况的，执行副总统继任共和国总统，直到该任期结束。

第234条 共和国总统出现临时无法任职情况的，由执行副总统代行总统职权，最多不超过九十日。经国民大会决定，可以再延长不超过九十日。

临时无法任职情况连续发生超过延长的九十日的，国民大会有权经多数组成人员决定，确定其为永久无法任职。

Artículo 235. La ausencia del territorio nacional por parte del Presidente o Presidenta de la República requiere autorización de la Asamblea Nacional o de la Comisión Delegada, cuando se prolongue por un lapso superior a cinco días consecutivos.

Sección segunda: de las atribuciones del Presidente o Presidenta de la República

Artículo 236. Son atribuciones y obligaciones del Presidente o Presidenta de la República:

1. Cumplir y hacer cumplir esta Constitución y la ley.

2. Dirigir la acción del Gobierno.

3. Nombrar y remover al Vicepresidente Ejecutivo o Vicepresidenta Ejecutiva; nombrar y remover los Ministros o Ministras.

4. Dirigir las relaciones exteriores de la República y celebrar y ratificar los tratados, convenios o acuerdos internacionales.

5. Dirigir la Fuerza Armada Nacional en su carácter de Comandante en Jefe, ejercer la suprema autoridad jerárquica de ella y fijar su contingente.

6. Ejercer el mando supremo de la Fuerza Armada Nacional, promover sus oficiales a partir del grado de coronel o coronela o capitán o capitana de navío, y nombrarlos o nombrarlas para los cargos que les son privativos.

7. Declarar los estados de excepción y decretar la restricción de garantías en los casos previstos en esta Constitución.

8. Dictar, previa autorización por una ley habilitante, decretos con fuerza de ley.

9. Convocar la Asamblea Nacional a sesiones extraordinarias.

第235条 共和国总统离开委内瑞拉领土连续超过五日的，须获得国民大会或其授权委员会的批准。

第二节
共和国总统的职权

第236条 共和国总统行使的职权和承担的义务包括：

1. 遵守和执行本宪法和法律。

2. 领导政府行为。

3. 任命和撤销执行副总统，任命和撤销各部部长。

4. 领导共和国的对外关系，签署和批准国际条约、国际协定或国际公约。

5. 作为国家武装力量首长领导国家武装力量，行使最高军事权，确立国家武装力量结构。

6. 行使国家武装力量的最高指挥权，决定军人晋升为上校及以上军衔，对上校及以上军衔的军人担任的岗位进行任命。

7. 根据本宪法规定的情况宣布例外状态并对保障制定限制。

8. 依据授权法发布具有法律效力的命令。

9. 召集国民大会特别会期。

10. Reglamentar total o parcialmente las leyes, sin alterar su espíritu, propósito y razón.

11. Administrar la Hacienda Pública Nacional.

12. Negociar los empréstitos nacionales.

13. Decretar créditos adicionales al Presupuesto, previa autorización de la Asamblea Nacional o de la Comisión Delegada.

14. Celebrar los contratos de interés nacional conforme a esta Constitución y a la ley.

15. Designar, previa autorización de la Asamblea Nacional o de la Comisión Delegada, al Procurador o Procuradora General de la República y a los jefes o jefas de las misiones diplomáticas permanentes.

16. Nombrar y remover a aquellos funcionarios o aquellas funcionarias cuya designación le atribuyen esta Constitución y la ley.

17. Dirigir a la Asamblea Nacional, personalmente o por intermedio del Vicepresidente Ejecutivo o Vicepresidenta Ejecutiva, informes o mensajes especiales.

18. Formular el Plan Nacional de Desarrollo y dirigir su ejecución previa aprobación de la Asamblea Nacional.

19. Conceder indultos.

20. Fijar el número, organización y competencia de los ministerios y otros organismos de la Administración Pública Nacional, así como también la organización y funcionamiento del Consejo de Ministros, dentro de los principios y lineamientos señalados por la correspondiente ley orgánica.

21. Disolver la Asamblea Nacional en el supuesto establecido en esta Constitución.

22. Convocar referendos en los casos previstos en esta Constitución.

10. 针对法律全部或部分条文发布适用规则，但不得改变法律的精神、目的和立法缘由。

11. 管理国家公共财政。

12. 协商国家借款。

13. 经国民大会或其授权委员会批准，制定预算外的临时项目。

14. 依据本宪法和相关法律规定，签订涉及国家利益的合同。

15. 依据国民大会或其授权委员会批准，任命共和国总检察长和常设外交使团团长。

16. 委任或撤销依据本宪法和相关法律规定，由总统任命的公务人员。

17. 亲自或委托执行副总统负责向国民大会提交报告或发表特别信息。

18. 制订国家发展计划，并领导实施由国民大会批准的国家发展计划。

19. 准予赦免。

20. 依据相关组织法确定的原则和纲领，决定各部委以及其他国家公共管理组织的人数、组织和权限，决定部长会议的组织和运行。

21. 依据本宪法规定的条件解散国民大会。

22. 依据本宪法规定的情况召集公民投票表决。

23.Convocar y presidir el Consejo de Defensa de la Nación.

24.Las demás que le señalen esta Constitución y la ley.

El Presidente o Presidenta de la República ejercerá en Consejo de Ministros las atribuciones señaladas en los numerales 7, 8, 9, 10, 12, 13, 14, 18, 20, 21, 22 y las que le atribuya la ley para ser ejercidas en igual forma.

Los actos del Presidente o Presidenta de la República, con excepción de los señalados en los ordinales 3 y 5, serán refrendados para su validez por el Vicepresidente Ejecutivo o Vicepresidenta Ejecutiva y el Ministro o Ministra o Ministros o Ministras respectivos.

Artículo 237. Dentro de los diez primeros días siguientes a la instalación de la Asamblea Nacional, en sesiones ordinarias, el Presidente o Presidenta de la República presentará cada año personalmente a la Asamblea un mensaje en que dará cuenta de los aspectos políticos, económicos, sociales y administrativos de su gestión durante el año inmediatamente anterior.

Sección tercera: del Vicepresidente Ejecutivo o Vicepresidenta Ejecutiva

Artículo 238. El Vicepresidente Ejecutivo o Vicepresidenta Ejecutiva es órgano directo y colaborador inmediato del Presidente o Presidenta de la República en su condición de Jefe o jefa del Ejecutivo Nacional.

El Vicepresidente Ejecutivo o Vicepresidenta Ejecutiva reunirá las mismas condiciones exigidas para ser Presidente o Presidenta de la República, y no podrá tener ningún parentesco de consanguinidad ni de afinidad con éste.

Artículo 239. Son atribuciones del Vicepresidente Ejecutivo o Vicepresidenta Ejecutiva:

23. 召集和主持国防会议。

24. 本宪法和法律规定的其他职权和义务。

共和国总统须通过部长会议行使本条第7项、第8项、第9项、第10项、第12项、第13项、第14项、第18项、第20项、第21项和第22项规定的职权，以及法律规定的须以同样方式行使的职权。

为保证共和国总统行为的有效性，除其行使本条第3项和第5项规定的职权外，共和国总统的行为须得到执行副总统和相关部长的联署。

第237条　每年的正常国民大会会期开始后十日内，共和国总统须亲自向国民大会提交报告，说明过去一年其治理的政治、经济、社会和管理方面的基本情况。

第三节　执行副总统

第238条　执行副总统直接隶属于总统，并在总统作为国家行政首长承担的职责范围内与总统密切合作。

执行副总统须符合担任共和国总统所须具备的条件，且不得与总统有血缘或亲缘关系。

第239条　执行副总统享有下列职权：

1. Colaborar con el Presidente o Presidenta de la República en la dirección de la acción del Gobierno.

2. Coordinar la Administración Pública Nacional de conformidad con las instrucciones del Presidente o Presidenta de la República.

3. Proponer al Presidente o Presidenta de la República el nombramiento y la remoción de los Ministros o Ministras.

4. Presidir, previa autorización del Presidente o Presidenta de la República, el Consejo de Ministros.

5. Coordinar las relaciones del Ejecutivo Nacional con la Asamblea Nacional.

6. Presidir el Consejo Federal de Gobierno.

7. Nombrar y remover, de conformidad con la ley, los funcionarios o funcionarias nacionales cuya designación no esté atribuida a otra autoridad.

8. Suplir las faltas temporales del Presidente o Presidenta de la República.

9. Ejercer las atribuciones que le delegue el Presidente o Presidenta de la República.

10. Las demás que le señalen esta Constitución y la ley.

Artículo 240. La aprobación de una moción de censura al Vicepresidente Ejecutivo o Vicepresidenta Ejecutiva, por una votación no menor de las tres quintas partes de los integrantes de la Asamblea Nacional, implica su remoción. El funcionario removido o funcionaria removida no podrá optar al cargo de Vicepresidente Ejecutivo o Vicepresidenta Ejecutiva, o de Ministro o Ministra por el resto del período presidencial.

La remoción del Vicepresidente Ejecutivo o Vicepresidenta Ejecutiva en tres oportunidades dentro de un mismo período constitucional, como consecuencia de la aprobación de mociones de censura, faculta al Presidente o Presidenta de la República para disolver la Asamblea Nacional. El decreto de disolución conlleva la

1. 与共和国总统合作领导政府行为。

2. 根据共和国总统的指令，协调国家公共管理。

3. 向共和国总统提议任命或撤销各部部长。

4. 依据共和国总统的授权，主持部长会议。

5. 协调国家行政部门与国民大会的关系。

6. 主持政府联邦会议。

7. 对不由其他权力机构任命和撤销的国家公务人员依据法律规定进行任命和撤销。

8. 共和国总统临时无法任职时，代行总统职权。

9. 行使共和国总统授予的职权。

10. 本宪法和法律授予的其他职权。

第240条　经国民大会至少五分之三组成人员投赞成票通过的谴责执行副总统的动议，对执行副总统予以解职。被解职的该公职人员，不得在现任总统任期内担任执行副总统或部长职务。

在同一个总统任期内，通过谴责动议使得三位执行副总统离职的，共和国总统有权解散国民大会。解散国民大会的命令产生原国民大会解散六十日内召集选举组建新的立法机

REPÚBLICA BOLIVARIANA DE VENEZUELA
ASAMBLEA NACIONAL CONSTITUYENTE

convocatoria de elecciones para una nueva legislatura dentro de los sesenta días siguientes a su disolución.

La Asamblea no podrá ser disuelta en el último año de su período constitucional.

Artículo 241. El Vicepresidente Ejecutivo o Vicepresidenta Ejecutiva es responsable de sus actos, de conformidad con esta Constitución y con la ley.

Sección cuarta: de los Ministros o Ministras y del Consejo de Ministros

Artículo 242. Los Ministros o Ministras son órganos directos del Presidente o Presidenta de la República, y reunidos o reunidas conjuntamente con éste o ésta y con el Vicepresidente Ejecutivo o Vicepresidenta Ejecutiva, integran el Consejo de Ministros.

El Presidente o Presidenta de la República presidirá las reuniones del Consejo de Ministros, pero podrá autorizar al Vicepresidente Ejecutivo o Vicepresidenta Ejecutiva para que las presida cuando no pueda asistir a ellas. Las decisiones adoptadas deberán ser ratificadas por el Presidente o Presidenta de la República, para su validez.

De las decisiones del Consejo de Ministros son solidariamente responsables el Vicepresidente Ejecutivo o Vicepresidenta Ejecutiva y los Ministros o Ministras que hubieren concurrido, salvo aquellos o aquellas que hayan hecho constar su voto adverso o negativo.

Artículo 243. El Presidente o Presidenta de la República podrá nombrar Ministros o Ministras de Estado, los o las cuales, además de participar en el Consejo de Ministros, asesorarán al Presidente o Presidenta de la República y al Vicepresidente Ejecutivo o Vicepresidenta Ejecutiva en los asuntos que les fueren asignados.

关的效力。

在宪法规定的国民大会任期的最后一年，不得解散国民大会。

第241条　执行副总统依据本宪法和法律规定，对其行为负责。

第四节　各部部长和部长会议

第242条　各部部长直接隶属于共和国总统。各部部长、共和国总统和执行副总统组成部长会议。

共和国总统主持召集部长会议。共和国总统不能参加部长会议时，可授权执行副总统主持。部长会议作出的决定经共和国总统批准后产生效力。

执行副总统和参加部长会议的各部部长对部长会议的决定承担连带责任。但经记载，投否决票或反对票的除外。

第243条　共和国总统有权任命国家各部部长。各部部长除参加部长会议外，还须就向其分配的事务向共和国总统和执行副总统提出建议。

Artículo 244. Para ser Ministro o Ministra se requiere poseer la nacionalidad venezolana y ser mayor de veinticinco años, con las excepciones establecidas en esta Constitución.

Los Ministros o Ministras son responsables de sus actos de conformidad con esta Constitución y con la ley, y presentarán ante la Asamblea Nacional, dentro de los primeros sesenta días de cada año, una memoria razonada y suficiente sobre la gestión del despacho en el año inmediatamente anterior, de conformidad con la ley.

Artículo 245. Los Ministros o Ministras tienen derecho de palabra en la Asamblea Nacional y en sus Comisiones. Podrán tomar parte en los debates de la Asamblea Nacional, sin derecho al voto.

Artículo 246. La aprobación de una moción de censura a un Ministro o Ministra por una votación no menor de las tres quintas partes de los o las integrantes presentes de la Asamblea Nacional, implica su remoción. El funcionario removido o funcionaria removida no podrá optar al cargo de Ministro o Ministra ni de Vicepresidente Ejecutivo o Vicepresidenta Ejecutiva por el resto del período presidencial.

Sección quinta: de la Procuraduría General de la República

Artículo 247. La Procuraduría General de la República asesora, defiende y representa judicial y extrajudicialmente los intereses patrimoniales de la República, y será consultada para la aprobación de los contratos de interés público nacional.

La ley orgánica determinará su organización, competencia y funcionamiento.

委内瑞拉玻利瓦尔共和国
全国制宪大会

第244条　除本宪法规定的例外情况，部长须具有委内瑞拉国籍，且年满二十五岁。

部长依据本宪法和法律的规定，对其行为负责。每年的前六十日，各部部长须依据法律规定就过去一年所负责的事务向国民大会提交详细合理的报告。

第245条　各部部长有权在国民大会和其相关委员会进行发言。各部部长有权参加国民大会的辩论，但无权进行投票。

第246条　经国民大会至少五分之三组成人员投赞成票通过的谴责部长的动议，对部长予以解职。被解职的该公职人员，不得在现任总统任期内担任部长或执行副总统职务。

第五节　共和国总检察长

第247条　共和国总检察长办公室在法庭程序和法庭程序之外作为共和国利益的代表捍卫共和国利益，对批准涉及国家公共利益的合同提供咨询。

组织法对总检察长办公室的组织、权限和职能进行规定。

Artículo 248. La Procuraduría General de la República estará a cargo y bajo la dirección del Procurador o Procuradora General de la República, con la colaboración de los demás funcionarios o funcionarias que determine su ley orgánica.

Artículo 249. El Procurador o Procuradora General de la República reunirá las mismas condiciones exigidas para ser magistrado o magistrada del Tribunal Supremo de Justicia. Será nombrado o nombrada por el Presidente o Presidenta de la República con la autorización de la Asamblea Nacional.

Artículo 250. El Procurador o Procuradora General de la República asistirá, con derecho a voz, a las reuniones del Consejo de Ministros.

Sección sexta: del Consejo de Estado

Artículo 251. El Consejo de Estado es el órgano superior de consulta del Gobierno y de la Administración Pública Nacional. Será de su competencia recomendar políticas de interés nacional en aquellos asuntos a los que el Presidente o Presidenta de la República reconozca de especial trascendencia y requieran de su opinión.

La ley respectiva determinará sus funciones y atribuciones.

Artículo 252. El Consejo de Estado lo preside el Vicepresidente Ejecutivo o Vicepresidenta Ejecutiva y estará conformado, además, por cinco personas designadas por el Presidente o Presidenta de la República; un o una representante designado o designada por la Asamblea Nacional; un o una representante designado o designada por el Tribunal Supremo de Justicia y un Gobernador designado o Gobernadora designada por el conjunto de mandatarios o mandatarias estadales.

委内瑞拉玻利瓦尔共和国
全国制宪大会

第248条 共和国总检察长在共和国总检察长办公室组织法规定的其他公务人员的辅助下，负责并领导共和国总检察长办公室。

第249条 共和国总检察长须符合最高法院大法官的任职条件，由共和国总统经国民大会的批准予以任命。

第250条 共和国总检察长参加部长会议，并有权在部长会议发言。

第六节　国务会议

第251条 国务会议是政府和国家公共管理的最高咨询机构，负责就共和国总统认为特别重要且需要征求国务会议建议的关于国家利益的事项提出政策建议。

相关法律对国务会议的职能和职权进行规定。

第252条 国务会议由执行副总统主持，此外包括共和国总统委派的五名代表、国民大会委派的一名代表、最高法院委派的一名代表，以及所有州长共同委派的一名州长。

Capítulo III

Del Poder Judicial y del Sistema de Justicia

Sección primera: disposiciones generales

Artículo 253. La potestad de administrar justicia emana de los ciudadanos y ciudadanas y se imparte en nombre de la República por autoridad de la ley.

Corresponde a los órganos del Poder Judicial conocer de las causas y asuntos de su competencia mediante los procedimientos que determinen las leyes, y ejecutar o hacer ejecutar sus sentencias.

El sistema de justicia está constituido por el Tribunal Supremo de Justicia, los demás tribunales que determine la ley, el Ministerio Público, la Defensoría Pública, los órganos de investigación penal, los o las auxiliares y funcionarios o funcionarias de justicia, el sistema penitenciario, los medios alternativos de justicia, los ciudadanos o ciudadanas que participan en la administración de justicia conforme a la ley y los abogados autorizados o abogadas autorizadas para el ejercicio.

Artículo 254. El Poder Judicial es independiente y el Tribunal Supremo de Justicia gozará de autonomía funcional, financiera y administrativa. A tal efecto, dentro del presupuesto general del Estado se le asignará al sistema de justicia una partida anual variable, no menor del dos por ciento del presupuesto ordinario nacional, para su efectivo funcionamiento, el cual no podrá ser reducido o modificado sin autorización previa de la Asamblea Nacional. El Poder Judicial no está facultado para establecer tasas, aranceles, ni exigir pago alguno por sus servicios.

Artículo 255. El ingreso a la carrera judicial y el ascenso de los jueces o juezas se hará por concursos de oposición públicos que aseguren la idoneidad y excelencia de los o las participantes y serán seleccionados o seleccionadas por los jurados de los circuitos judiciales, en la forma y condiciones que establezca la ley.

委内瑞拉玻利瓦尔共和国
全国制宪大会

第三章
司法权和司法体制
第一节　一般规定

第253条　司法管理的权力来源于公民，依据法律规定以共和国的名义行使。

司法权力机构依据法律规定的程序处理其管辖权限内的案件和事务，并负责执行其作出的判决。

司法系统由最高法院、依据法律规定设立的其他法院、公共部、公共辩护人办公室、刑事案件调查机构、司法助理和司法行政人员、监狱系统、其他纠纷解决机制、依据法律规定参与司法管理的公民和批准作为司法系统组成人员的律师组成。

第254条　独立行使司法权。最高法院享有运行自治、财政自治和管理自治。为保障上述独立和自治，确保司法系统的有效运转，年度国家总预算中不少于百分之二用于司法系统。未经国民大会批准，不得减少或修改用于司法系统的预算。不得对司法权设立收费制度，也无须为接受司法系统的服务而支付费用。

第255条　司法从业人员的遴选和法官的晋升通过公开竞争进行，确保被选拔者符合执业要求且能力卓著。从各司法巡回区中遴选陪审员。上述遴选和晋升应当依据法律规定的

El nombramiento y juramento de los jueces o juezas corresponde al Tribunal Supremo de Justicia. La ley garantizará la participación ciudadana en el procedimiento de selección y designación de los jueces o juezas. Los jueces o juezas sólo podrán ser removidos o removidas o suspendidos o suspendidas de sus cargos mediante los procedimientos expresamente previstos en la ley.

La ley propenderá a la profesionalización de los jueces o juezas y las universidades colaborarán en este propósito, organizando en los estudios universitarios de Derecho la especialización judicial correspondiente.

Los jueces o juezas son personalmente responsables, en los términos que determine la ley, por error, retardo u omisiones injustificados, por la inobservancia sustancial de las normas procesales, por denegación, parcialidad y por los delitos de cohecho y prevaricación en que incurran en el desempeño de sus funciones.

Artículo 256. Con la finalidad ·de garantizar la imparcialidad y la independencia en el ejercicio de sus funciones, los magistrados o las magistradas, los jueces o las juezas; los fiscales o las fiscales del Ministerio Público; y los defensores públicos o las defensoras públicas, desde la fecha de su nombramiento y hasta su egreso del cargo respectivo, no podrán, salvo el ejercicio del voto, llevar a cabo activismo político partidista, gremial, sindical o de índole semejante, ni realizar actividades privadas lucrativas incompatibles con su función, ni por sí ni por interpósita persona, ni ejercer ninguna otra función pública a excepción de actividades educativas.

Los jueces o las juezas no podrán asociarse entre sí.

Artículo 257. El proceso constituye un instrumento fundamental para la realización de la justicia. Las leyes procesales establecerán la simplificación, uniformidad y eficacia de los trámites y adoptarán un procedimiento breve, oral y público. No se sacrificará la justicia por la omisión de formalidades no esenciales.

方式和条件进行。法官的任命和宣誓就职由最高法院负责。法律确保公民参与法官的遴选和任命程序。非依法律明确规定的程序，不得对法官进行弹劾和停职。

法律对法官职业化进行促进。各大学为此进行合作，组织相应的司法专业化法学高等研究。

法官在履行其职务行为时无正当理由发生错误、拖延或疏忽，实质性违反程序规则，拒绝裁判、偏袒裁判，因受贿和渎职而构成犯罪的，依据法律规定承担个人责任。

第256条　为确保大法官、法官、公共部的检察官、公共辩护人公正、独立地履行其职责，自其被任命直至卸任上述职务的期间内，除行使选举权外，不得参与党派政治、专业协会、工会或类似性质组织；不得直接或通过其代理人参与与其职业身份不相符的私人营利性活动；除教学活动外，不得承担其他公共行为。

禁止法官之间进行结社。

第257条　程序是司法的基本实现工具。程序法的规定须简化、一致和高效，其规定的程序须采用简易、公开和口头辩论的方式。不得因省略不必要的程序，而使得正义受到牺牲。

Artículo 258. La ley organizará la justicia de paz en las comunidades. Los jueces o juezas de paz serán elegidos o elegidas por votación universal, directa y secreta, conforme a la ley.

La ley promoverá el arbitraje, la conciliación, la mediación y cualesquiera otros medios alternativos para la solución de conflictos.

Artículo 259. La jurisdicción contenciosoadministrativa corresponde al Tribunal Supremo de Justicia y a los demás tribunales que determine la ley. Los órganos de la jurisdicción contenciosoadministrativa son competentes para anular los actos administrativos generales o individuales contrarios a derecho, incluso por desviación de poder; condenar al pago de sumas de dinero y a la reparación de daños y perjuicios originados en responsabilidad de la Administración; conocer de reclamos por la prestación de servicios públicos y disponer lo necesario para el restablecimiento de las situaciones jurídicas subjetivas lesionadas por la actividad administrativa.

Artículo 260. Las autoridades legítimas de los pueblos indígenas podrán aplicar en su hábitat instancias de justicia con base en sus tradiciones ancestrales y que sólo afecten a sus integrantes, según sus propias normas y procedimientos, siempre que no sean contrarios a esta Constitución, a la ley y al orden público. La ley determinará la forma de coordinación de esta jurisdicción especial con el sistema judicial nacional.

Artículo 261. La jurisdicción penal militar es parte integrante del Poder Judicial, y sus jueces o juezas serán seleccionados o seleccionadas por concurso. Su ámbito de competencia, organización y modalidades de funcionamiento se regirán por el sistema acusatorio y de acuerdo con lo previsto en el Código Orgánico de Justicia Militar. La comisión de delitos comunes, violaciones de derechos humanos y crímenes de lesa humanidad, serán juzgados por los tribunales ordinarios. La competencia de los tribunales militares se limita a delitos de naturaleza militar.

第258条　法律确定社区中治安法官的组成。治安法官依据法律规定通过普遍、直接和无记名投票方式选举产生。

法律推动仲裁、和解、调解和其他任何替代方式化解纠纷。

第259条　行政诉讼由最高法院和法律确定的其他法院管辖。管辖行政诉讼的机构有权判决包括滥用权利在内的违法普遍性行政行为和具体行政行为无效，有权判决行政机关支付因其行政责任产生的赔偿金和损害补偿，有权处理因提供公共服务产生的诉讼，有权要求恢复因行政行为受到损害的权益。

第260条　土著民族的合法事务部门，只要不违反本宪法、法律和公共秩序，可以在其领地内只影响其民族组成人员的事务，基于其祖先延续的传统，根据其自己的规则和程序维护正义。法律确定协调该特殊管辖权和全国司法体系的方式。

第261条　军事刑事管辖权是司法权中不可分割的一部分，军事刑事管辖体系的法官经过竞争性程序遴选，其管辖范围、组织机构和运行形式适用诉讼体系的规则，并依据《军事法院组织法典》的规定。普通刑事案件、侵犯人权的案件和危害人类罪案件由普通法院管辖。军事法院仅管辖军事性质的案件。

La ley regulará lo relativo a las jurisdicciones especiales y a la competencia, organización y funcionamiento de los tribunales en cuanto no esté previsto en esta Constitución.

Sección segunda: del Tribunal Supremo de Justicia

Artículo 262. El Tribunal Supremo de Justicia funcionará en Sala Plena y en las Salas Constitucional, Politicoadministrativa, Electoral, de Casación Civil, de Casación Penal y de Casación Social, cuyas integraciones y competencias serán determinadas por su ley orgánica.

La Sala Social comprenderá lo referente a la casación agraria, laboral y de menores.

Artículo 263. Para ser magistrado o magistrada del Tribunal Supremo de Justicia se requiere:

1. Tener la nacionalidad venezolana por nacimiento, y no poseer otra nacionalidad.

2. Ser ciudadano o ciudadana de reconocida honorabilidad.

3. Ser jurista de reconocida competencia, gozar de buena reputación, haber ejercido la abogacía durante un mínimo de quince años y tener título universitario de posgrado en materia jurídica; o haber sido profesor universitario o profesora universitaria en ciencia jurídica durante un mínimo de quince años y tener la categoría de profesor o profesora titular; o ser o haber sido juez o jueza superior en la especialidad correspondiente a la Sala para la cual se postula, con un mínimo de quince años en el ejercicio de la carrera judicial, y reconocido prestigio en el desempeño de sus funciones.

4. Cualesquiera otros requisitos establecidos por la ley.

本宪法尚未规定的专门管辖权，以及法院的管辖、组织和运行由法律进行规定。

第二节　最高法院

第262条　最高法院通过全体法官出席的大法庭，以及宪法案件庭、政治和行政案件庭、选举案件庭、民事案件申诉庭、刑事案件申诉庭、社会案件申诉庭运行，相关组织法对其组成和权限进行规定。

社会案件申诉庭受理涉及农村事务、劳动事务和未成年人事务的申诉案件。

第263条　最高法院大法官须满足以下条件：

1. 因出生而取得委内瑞拉国籍，且不具有其他国家的国籍。

2. 公认具有良好声誉的公民。

3. 享有良好声誉的公认法学专家，具有至少十五年的法律执业经验，并具有法学研究生学历；或担任大学法学教授至少十五年，并获得终身教职；或是高级法官，且在将任职于最高法院的岗位对应的专业庭担任法官十五年以上，在其履职中享有公认的威望。

4. 法律规定的任何其他条件。

Artículo 264. Los magistrados o magistradas del Tribunal Supremo de Justicia serán elegidos o elegidas por un único período de doce años. La ley determinará el procedimiento de elección. En todo caso, podrán postularse candidatos o candidatas ante el Comité de Postulaciones Judiciales, por iniciativa propia o por organizaciones vinculadas con la actividad jurídica. El Comité, oída la opinión de la comunidad, efectuará una preselección para su presentación al Poder Ciudadano, el cual efectuará una segunda preselección que será presentada a la Asamblea Nacional, la cual hará la selección definitiva.

Los ciudadanos y ciudadanas podrán ejercer fundadamente objeciones a cualquiera de los postulados o postuladas ante el Comité de Postulaciones Judiciales o ante la Asamblea Nacional.

Artículo 265. Los magistrados o magistradas del Tribunal Supremo de Justicia podrán ser removidos o removidas por la Asamblea Nacional mediante una mayoría calificada de las dos terceras partes de sus integrantes, previa audiencia concedida al interesado o interesada, en caso de faltas graves ya calificadas por el Poder Ciudadano, en los términos que la ley establezca.

Artículo 266. Son atribuciones del Tribunal Supremo de Justicia:

1. Ejercer la jurisdicción constitucional conforme al Título VIII de esta Constitución.

2. Declarar si hay o no mérito para el enjuiciamiento del Presidente o Presidenta de la República o quien haga sus veces y, en caso afirmativo, continuar conociendo de la causa previa autorización de la Asamblea Nacional, hasta sentencia definitiva.

3. Declarar si hay o no mérito para el enjuiciamiento del Vicepresidente Ejecutivo o Vicepresidenta Ejecutiva, de los o las integrantes de la Asamblea Nacional o del propio Tribunal Supremo de Justicia, de los

委内瑞拉玻利尔共和国
全国制宪大会

第264条　最高法院大法官担任一届，一届任期十二年。法律确定大法官的遴选程序。由本人或法律活动相关组织向司法提名委员会推荐候选人。司法提名委员会在听取公众意见后进行预选，将预选结果提交公民权组织，由公民权组织进行第二轮预选，并将结果提交国民大会，由国民大会作出最终遴选决定。

公民可以就任何候选人，向司法提名委员会或国民大会提出反对意见。

第265条　公民权部门依据法律规定的条件确认最高法院大法官存在严重过失后，由国民大会在听取利益方的意见并经国民大会组成人员至少三分之二同意，可对最高法院大法官进行罢免。

第266条　最高法院享有以下职权：

1. 依据本宪法第八编行使宪法性管辖权。

2. 裁决对共和国总统起诉的理由是否充分，或是否由他人代行总统职权。认为理由充分的，经国民大会事先授权对案件进行审理，直到作出确定判决。

3. 裁决对共和国执行副总统、国民大会组成人员、最高法院组成人员、各部部长、总检察长、总公诉人、共和国审计长、人民卫士、州长、国家武装力量海陆空军将领和共和国外交使团团长起诉的理由是否充分。认为理由充分的，向共和国总公诉人提交相关案

Ministros o Ministras, del Procurador o Procuradora General, del Fiscal o la Fiscal General, del Contralor o Contralora General de la República, del Defensor o Defensora del Pueblo, los Gobernadores o Gobernadoras, oficiales, generales y almirantes de la Fuerza Armada Nacional y de los jefes o jefas de misiones diplomáticas de la República y, en caso afirmativo, remitir los autos al Fiscal o la Fiscal General de la República o a quien haga sus veces, si fuere el caso; y si el delito fuere común, continuará conociendo de la causa hasta la sentencia definitiva.

4. Dirimir las controversias administrativas que se susciten entre la República, algún Estado, Municipio u otro ente público, cuando la otra parte sea alguna de esas mismas entidades, a menos que se trate de controversias entre Municipios de un mismo Estado, caso en el cual la ley podrá atribuir su conocimiento a otro tribunal.

5. Declarar la nulidad total o parcial de los reglamentos y demás actos administrativos generales o individuales del Ejecutivo Nacional, cuando sea procedente.

6. Conocer de los recursos de interpretación sobre el contenido y alcance de los textos legales, en los términos contemplados en la ley.

7. Decidir los conflictos de competencia entre tribunales, sean ordinarios o especiales, cuando no exista otro tribunal superior o común a ellos en el orden jerárquico.

8. Conocer del recurso de casación.

9. Las demás que establezca la ley.

La atribución señalada en el numeral 1 será ejercida por la Sala Constitucional; las señaladas en los numerales 2 y 3, en Sala Plena; y las contenidas en los numerales 4 y 5, en Sala Politicoadministrativa. Las demás atribuciones serán ejercidas por las diversas Salas conforme a lo previsto en esta Constitución y en la ley.

卷；裁决对共和国总公诉人起诉的理由充分的，向代行其职权的人提交相关案卷。涉嫌普通犯罪的，最高法院继续行使对案件的管辖权，直到作出确定判决。

4. 解决共和国、州、市或其他公共部门之间的行政争议。但同一州内不同市之间的争议，依据法律规定由其他法院管辖。

5. 必要时，宣布国家行政部门的规章以及其他抽象或具体行政行为全部或部分无效。

6. 依据法律规定，对针对法律条文内容和范围提起的解释申请进行办理。

7. 在普通法院或专门法院中，对没有共同的上级法院之间的两法院之间的管辖权冲突进行确定。

8. 审理向最高法院提起的申诉。

9. 法律规定的其他职权。

第1项规定的职权由宪法案件庭行使；第2项和第3项规定的职权由全体法官出席的大法庭行使；第4项和第5项规定的职权由政治和行政案件庭行使。其他职权依据本宪法和法律的规定由不同部门庭行使。

Sección tercera: del gobierno y de la administración del Poder Judicial

Artículo 267. Corresponde al Tribunal Supremo de Justicia la dirección, el gobierno y la administración del Poder Judicial, la inspección y vigilancia de los tribunales de la República y de las Defensorías Públicas. Igualmente, le corresponde la elaboración y ejecución de su propio presupuesto y del presupuesto del Poder Judicial.

La jurisdicción disciplinaria judicial estará a cargo de los tribunales disciplinarios que determine la ley.

El régimen disciplinario de los magistrados o magistradas y jueces o juezas estará fundamentado en el Código de Ética del Juez Venezolano o Jueza Venezolana, que dictará la Asamblea Nacional. El procedimiento disciplinario será público, oral y breve, conforme al debido proceso, en los términos y condiciones que establezca la ley.

Para el ejercicio de estas atribuciones, el Tribunal Supremo en pleno creará una Dirección Ejecutiva de la Magistratura, con sus oficinas regionales.

Artículo 268. La ley establecerá la autonomía y organización, funcionamiento, disciplina e idoneidad del servicio de defensa pública, con el objeto de asegurar la eficacia del servicio y de garantizar los beneficios de la carrera del defensor o defensora.

Artículo 269. La ley regulará la organización de circuitos judiciales, así como la creación y competencias de tribunales y cortes regionales a fin de promover la descentralización administrativa y jurisdiccional del Poder Judicial.

Artículo 270. El Comité de Postulaciones Judiciales es un órgano asesor del Poder Judicial para la selección de los candidatos o candidatas a magistrados o magistradas del Tribunal Supremo de Justicia. Igualmente, asesorará a los colegios

委内瑞拉玻利瓦尔共和国
全国制宪大会

第三节 司法权的治理和管理

第267条 最高法院负责司法权的领导、治理和管理，对共和国各级法院和公共辩护人办公室进行检查、监督。最高法院还负责制定和实施最高法院自身的预算，以及司法权力部门的预算。

对司法人员的纪律处分由依据法律规定设立的纪律处分法院进行管辖。

对大法官和法官的纪律处分制度依据《委内瑞拉法官道德规范法典》，由国民大会颁布。纪律处分程序遵守正当程序，依据法律规定的期限和条件，公开、便捷且口头辩论式地进行。

为行使上述职权，最高法院经全体大法官出席讨论设立大法官行政部，并下设不同的区域办事处。

第268条 为确保公共辩护人有效履行职责并获得职业保障，公共辩护人的自治权和组织、运行、工作纪律以及工作内容由法律进行规定。

第269条 法律规定司法巡回机构，以及地方法院和法庭的设立和管辖权，推动司法权治理得以分权化，以及管辖权得到划分。

第270条 司法提名委员会是司法权咨询机构，负责为最高法院选拔大法官候选人。同样地，司法提名委员会为选拔纪律处分法院法官向司法选举委员会提供咨询建议。司法提

electorales judiciales para la elección de los jueces o juezas de la jurisdicción disciplinaria. El Comité ·de Postulaciones Judiciales estará integrado por representantes de los diferentes sectores de la sociedad, de conformidad con lo que establezca la ley.

Artículo 271. En ningún caso podrá ser negada la extradición de los extranjeros o extranjeras responsables de los delitos de deslegitimación de capitales, drogas, delincuencia organizada internacional, hechos contra el patrimonio público de otros Estados y contra los derechos humanos. Nó prescribirán las acciones judiciales dirigidas a sancionar los delitos contra los derechos humanos, o contra el patrimonio público o el tráfico de estupefacientes. Asimismo, previa decisión judicial, serán confiscados los bienes provenientes de las actividades relacionadas con los delitos contra el patrimonio público o con el tráfico de estupefacientes.

El procedimiento referente a los delitos mencionados será público, oral y breve, respetándose el debido proceso, estando facultada la autoridad judicial competente para dictar las medidas cautelares preventivas necesarias contra bienes propiedad del imputado o de sus interpósitas personas, a los fines de garantizar su eventual responsabilidad civil.

Artículo 272. El Estado garantizará un sistema penitenciario que asegure la rehabilitación del interno o interna y el respeto a sus derechos humanos. Para ello, los establecimientos penitenciarios contarán con espacios para el trabajo, el estudio, el deporte y la recreación; funcionarán bajo la dirección de penitenciaristas profesionales con credenciales académicas universitarias y se regirán por una administración descentralizada, a cargo de los gobiernos estadales o municipales, pudiendo ser sometidos a modalidades de privatización. En general, se preferirá en ellos el régimen abierto y el carácter de colonias agrícolas penitenciarias. En todo caso, las fórmulas de cumplimiento de penas no privativas de la libertad se aplicarán con preferencia a las medidas de naturaleza reclusoria. El Estado creará las instituciones indispensables para la asistencia pospenitenciaria que posibilite la

委内瑞拉玻利瓦尔共和国
全国制宪大会

名委员会依据法律规定，由社会不同部门的代表组成。

第271条　针对洗钱、毒品、跨国有组织犯罪案件中承担刑事责任的外国人提出的引渡申请，只要该行为对其他国家的公共财产和人权构成侵犯，不得对该引渡申请予以拒绝。不得对侵犯人权、侵犯公共财产、实施毒品交易行为追究刑事责任设立追诉时效。通过侵犯公共财产和实施毒品交易相关行为中获得的财产，应依司法决定予以没收。

与上述案件有关的程序应公开、便捷且口头辩论式地进行，并遵守正当程序。为确保案件中须承担的民事责任得以最终履行，须授权法院有权对犯罪嫌疑人、被告人及其相关人的财产作出必要预防保全措施。

第272条　国家对监狱体系提供保障，确保服刑人员得以改过自新，并尊重服刑人员人权。为此，监狱机构采用分权模式由州政府和市政府管理，由具有大学学历的监狱管理职业人员进行领导，并提供工作、学习、运动和休闲的空间。监狱可以采取私有化形式。私有化的监狱应当优先选择开放式和农业屯垦的监狱性质。任何情况下，不剥夺自由的处罚措施优先适用于剥夺自由的处罚措施。国家设立必要制度帮助刑满释放人员重新回归社

República Bolivariana de Venezuela
Asamblea Nacional Constituyente

reinserción social del exinterno o exinterna y propiciará la creación de un ente penitenciario con carácter autónomo y con personal exclusivamente técnico.

Capítulo IV
Del Poder Ciudadano

Sección primera: disposiciones generales

Artículo 273. El Poder Ciudadano se ejerce por el Consejo Moral Republicano integrado por el Defensor o Defensora del Pueblo, el Fiscal o la Fiscal General y el Contralor o Contralora General de la República.

Los órganos del Poder Ciudadano son la Defensoría del Pueblo, el Ministerio Público y la Contraloría General de la República, uno o una de cuyos o cuyas titulares será designado o designada por el Consejo Moral Republicano como su Presidente o Presidenta por períodos de un año, pudiendo ser reelegido o reelegida.

El Poder Ciudadano es independiente y sus órganos gozan de autonomía funcional, financiera y administrativa. A tal efecto, dentro del presupuesto general del Estado se le asignará una partida anual variable.

Su organización y funcionamiento se establecerá en ley orgánica.

Artículo 274. Los órganos que ejercen el Poder Ciudadano tienen a su cargo, de conformidad con esta Constitución y con la ley, prevenir, investigar y sancionar los hechos que atenten contra la ética pública y la moral administrativa; velar por la buena gestión y la legalidad en el uso del patrimonio público, el cumplimiento y la aplicación del principio de la legalidad en toda la actividad administrativa del Estado; e, igualmente, promover la educación como proceso creador de la ciudadanía, así como la solidaridad, la libertad, la democracia, la responsabilidad social y el trabajo.

360

委内瑞拉玻利瓦尔共和国
全国制宪大会

会。国家鼓励设立具有专门技术人员的自治型监狱。

第四章
公民权
第一节　一般规定

第273条　公民权由人民卫士、总公诉人和总审计长组成的共和国道德伦理委员会行使。

公民权部门包括人民卫士办公室、公共部和总审计署。共和国道德伦理委员会任命上述其中一个机构的负责人担任该委员会主席。主席任期一年，可连选连任。

公民权独立，其机构运作、财政和管理自治。为此，其年度经费专门从国家总预算中拨付。

公民权的组织和运作由组织法予以规定。

第274条　行使公民权的机构依据宪法和法律负责预防、调查和处罚违反公共道德和管理伦理的行为，监督公共财产的支出得到良好管理和合法使用，监督国家所有管理活动贯彻合法原则；同时，推动教育作为公民的创造进程，促进公民的团结、自由、民主、社会责任和劳动。

Artículo 275. Los o las representantes del Consejo Moral Republicano formularán a las autoridades, funcionarios o funcionarias de la Administración Pública, las advertencias sobre las faltas en el cumplimiento de sus obligaciones legales. De no acatarse estas advertencias, el Consejo Moral Republicano podrá imponer las sanciones establecidas en la ley. En caso de contumacia, el Presidente o Presidenta del Consejo Moral Republicano presentará un informe al órgano o dependencia al cual esté adscrito o adscrita el funcionario público o la funcionaria pública, para que esa instancia tome los correctivos de acuerdo con el caso, sin perjuicio de las sanciones a que hubiere lugar de conformidad con la ley.

Artículo 276. El Presidente o Presidenta del Consejo Moral Republicano y los o las titulares de los órganos del Poder Ciudadano presentarán un informe anual ante la Asamblea Nacional en sesión plenaria. Así mismo, presentarán los informes que en cualquier momento les sean solicitados por la Asamblea Nacional.

Tanto los informes ordinarios como los extraordinarios se publicarán.

Artículo 277. Todos los funcionarios o funcionarias de la Administración Pública están obligados u obligadas, bajo las sanciones que establezca la ley, a colaborar con carácter preferente y urgente con los o las representantes del Consejo Moral Republicano en sus investigaciones. Éste podrá solicitarles las declaraciones y documentos que consideren necesarios para el desarrollo de sus funciones, incluidos aquellos que hayan sido clasificados o catalogados con carácter confidencial o secreto de acuerdo con la ley. En todo caso, el Poder Ciudadano sólo podrá suministrar la información contenida en documentos confidenciales o secretos mediante los procedimientos que establezca la ley.

Artículo 278. El Consejo Moral Republicano promoverá todas aquellas actividades pedagógicas dirigidas al conocimiento y estudio de esta Constitución, al amor a la patria, a las virtudes cívicas y democráticas, a los valores trascendentales de la República y a la observancia y respeto de los derechos humanos.

第275条　实施公共管理的权力部门或公务人员怠于履行其法定职责时，共和国道德伦理委员会的代表对其予以警告，并有权依据法律规定给予制裁。相关权力部门或公务人员对共和国道德伦理委员会置若罔闻的，在不影响已经依据法律规定给予制裁的基础上，共和国道德伦理委员会主席向该部门或公务人员所在的机构进行书面告知，以便该机构根据情形采取矫正措施。

第276条　共和国道德伦理委员会主席和公民权各机构负责人向国民大会全体大会提交年度报告，并随时应国民大会的请求提交报告。

年度报告和特别报告均应公开。

第277条　所有行使公共管理的公务人员有义务与共和国道德伦理委员会合作，优先和积极配合共和国道德伦理委员会代表进行的调查，否则承担法律规定的制裁。共和国道德伦理委员会履行其职能时，有权要求公务人员提供必要的陈述和文件，包括已经依据法律规定分级或归类为机密或保密的材料。在任何情况下，公民权部门只得依据法律规定的程序，公开包含机密或秘密的信息。

第278条　共和国道德伦理委员会促进所有旨在了解和学习本宪法，热爱祖国，弘扬公民美德、民主价值、共和国卓越价值，以及对人权予以尊重的教育活动。

Artículo 279. El Consejo Moral Republicano convocará un Comité de Evaluación de Postulaciones del Poder Ciudadano, el cual estará integrado por representantes de diversos sectores de la sociedad; adelantará un proceso público de cuyo resultado se obtendrá una terna por cada órgano del Poder Ciudadano, la cual será sometida a la consideración de la Asamblea Nacional. Esta, mediante el voto favorable de las dos terceras partes de sus integrantes, escogerá en un lapso no mayor de treinta días continuos, al o a la titular del órgano del Poder Ciudadano que esté en consideración. Si concluido este lapso no hay acuerdo en la Asamblea Nacional, el Poder Electoral someterá la terna a consulta popular.

En caso de no haber sido convocado el Comité de Evaluación de Postulaciones del Poder Ciudadano, la Asamblea Nacional procederá, dentro del plazo que determine la ley, a la designación del titular o la titular del órgano del Poder Ciudadano correspondiente.

Los o las integrantes del Poder Ciudadano serán removidos o removidas por la Asamblea Nacional, previo pronunciamiento del Tribunal Supremo de Justicia, de acuerdo con lo establecido en la ley.

Sección segunda: de la Defensoría del Pueblo

Artículo 280. La Defensoría del Pueblo tiene a su cargo la promoción, defensa y vigilancia de los derechos y garantías establecidos en esta Constitución y en los tratados internacionales sobre derechos humanos, además de los intereses legítimos, colectivos o difusos de los ciudadanos y ciudadanas.

La Defensoría del Pueblo actuará bajo la dirección y responsabilidad del Defensor o Defensora del Pueblo, quien será designado o designada por un único período de siete años.

Para ser Defensor o Defensora del Pueblo se requiere ser venezolano o venezolana por nacimiento y sin otra nacionalidad, mayor de treinta años, con manifiesta y demostrada competencia en materia de derechos humanos y cumplir con las exigencias de honorabilidad, ética y moral que establezca la ley. Las faltas

委内瑞拉玻利瓦尔共和国
全国制宪大会

第279条 共和国道德伦理委员会召集公民权提名审查委员会，公民权提名审查委员会由社会不同部门的代表组成。该提名审查委员会对公民权各机构遴选出三倍于应当选人的候选人名单提交国民大会审议。国民大会对于公民权各机构负责人的选举须在三十日内经其三分之二组成人员同意而通过。国民大会在此期间内不能达成一致意见的，由选举权机构提出三倍于应当选人的候选人名单交付表决。

共和国道德伦理委员会没有召集公民权提名审查委员会的，则由国民大会在法律规定的期间内指定相关公民权机构的负责人。

国民大会可依据最高法院事先公布的决定，依据法律规定撤换公民权机构的组成人员。

第二节 人民卫士办公室

第280条 人民卫士办公室负责促进、捍卫和监督本宪法和国际人权条约规定的权利和保障，捍卫公民合法的、集体的和综合性的利益。

人民卫士办公室由人民卫士领导和负责。人民卫士担任一届，一届任期七年。

人民卫士必须生来取得委内瑞拉国籍且不具有其他国家国籍，年满三十岁，具有捍卫人权的能力，并符合法律规定的名声、伦理和道德标准。人民卫士临时或永久性空缺的，

absolutas o temporales del Defensor o Defensora del Pueblo serán cubiertas de acuerdo con lo dispuesto en la ley.

Artículo 281. Son atribuciones del Defensor o Defensora del Pueblo:

1. Velar por el efectivo respeto y garantía de los derechos humanos reconocidos en esta Constitución y en los tratados, convenios y acuerdos internacionales sobre derechos humanos ratificados por la República, investigando de oficio o a instancia de parte las denuncias que lleguen a su conocimiento.

2. Velar por el correcto funcionamiento de los servicios públicos, amparar y proteger los derechos e intereses legítimos, colectivos o difusos de las personas, contra las arbitrariedades, desviaciones de poder y errores cometidos en la prestación de los mismos, interponiendo cuando fuere procedente las acciones necesarias para exigir al Estado el resarcimiento a las personas de los daños y perjuicios que les sean ocasionados con motivo del funcionamiento de los servicios públicos.

3. Interponer las acciones de inconstitucionalidad, amparo, hábeas corpus, hábeas data y las demás acciones o recursos necesarios para ejercer las atribuciones señaladas en los numerales anteriores, cuando fuere procedente de conformidad con la ley.

4. Instar al Fiscal o a la Fiscal General de la República para que intente las acciones o recursos a que hubiere lugar contra los funcionarios públicos o funcionarias públicas, responsables de la violación o menoscabo de los derechos humanos.

5. Solicitar al Consejo Moral Republicano que adopte las medidas a que hubiere lugar respecto a los funcionarios públicos o funcionarias públicas responsables de la violación o menoscabo de los derechos humanos.

6. Solicitar ante el órgano competente la aplicación de los correctivos y las sanciones a que hubiere lugar por la violación de los derechos del público consumidor y usuario, de conformidad con la ley.

依据法律规定进行递补。

第281条　人民卫士承担下列职责：

1. 监督本宪法以及共和国批准的国际人权条约、国际协定和国际协议中规定的人权得到切实尊重和保障，依其职权或根据接收到的举报对相关案件进行调查。

2. 正当行使公共服务，保护公民合法的、集体的和综合性的权利与利益，打击公共服务中的独裁、滥用职权和错误行为。采取适当行为，要求国家对因行使公共服务对当事人造成的损害和损失予以赔偿。

3. 依据法律规定行使前述责任，提起违宪诉讼、采取宪法补救措施、颁发人身保护令或个人信息保护令，以及提起其他必要的诉讼或不服申请。

4. 公职人员侵犯和损害人权时，敦促共和国总公诉人提起诉讼或对诉讼的不服申请追究相关的责任。

5. 公职人员侵犯和损害人权时，申请共和国道德伦理委员会采取适当措施。

6. 涉及侵犯公共产品的消费者和使用者的权利时，要求有关机构依据法律规定采取适当矫正措施和制裁。

7. Presentar ante los órganos legislativos municipales, estadales o nacionales, proyectos de ley u otras iniciativas para la protección progresiva de los derechos humanos.

8. Velar por los derechos de los pueblos indígenas y ejercer las acciones necesarias para su garantía y efectiva protección.

9. Visitar e inspeccionar las dependencias y establecimientos de los órganos del Estado, a fin de garantizar la protección de los derechos humanos.

10. Formular ante los órganos correspondientes las recomendaciones y observaciones necesarias para la eficaz protección de los derechos humanos, en virtud de lo cual desarrollará mecanismos de comunicación permanente con órganos públicos o privados, nacionales e internacionales, de protección y defensa de los derechos humanos.

11. Promover y ejecutar políticas para la difusión y efectiva protección de los derechos humanos.

12. Las demás que establezcan esta Constitución y la ley.

Artículo 282. El Defensor o Defensora del Pueblo gozará de inmunidad en el ejercicio de sus funciones y, por lo tanto, no podrá ser perseguido o perseguida, detenido o detenida, ni enjuiciado o enjuiciada por actos relacionados con el ejercicio de sus funciones. En cualquier caso conocerá de manera privativa el Tribunal Supremo de Justicia.

Artículo 283. La ley determinará lo relativo a la organización y funcionamiento de la Defensoría del Pueblo en los ámbitos municipal, estadal, nacional y especial. Su actividad se regirá por los principios de gratuidad, accesibilidad, celeridad, informalidad e impulso de oficio.

Sección tercera: del Ministerio Público

Artículo 284. El Ministerio Público estará bajo la dirección y responsabilidad del Fiscal o la Fiscal General de la República, quien ejercerá sus atribuciones directamente con el auxilio de los funcionarios o funcionarias que determine la ley.

7. 向市、州或国家的立法机构提供促进人权保护的法案或动议。

8. 保护土著公民的权利，采取必要措施使得上述权利得到有效保护。

9. 为确保对人权的保护，巡视和检查国家机构的组成部门和下属机构。

10. 为有效保护人权，向相关机构提供必要建议和意见，及时与国内外保护人权的公共机构或私人机构保持联系，共同建立有效的保护机制。

11. 促进和执行政策，以扩大或有效保护人权。

12. 本宪法和法律规定的其他职责。

第282条 人民卫士在履行其职责时享有豁免权，不得因履行公职的行为遭受追究、逮捕或起诉。任何此类案件的管辖权专属于最高法院。

第283条 法律规定市、州、国家和特殊区域的人民卫士办公室组织和运行的相关事项。该办公室的行为遵循免费、便利、迅速、非正式和依其职权主动进行的原则。

第三节　公共部

第284条 公共部由共和国总公诉人负责和领导。共和国总公诉人在依据法律规定确定的公职人员的辅助下直接行使其职权。

Para ser Fiscal General de la República se requieren las mismas condiciones de elegibilidad de los magistrados o magistradas del Tribunal Supremo de Justicia. El Fiscal o la Fiscal General de la República será designado o designada para un período de siete años.

Artículo 285. Son atribuciones del Ministerio Público:

1. Garantizar en los procesos judiciales el respeto a los derechos y garantías constitucionales, así como a los tratados, convenios y acuerdos internacionales suscritos por la República.

2. Garantizar la celeridad y buena marcha de la administración de justicia, el juicio previo y el debido proceso.

3. Ordenar y dirigir la investigación penal de la perpetración de los hechos punibles para hacer constar su comisión con todas las circunstancias que puedan influir en la calificación y responsabilidad de los autores o las autoras y demás participantes, así como el aseguramiento de los objetos activos y pasivos relacionados con la perpetración.

4. Ejercer en nombre del Estado la acción penal en los casos en que para intentarla o proseguirla no fuere necesaria instancia de parte, salvo las excepciones establecidas en la ley.

5. Intentar las acciones a que hubiere lugar para hacer efectiva la responsabilidad civil, laboral, militar, penal, administrativa o disciplinaria en que hubieren incurrido los funcionarios o funcionarias del sector público, con motivo del ejercicio de sus funciones.

6. Las demás que establezcan esta Constitución y la ley.

Estas atribuciones no menoscaban el ejercicio de los derechos y acciones que corresponden a los o las particulares o a otros funcionarios o funcionarias de acuerdo con esta Constitución y la ley.

共和国总公诉人的任职资格与最高法院大法官的要求相同。共和国总公诉人每届任期七年。

第285条 公共部承担下列职责：

1. 在诉讼过程中，确保宪法性权利和保障，确保共和国签署的国际条约、国际协议和国际协定相关规定。

2. 保障司法管理、诉前权利和正当程序的迅速和良好进行。

3. 安排和领导对可追究刑事责任的行为进行刑事调查，对涉及案件主要实施者和参与人的定罪和量刑的所有情节作出调查记录，对参与案件实施的所有人有利和不利的对象进行确保。

4. 除法律另有规定的情况外，在并非必须由当事人提起的诉讼中，代表国家提起和参与刑事诉讼。

5. 对公职人员因执行其公务而产生的民事、劳动、军事、刑事、行政或纪律责任提起诉讼。

6. 本宪法和法律规定的其他职责。

上述职责不影响其他参与人员或公务人员依据本宪法和法律的规定行使其权利和作出相关行为。

Artículo 286. La ley determinará lo relativo a la organización y funcionamiento del Ministerio Público en los ámbitos municipal, estadal y nacional y proveerá lo conducente para asegurar la idoneidad, probidad y estabilidad de los fiscales o las fiscales del Ministerio Público. Asimismo, establecerá las normas para garantizar un sistema de carrera para el ejercicio de su función.

Sección cuarta: de la Contraloría General de la República

Artículo 287. La Contraloría General de la República es el órgano de control, vigilancia y fiscalización de los ingresos, gastos, bienes públicos y bienes nacionales, así como de las operaciones relativas a los mismos. Goza de autonomía funcional, administrativa y organizativa, y orienta su actuación a las funciones de inspección de los organismos y entidades sujetas a su control.

Artículo 288. La Contraloría General de la República estará bajo la dirección y responsabilidad del Contralor o Contralora General de la República, quien debe ser venezolano o venezolana por nacimiento y sin otra nacionalidad, mayor de treinta años y con probada aptitud y experiencia para el ejercicio del cargo.

El Contralor o Contralora General de la República será designado o designada para un período de siete años.

Artículo 289. Son atribuciones de la Contraloría General de la República:

1. Ejercer el control, la vigilancia y fiscalización de los ingresos, gastos y bienes públicos, así como las operaciones relativas a los mismos, sin perjuicio de las facultades que se atribuyan a otros órganos, en el caso de los Estados y Municipios, de conformidad con la ley.

2. Controlar la deuda pública, sin perjuicio de las facultades que se atribuyan a otros órganos en el caso de los Estados y Municipios, de conformidad con la ley.

3. Inspeccionar y fiscalizar los órganos, entidades y personas jurídicas del sector público sometidos a su control; practicar fiscalizaciones, disponer el

委内瑞拉玻利瓦尔共和国
全国制宪大会

第286条 法律规定公共部在市、州和国家层面的组织和运行的相关事项，以确保公共部中的检察人员可以履行职责，以及保持其廉洁性和职业稳定性。同样地，制定规则确保公共部通过职业队伍体系履行其职责。

第四节 共和国总审计署

第287条 共和国总审计署负责控制、监督和审计国家收入、支出、公共财产和国家财产，以及与之相关的运作。共和国总审计署运行自治、管理自治、组织自治，对受其监督的机构和部门实施监察职能。

第288条 共和国总审计署由共和国总审计长负责和领导。共和国总审计长必须因生来取得委内瑞拉国籍且不具有其他国家国籍，年满三十岁，具备履行该项职务的能力和经验。

共和国总审计长每届任期七年。

第289条 共和国总审计长承担下列职责：

1. 对公共收入、开支和公共财产以及相关操作进行控制、监督和审计，但不得影响各州和市的其他组织依据法律规定被赋予的职权。

2. 监督公共债务，但不得影响各州和市的其他组织依据法律规定被赋予的职权。

3. 对受其监督的公共部门的机构、实体和法人进行监察和审计，对侵犯公共财富的不

inicio de investigaciones sobre irregularidades contra el patrimonio público, así como dictar las medidas, imponer los reparos y aplicar las sanciones administrativas a que haya lugar de conformidad con la ley.

4. Instar al Fiscal o a la Fiscal de la República a que ejerzan las acciones judiciales a que hubiere lugar con motivo de las infracciones y delitos cometidos contra el patrimonio público y de los cuales tenga conocimiento en el ejercicio de sus atribuciones.

5. Ejercer el control de gestión y evaluar el cumplimiento y resultado de las decisiones y políticas públicas de los órganos, entidades y personas jurídicas del sector público sujetos a su control, relacionadas con sus ingresos, gastos y bienes.

6. Las demás que establezcan esta Constitución y la ley.

Artículo 290. La ley determinará lo relativo a la organización y funcionamiento de la Contraloría General de la República y del sistema nacional de control fiscal.

Artículo 291. La Contraloría General de la Fuerza Armada Nacional es parte integrante del sistema nacional de control. Tendrá a su cargo la vigilancia, control y fiscalización de los ingresos, gastos y bienes públicos afectos a la Fuerza Armada Nacional y sus órganos adscritos, sin menoscabo del alcance y competencia de la Contraloría General de la República. Su organización y funcionamiento lo determinará la ley respectiva y estará bajo la dirección y responsabilidad del Contralor o Contralora General de la Fuerza Armada Nacional, quien será designado o designada mediante concurso de oposición.

Capítulo V
Del Poder Electoral

Artículo 292. El Poder Electoral se ejerce por el Consejo Nacional Electoral como ente rector; y son organismos subordinados a éste, la Junta Electoral

当行为进行监察、启动调查，并依据法律规定采取相应的追究措施和实施行政处罚。

4. 对履行其职权过程中发现的侵犯公共财产的违法犯罪行为，敦促共和国公诉人提起诉讼。

5. 就收入、支出和资产相关的事项，对受其监督的公共部门的机构、实体、法人的管理进行监督，对其决定和公共政策的履行和结果进行评估。

6. 本宪法和法律规定的其他职责。

第290条 法律规定共和国总审计署和国家财政监控系统组织和运行的相关事项。

第291条 国家武装力量总审计署是国家控制系统的组成部分，负责监督、控制和审计涉及国家武装力量及其附属部门收入、支出和公共财产。国家武装力量总审计署的职权不得损害共和国总审计署的职权范围和内容。其组织和运行由相关法律进行规定，由国家武装力量总审计长对其领导和负责。国家武装力量总审计长通过竞争程序予以选任。

第五章
选举权

第292条 国家选举委员会是行使选举权的领导机构，其下属组织包括国家选举理事会、民事和选民登记委员会、政治参与和财政委员会。组织法对国家选举委员会的组织和

Nacional, la Comisión de Registro Civil y Electoral y la Comisión de Participación Política y Financiamiento, con la organización y el funcionamiento que establezca la ley orgánica respectiva.

Artículo 293. El Poder Electoral tiene por funciones:

1. Reglamentar las leyes electorales y resolver las dudas y vacíos que éstas susciten o contengan.

2. Formular su presupuesto, el cual tramitará directamente ante la Asamblea Nacional y administrará autónomamente.

3. Dictar directivas vinculantes en materia de financiamiento y publicidad politicoelectorales y aplicar sanciones cuando no sean acatadas.

4. Declarar la nulidad total o parcial de las elecciones.

5. La organización, administración, dirección y vigilancia de todos los actos relativos a la elección de los cargos de representación popular de los poderes públicos, así como de los referendos.

6. Organizar las elecciones de sindicatos, gremios profesionales y organizaciones con fines políticos en los términos que señale la ley. Así mismo, podrán organizar procesos electorales de otras organizaciones de la sociedad civil a solicitud de éstas, o por orden de la Sala Electoral del Tribunal Supremo de Justicia. Las corporaciones, entidades y organizaciones aquí referidas cubrirán los costos de sus procesos eleccionarios.

7. Mantener, organizar, dirigir y supervisar el Registro Civil y Electoral.

8. Organizar la inscripción y registro de las organizaciones con fines políticos y velar porque éstas cumplan las disposiciones sobre su régimen establecidas en la Constitución y en la ley. En especial, decidirá sobre las solicitudes de constitución, renovación y cancelación de organizaciones con fines políticos, la determinación de sus autoridades legítimas y sus denominaciones provisionales, colores y símbolos.

运行进行规定。

第293条 　国家选举委员会履行下列职能：

1. 制定选举法的实施条例，解决选举法的规定中存在的任何疑问和缺漏。

2. 制定预算直接呈交国民大会处理，实行自治管理。

3. 针对政治选举的资金资助和宣传事项发布有约束力的指令，对违反指令的行为实施制裁。

4. 宣布选举全部或部分无效。

5. 对选举公权力人民代表职务相关的所有行为，及其公民投票表决事务进行组织、管理、领导和监督。

6. 根据法律相关规定，组织具有政治目的的工会、专业协会和组织的选举。同样地，选举委员会有权应公民社团机构的请求或依据最高法院选举案件庭的指示，组织该社团的选举过程。相关机构、实体和组织承担选举过程的费用。

7. 维护、组织、领导和监督民事和选民登记处。

8. 组织对具有政治目的的团体的登记和注册，监督该类团体履行宪法和法律关于其制度的规定。特别地，对具有政治目的的组织的建立、更新和注销的申请作出决定，确定该类组织的法定机关以及临时的名称、标识色和标志。

9. Controlar, regular e investigar los fondos de financiamiento de las organizaciones con fines políticos.

10. Las demás que determine la ley.

Los órganos del Poder Electoral garantizarán la igualdad, confiabilidad, imparcialidad, transparencia y eficiencia de los procesos electorales, así como la aplicación de la personalización del sufragio y la representación proporcional.

Artículo 294. Los órganos del Poder Electoral se rigen por los principios de independencia orgánica, autonomía funcional y presupuestaria, despartidización de los organismos electorales, imparcialidad y participación ciudadana; descentralización de la administración electoral, transparencia y celeridad del acto de votación y escrutinios.

Artículo 295. El Comité de Postulaciones Electorales de candidatos o candidatas a integrantes del Consejo Nacional Electoral estará integrado por representantes de los diferentes sectores de la sociedad, de conformidad con lo que establezca la ley.

Artículo 296. El Consejo Nacional Electoral estará integrado por cinco personas no vinculadas a organizaciones con fines políticos; tres de ellos o ellas serán postulados o postuladas por la sociedad civil, uno o una por las facultades de ciencias jurídicas y políticas de las universidades nacionales y uno o una por el Poder Ciudadano.

Los o las tres integrantes postulados o postuladas por la sociedad civil tendrán seis suplentes en secuencia ordinal y cada designado o designada por las universidades y el Poder Ciudadano tendrá dos suplentes, respectivamente. La Junta Nacional Electoral, la Comisión de Registro Civil y Electoral y la Comisión de Participación Política y Financiamiento, serán presididas cada una por un o una integrante postulado o postulada por la sociedad civil. Los o las integrantes del Consejo Nacional Electoral durarán siete años en sus funciones y serán elegidos o

9. 对具有政治目的的团体的资金资助进行监督、规范和调查。

10. 法律规定的其他职能。

选举权机构确保选举过程的平等、公正、效率、可靠和透明，并落实投票权的个人化和比例代表制。

第294条 选举权机构遵守组织独立、职能和预算自治、选举组织与政党分离、中立、公民参与的原则，选举管理分权化、选举和计票透明高效。

第295条 国家选举委员会候选委员的选举提名委员会，依据法律规定由社会不同部门的代表组成。

第296条 国家选举委员会由五名独立于各政党的委员组成，其中三名委员由公民社会提名产生，一名委员由国内大学的法学和政治学系提名产生，一名委员由公民权部门提名产生。

公民社会提名的三名委员具有六名依顺序的候补委员，大学和公民权机关提名的委员也有两名候补委员。国家选举理事会、民事和选民登记委员会、政治参与和财政委员会分别由公民社会提名产生的委员主持。国家选举委员会委员任期七年，且分别选举产生：公

elegidas por separado: los tres postulados o postuladas por la sociedad civil al inicio de cada período de la Asamblea Nacional, y los otros dos a la mitad del mismo.

Los o las integrantes del Consejo Nacional Electoral serán designados o designadas por la Asamblea Nacional con el voto de las dos terceras partes de sus integrantes. Los o las integrantes del Consejo Nacional Electoral escogerán de su seno a su Presidente o Presidenta, de conformidad con la ley.

Los o las integrantes del Consejo Nacional Electoral serán removidos o removidas por la Asamblea Nacional, previo pronunciamiento del Tribunal Supremo de Justicia.

Artículo 297. La jurisdicción contencioso electoral será ejercida por la Sala Electoral del Tribunal Supremo de Justicia y los demás tribunales que determine la ley.

Artículo 298. La ley que regule los procesos electorales no podrá modificarse en forma alguna en el lapso comprendido entre el día de la elección y los seis meses inmediatamente anteriores a la misma.

TÍTULO VI
DEL SISTEMA SOCIOECONÓMICO

Capítulo I
Del régimen socioeconómico y de la función del Estado en la economía

Artículo 299. El régimen socioeconómico de la República Bolivariana de Venezuela se fundamenta en los principios de justicia social, democracia, eficiencia, libre competencia, protección del ambiente, productividad y solidaridad, a los fines de asegurar el desarrollo humano integral y una existencia digna y provechosa para la colectividad. El Estado, conjuntamente con la iniciativa privada,

民社会提名的三名委员于国民大会每届任期开始时提名任命，另外两名委员于每届国民大会任期中期提名任命。

国家选举委员会委员的任命须经国民大会三分之二组成代表同意。国家选举委员会依据法律规定从其委员中选择一人担任主席。

国民大会可依据最高法院事先宣布的决定，依据法律规定撤换国家选举委员会组成人员。

第297条　选举产生的争议由最高法院选举案件庭和法律确定的其他法院进行管辖。

第298条　在选举日及此前六个月内不得以任何形式修改调整选举过程的法律。

第六编
社会经济体系

第一章
社会经济制度和国家在经济中的职能

第299条　委内瑞拉玻利瓦尔共和国社会经济制度旨在为集体确保人类整体发展、尊严和收益，以社会公正、民主、效率、自由竞争、保护环境、生产性和团结性作为基本原则。国家，联合私人部门一道，促进国家经济和谐发展，以增加就业来源、提高国内附加

promoverá el desarrollo armónico de la economía nacional con el fin de generar fuentes de trabajo, alto valor agregado nacional, elevar el nivel de vida de la población y fortalecer la soberanía económica del país, garantizando la seguridad jurídica, solidez, dinamismo, sustentabilidad, permanencia y equidad del crecimiento de la economía, para lograr una justa distribución de la riqueza mediante una planificación estratégica democrática, participativa y de consulta abierta.

Artículo 300. La ley nacional establecerá las condiciones para la creación de entidades funcionalmente descentralizadas para la realización de actividades sociales o empresariales, con el objeto de asegurar la razonable productividad económica y social de los recursos públicos que en ellas se inviertan.

Artículo 301. El Estado se reserva el uso de la política comercial para defender las actividades económicas de las empresas nacionales públicas y privadas. No se podrá otorgar a personas, empresas u organismos extranjeros regímenes más beneficiosos que los establecidos para los nacionales. La inversión extranjera está sujeta a las mismas condiciones que la inversión nacional.

Artículo 302. El Estado se reserva, mediante la ley orgánica respectiva, y por razones de conveniencia nacional, la actividad petrolera y otras industrias, explotaciones, servicios y bienes de interés público y de carácter estratégico. El Estado promoverá la manufactura nacional de materias primas provenientes de la explotación de los recursos naturales no renovables, con el fin de asimilar, crear e innovar tecnologías, generar empleo y crecimiento económico, y crear riqueza y bienestar para el pueblo.

Artículo 303. Por razones de soberanía económica, política y de estrategia nacional, el Estado conservará la totalidad de las acciones de Petróleos de Venezuela, S.A., o del ente creado para el manejo de la industria petrolera,

值、提升人民生活水平、增强国家经济主权，保证经济增长的法治可靠、稳定、动态、可
持续发展、持久和公平，以使得通过民主、参与和公开协商的战略规划确保财富的公平
分配。

第300条　国家立法，应以投入经济和社会生产中的公共资源转化为合理的经济和社会
生产力为目的，为创造功能分散化的实体实现社会和企业活动创造条件。

第301条　国家保留通过使用贸易政策保护本国国有和私营企业的经济活动的权利。不
得授予外国个人、公司和组织比本国个人、公司和组织更优惠的制度。外国投资与本国投
资适用相同的条件。

第302条　为保护国家利益，国家保留通过相关组织法，对石油活动和其他涉及公共利
益和战略性质的产业、操作、服务和产品进行规制的权利。国家通过吸收、创造和发明技
术，提高对从不可再生的自然资源中产出的原材料进行国内加工，创造就业、推动经济增
长，为人民创造财富和福祉。

第303条　为经济和政治主权以及国家战略需要，国家保持委内瑞拉国家石油公司和创
建的管理石油工业的机构的所有股权，但是委内瑞拉国家石油公司为开展其业务而已经设

exceptuando las de las filiales, asociaciones estratégicas, empresas y cualquier otra que se haya constituido o se constituya como consecuencia del desarrollo de negocios de Petróleos de Venezuela, S.A.

Artículo 304. Todas las aguas son bienes de dominio público de la Nación, insustituibles para la vida y el desarrollo. La ley establecerá las disposiciones necesarias a fin de garantizar su protección, aprovechamiento y recuperación, respetando las fases del ciclo hidrológico y los criterios de ordenación del territorio.

Artículo 305. El Estado promoverá la agricultura sustentable como base estratégica del desarrollo rural integral a fin de garantizar la seguridad alimentaria de la población; entendida como la disponibilidad suficiente y estable de alimentos en el ámbito nacional y el acceso oportuno y permanente a éstos por parte del público consumidor. La seguridad alimentaria se alcanzará desarrollando y privilegiando la producción agropecuaria interna, entendiéndose como tal la proveniente de las actividades agrícola, pecuaria, pesquera y acuícola. La producción de alimentos es de interés nacional y fundamental para el desarrollo económico y social de la Nación. A tales fines, el Estado dictará las medidas de orden financiero, comercial, transferencia tecnológica, tenencia de la tierra, infraestructura, capacitación de mano de obra y otras que fueren necesarias para alcanzar niveles estratégicos de autoabastecimiento. Además, promoverá las acciones en el marco de la economía nacional e internacional para compensar las desventajas propias de la actividad agrícola.

El Estado protegerá los asentamientos y comunidades de pescadores o pescadoras artesanales, así como sus caladeros de pesca en aguas continentales y los próximos a la línea de costa definidos en la ley.

Artículo 306. El Estado promoverá las condiciones para el desarrollo rural integral, con el propósito de generar empleo y garantizar a la población campesina un nivel adecuado de bienestar, así como su incorporación al desarrollo nacional. Igualmente fomentará la actividad agrícola y el uso óptimo de la tierra mediante la

委内瑞拉玻利瓦尔共和国
全国制宪大会

立的和未来设立的分公司、战略合资公司、企业以及其他组织的股权除外。

第304条　水资源对于生活和发展必不可少，所有水资源属于国有公共财产。为确保对水资源的保护、利用和补偿，通过制定法律对水资源循环和水文区划标准进行必要规定。

第305条　国家将促进农业的可持续作为农村综合发展的战略基础，以此保障人民的食物安全，即能够在国内稳定地获得足够的食物以提供及时且不间断的消费。安全的食物供给依赖国内农牧业的发展，来自于农业、畜牧业、渔业和水产养殖业的生产，应当将其置于优先地位。食品生产构成国家经济社会发展的国家利益和根本利益。因此，国家应出台金融、商业、技术转移、土地租赁、基础设施建设、人力资源培训和其他必要措施实现农业自给自足这一战略水平。此外，在国民经济和国际经济的框架内，对农业活动所固有的缺陷给予补偿。

国家保护个体渔民的聚落并形成社区，保护其位于内陆水域和法律确定的海岸线附近的渔场。

第306条　为创造就业机会，确保农村人口的福祉处于适当水平并将其纳入国家发展，国家为农村的综合发展创造条件。同样地，通过基础设施建设、供应、贷款、培训服务和

dotación de las obras de infraestructura, insumos, créditos, servicios de capacitación y asistencia técnica.

Artículo 307. El régimen latifundista es contrario al interés social. La ley dispondrá lo conducente en materia tributaria para gravar las tierras ociosas y establecerá las medidas necesarias para su transformación en unidades económicas productivas, rescatando igualmente las tierras de vocación agrícola. Los campesinos o campesinas y demás productores agropecuarios y productoras agropecuarias tienen derecho a la propiedad de la tierra, en los casos y formas especificados en la ley respectiva. El Estado protegerá y promoverá las formas asociativas y particulares de propiedad para garantizar la producción agrícola. El Estado velará por la ordenación sustentable de las tierras de vocación agrícola para asegurar su potencial agroalimentario.

Excepcionalmente se crearán contribuciones parafiscales con el fin de facilitar fondos para financiamiento, investigación, asistencia técnica, transferencia tecnológica y otras actividades que promuevan la productividad y la competitividad del sector agrícola. La ley regulará lo conducente a esta materia.

Artículo 308. El Estado protegerá y promoverá la pequeña y mediana industria, las cooperativas, las cajas de ahorro, así como también la empresa familiar, la microempresa y cualquier otra forma de asociación comunitaria para el trabajo, el ahorro y el consumo, bajo régimen de propiedad colectiva, con el fin de fortalecer el desarrollo económico del país, sustentándolo en la iniciativa popular. Se asegurará la capacitación, la asistencia técnica y el financiamiento oportuno.

Artículo 309. La artesanía e industrias populares típicas de la Nación gozarán de protección especial del Estado, con el fin de preservar su autenticidad, y obtendrán facilidades crediticias para promover su producción y comercialización.

委内瑞拉玻利瓦尔共和国
全国制宪大会

技术帮助，鼓励农业活动和土地的有效利用。

第307条 大庄园主制度违背社会利益。因此，应制定适当的税收法对闲置土地征税，并采取必要措施将闲置土地转化为可产生经济效益的单位或恢复为耕地。农民和其他农业生产者依据法律规定享有土地所有权。国家保护和促进有利于农业生产的土地联合形式或土地私有形式。国家监督耕地的可持续耕种，以保障粮食生产潜力。

在特殊情况下，依据法律规定设立类似税收的收费制度，为促进农业生产、提高农业生产力提供经费、研究、技术帮助、技术转移和其他活动的资金支持。

第308条 为加快国家的经济发展，国家在集体所有制下，保护和促进基于人民创造性设立的中小产业、合作经济、集资，以及家庭企业、微型企业和其他形式的社区联合，以促进就业、储蓄和消费。对此，应确保给予培训、技术支持和适当资金支持。

第309条 为使得委内瑞拉特有的手工业和民族产业保持其特色，国家对其予以特殊保护。上述手工业和民族产业通过获得信贷支持，促进生产和商业化。

Artículo 310. El turismo es una actividad económica de interés nacional, prioritaria para el país en su estrategia de diversificación y desarrollo sustentable. Dentro de las fundamentaciones del régimen socioeconómico previsto en esta Constitución, el Estado dictará las medidas que garanticen su desarrollo. El Estado velará por la creación y fortalecimiento del sector turístico nacional.

Capítulo II
Del régimen fiscal y monetario

Sección primera: del régimen presupuestario

Artículo 311. La gestión fiscal estará regida y será ejecutada con base en principios de eficiencia, solvencia, transparencia, responsabilidad y equilibrio fiscal. Esta se equilibrará en el marco plurianual del presupuesto, de manera que los ingresos ordinarios deben ser suficientes para cubrir los gastos ordinarios.

El Ejecutivo Nacional presentará a la Asamblea Nacional, para su sanción legal, un marco plurianual para la formulación presupuestaria que establezca los límites máximos de gasto y endeudamiento que hayan de contemplarse en los presupuestos nacionales. La ley establecerá las características de este marco, los requisitos para su modificación y los términos de su cumplimiento.

El ingreso que se genere por la explotación de la riqueza del subsuelo y los minerales, en general, propenderá a financiar la inversión real productiva, la educación y la salud.

Los principios y disposiciones establecidos para la administración económica y financiera nacional, regularán la de los Estados y Municipios en cuanto sean aplicables.

Artículo 312. La ley fijará límites al endeudamiento público de acuerdo con un nivel prudente en relación con el tamaño de la economía, la inversión reproductiva y la capacidad de generar ingresos para cubrir el servicio de la deuda pública. Las operaciones de crédito público requerirán, para su validez, una ley

第310条　旅游业是涉及国家利益的经济活动，在国家多元化和可持续发展战略中对国家具有优先地位。作为本宪法规定的社会经济制度的基础部分，国家采取措施保障旅游业的发展。国家负责创设和加强国内旅游产业。

第二章
财政和货币制度
第一节　预算制度

第311条　财政的管理和实施遵循效率、偿付能力、透明、责任和财政平衡的原则。财政政策须应通过经常性财政收入能足够覆盖经常性支出的方式，维持多年度预算框架平衡。

国家行政部门向国民大会提交多年度框架的预算案，供国民大会依据法律规定批准。该方案须明确国家预算支出和债务的最大限额。法律对该框架的特征、修改条件和执行期间进行规定。

通过开采地下财富和矿藏获得的收入全部用于资助生产性投资、教育和卫生事业。

国家经济管理和财政管理的原则和规定，能适用于各州和市的，同样适用于各州和市的经济管理和财政管理。

第312条　法律根据经济发展规模、再生产投资和收入支付公共债务的能力等确定公共债务的限度。除相关组织法进行规定外，公共借贷须依据特别法授权方为有效。特别法明

especial que las autorice, salvo las excepciones que establezca la ley orgánica. La ley especial indicará las modalidades de las operaciones y autorizará los créditos presupuestarios correspondientes en la respectiva ley de presupuesto.

La ley especial de endeudamiento anual será presentada a la Asamblea Nacional conjuntamente con la Ley de Presupuesto.

El Estado no reconocerá otras obligaciones que las contraídas por órganos legítimos del Poder Nacional, de acuerdo con la ley.

Artículo 313. La administración económica y financiera del Estado se regirá por un presupuesto aprobado anualmente por ley. El Ejecutivo Nacional presentará a la Asamblea Nacional, en la oportunidad que señale la ley orgánica, el proyecto de Ley de Presupuesto. Si el Poder Ejecutivo, por cualquier causa, no hubiese presentado a la Asamblea Nacional el proyecto de Ley de Presupuesto dentro del plazo establecido legalmente, o el mismo fuere rechazado por ésta, seguirá vigente el presupuesto del ejercicio fiscal en curso.

La Asamblea Nacional podrá alterar las partidas presupuestarias, pero no autorizará medidas que conduzcan a la disminución de los ingresos públicos ni gastos que excedan el monto de las estimaciones de ingresos del proyecto de Ley de Presupuesto.

Con la presentación del marco plurianual del presupuesto, la ley especial de endeudamiento y el presupuesto anual, el Ejecutivo Nacional hará explícitos los objetivos de largo plazo para la política fiscal, y explicará cómo dichos objetivos serán logrados, de acuerdo con los principios de responsabilidad y equilibrio fiscal.

Artículo 314. No se hará ningún tipo de gasto que no haya sido previsto en la Ley de Presupuesto. Sólo podrán decretarse créditos adicionales al presupuesto para gastos necesarios no previstos o cuyas partidas resulten insuficientes, siempre que el Tesoro Nacional cuente con recursos para atender la respectiva erogación; a este efecto, se requerirá previamente el voto favorable del Consejo de Ministros y la autorización de la Asamblea Nacional o, en su defecto, de la Comisión Delegada.

确借贷的形式，并根据相关预算法批准适当的预算。

年度债务特别法连同预算法一并提交国民大会。

非经合法的国家权力机构依据法律规定确认的任何债务，国家不予承认。

第313条　国家的经济和财政管理遵守每年依据法律规定批准的预算。国家行政部门根据组织法规定的时间向国民大会提交预算案。无论行政权部门因任何原因未在法律规定的时间提交预算案，或者预算案被国民大会否决，当时所在财政年度的预算仍然有效。

国民大会有权修改预算项目，但不得对预算案中减少公共收入或超过财政收入的开支予以批准。

在提交多年度预算框架、年度债务特别法和年度预算时，国家行政部门须明确表明财政政策的长期目标，并依据责任原则和财政平衡原则解释实现上述目标的方式。

第314条　不得进行预算法规定之外的任何形式的开支。只得因预算法之外的或预算项目不足的必要开支，且在国库资金得以覆盖相关支出的前提下，制定预算外的临时项目；为此，还须得到部长会议的事先投票通过，以及国民大会的批准。国民大会休会期间，则由其授权委员会进行批准。

Artículo 315. En los presupuestos públicos anuales de gastos, en todos los niveles de gobierno, se establecerá de manera clara, para cada crédito presupuestario, el objetivo específico a que esté dirigido, los resultados concretos que se espera obtener y los funcionarios públicos o funcionarias públicas responsables para el logro de tales resultados. Éstos se establecerán en términos cuantitativos, mediante indicadores de desempeño, siempre que ello sea técnicamente posible. El Poder Ejecutivo, dentro de los seis meses posteriores al vencimiento del ejercicio anual, presentará a la Asamblea Nacional la rendición de cuentas y el balance de la ejecución presupuestaria correspondiente a dicho ejercicio.

Sección segunda: del sistema tributario

Artículo 316. El sistema tributario procurará la justa distribución de las cargas públicas según la capacidad económica del o la contribuyente, atendiendo al principio de progresividad, así como la protección de la economía nacional y la elevación del nivel de vida de la población; para ello se sustentará en un sistema eficiente para la recaudación de los tributos.

Artículo 317. No podrán cobrarse impuestos, tasas, ni contribuciones que no estén establecidos en la ley, ni concederse exenciones o rebajas, ni otras formas de incentivos fiscales, sino en los casos previstos por las leyes. Ningún tributo puede tener efecto confiscatorio.

No podrán establecerse obligaciones tributarias pagaderas en servicios personales. La evasión fiscal, sin perjuicio de otras sanciones establecidas por la ley, podrá ser castigada penalmente.

En el caso de los funcionarios públicos o funcionarias públicas se establecerá el doble de la pena.

第315条　各级政府每年的公共开支预算须明确各项预算的具体使用，以及详细结果和具体负责实现上述结果的公职人员。只要技术可行，须通过履职指标规定量化条款。各财政年度结束六个月内，行政权部门须向国民大会提交上财政年度的会计报告和预算执行情况表。

第二节　税收体系

第316条　税收体系须根据纳税人的支付能力采取累进税制，确保公共负担的公平分配，同时保护国家经济，提高人民的生活水平。通过有效的征税体系达到上述目的。

第317条　任何纳税、收费和缴纳必须依据法律规定。非因法律规定的情形，不得进行免除、减扣或适用其他优惠政策。不得以没收的形式进行征税。

不得对个人性质的服务设置税收义务。对于逃税行为，可以处以刑罚，并且不因此而影响应当依法对其处以的其他制裁。

公职人员逃税的，处以双倍刑罚。

Toda ley tributaria fijará su lapso de entrada en vigencia. En ausencia del mismo se entenderá fijado en sesenta días continuos. Esta disposición no limita las facultades extraordinarias que acuerde el Ejecutivo Nacional en los casos previstos por esta Constitución.

La administración tributaria nacional gozará de autonomía técnica, funcional y financiera de acuerdo con lo aprobado por la Asamblea Nacional y su máxima autoridad será designada por el Presidente o Presidenta de la República, de conformidad con las normas previstas en la ley.

Sección tercera: del sistema monetario nacional

Artículo 318. Las competencias monetarias del Poder Nacional serán ejercidas de manera exclusiva y obligatoria por el Banco Central de Venezuela. El objetivo fundamental del Banco Central de Venezuela es lograr la estabilidad de precios y preservar el valor interno y externo de la unidad monetaria. La unidad monetaria de la República Bolivariana de Venezuela es el bolívar. En caso de que se instituya una moneda común en el marco de la integración latinoamericana y caribeña, podrá adoptarse la moneda que sea objeto de un tratado que suscriba la República.

El Banco Central de Venezuela es persona jurídica de derecho público con autonomía para la formulación y el ejercicio de las políticas de su competencia. El Banco Central de Venezuela ejercerá sus funciones en coordinación con la política económica general, para alcanzar los objetivos superiores del Estado y la Nación.

Para el adecuado cumplimiento de su objetivo, el Banco Central de Venezuela tendrá entre sus funciones las de formular y ejecutar la política monetaria, participar en el diseño y ejecutar la política cambiaria, regular la moneda, el crédito y las tasas de interés, administrar las reservas internacionales, y todas aquellas que establezca la ley.

每一部税法都须明确实施前的间隔期间。没有明确间隔期间的，视为间隔期间为六十日。但国家行政部门依据本宪法行使特别权力的，不受该规定限制。

国家税收管理依据国民大会制定的法律享有技术、操作和财政上的自治，其最高权限由共和国总统依据相关法律规定进行指定。

第三节 国家货币体系

第318条 国家的货币金融管理权独家且强制性属于委内瑞拉中央银行。委内瑞拉中央银行的基本目标是实现价格稳定，保持国内外货币单位兑换价格。委内瑞拉玻利瓦尔共和国的货币单位是玻利瓦尔。拉丁美洲和加勒比海地区一体化框架设立共同货币时，允许采用共和国签署的条约中认可的货币。

委内瑞拉中央银行是享有自治权的公法人，在其权限范围内制定和实施政策。委内瑞拉中央银行在履行其职责时须与整体经济政策相协调，以达到国家的最高目标。

为充分实现其目标，委内瑞拉中央银行具有制定和实施货币政策，参与制定和实施外汇兑换政策，规范货币、存贷款及其利率，管理国际储备和法律规定的其他职责。

Artículo 319. El Banco Central de Venezuela se regirá por el principio de responsabilidad pública, a cuyo efecto rendirá cuenta de las actuaciones, metas y resultados de sus políticas ante la Asamblea Nacional, de acuerdo con la ley. También rendirá informes periódicos sobre el comportamiento de las variables macroeconómicas del país y sobre los demás asuntos que se le soliciten e incluirá los análisis que permitan su evaluación. El incumplimiento sin causa justificada del objetivo y de las metas, dará lugar a la remoción del directorio y a sanciones administrativas, de acuerdo con la ley.

El Banco Central de Venezuela estará sujeto al control posterior de la Contraloría General de la República y a la inspección y vigilancia del organismo público de supervisión bancaria, el cual remitirá a la Asamblea Nacional informes de las inspecciones que realice. El presupuesto de gastos operativos del Banco Central de Venezuela requerirá la discusión y aprobación de la Asamblea Nacional y sus cuentas y balances serán objeto de auditoría externa en los términos que fije la ley.

Sección cuarta: de la coordinación macroeconómica

Artículo 320. El Estado debe promover y defender la estabilidad económica, evitar la vulnerabilidad de la economía y velar por la estabilidad monetaria y de precios, para asegurar el bienestar social.

El ministerio responsable de las finanzas y el Banco Central de Venezuela contribuirán a la armonización de la política fiscal con la política monetaria, facilitando el logro de los objetivos macroeconómicos. En el ejercicio de sus funciones, el Banco Central de Venezuela no estará subordinado a directivas del Poder Ejecutivo y no podrá convalidar o financiar políticas fiscales deficitarias.

La actuación coordinada del Poder Ejecutivo y del Banco Central de Venezuela se dará mediante un acuerdo anual de políticas, en el cual se establecerán los objetivos finales de crecimiento y sus repercusiones sociales, balance externo e inflación, concernientes a las políticas fiscal, cambiaria y monetaria; así como los niveles de las variables intermedias e instrumentales

第319条　委内瑞拉中央银行遵守公共责任的原则，为此，依据法律规定向国民大会报告其工作、目标和结果。委内瑞拉中央银行还应当定期针对国家的宏观调控以及被要求的其他相关事务发布报告，包括对其允许进行的评估作出详细的分析。非因正当理由未达到上述目标时，依据法律规定撤换其董事会，并给予行政处罚。

委内瑞拉中央银行接受共和国总审计署的后期监督，并接受银行业监管机构的检查和监督，银行业监管机构向国民大会提交其检查报告。委内瑞拉中央银行的运营预算须提交国民大会讨论和批准，其账户和资产负债表依据法规规定的方式接受外部审计。

第四节　宏观经济调控

第320条　国家促进和保护经济稳定，防止经济动荡，负责保持货币和价格稳定，以确保社会福祉。

负责财政的部委和委内瑞拉中央银行负责财政政策和货币政策的协调，实现国家的宏观经济目标。委内瑞拉中央银行在履行其职责时不必遵守国家行政部门的指令，不得为财政赤字政策提供背书或提供资金。

国家行政部门与委内瑞拉中央银行之间的协调通过年度政策协议达成。年度政策协议须明确财政、外汇和货币政策的最终增长目标和产生的社会影响，以及为实现上述目标所需的中间和工具变量的水平。该协议由委内瑞拉中央银行行长和负责财政的部长签署，并

requeridos para alcanzar dichos objetivos finales. Dicho acuerdo será firmado por el Presidente o Presidenta del Banco Central de Venezuela y el o la titular del ministerio responsable de las finanzas, y se divulgará en el momento de la aprobación del presupuesto por la Asamblea Nacional. Es responsabilidad de las instituciones firmantes del acuerdo que las acciones de política sean consistentes con sus objetivos. En dicho acuerdo se especificarán los resultados esperados, las políticas y las acciones dirigidas a lograrlos. La ley establecerá las características del acuerdo anual de política económica y los mecanismos de rendición de cuentas.

Artículo 321. Se establecerá por ley un fondo de estabilización macroeconómica destinado a garantizar la estabilidad de los gastos del Estado en los niveles municipal, regional y nacional, ante las fluctuaciones de los ingresos ordinarios. Las reglas de funcionamiento del fondo tendrán como principios básicos la eficiencia, la equidad y la no discriminación entre las entidades públicas que aporten recursos al mismo.

TÍTULO VII
DE LA SEGURIDAD DE LA NACIÓN
Capítulo I
Disposiciones generales

Artículo 322. La seguridad de la Nación es competencia esencial y responsabilidad del Estado, fundamentada en el desarrollo integral de ésta y su defensa es responsabilidad de los venezolanos y venezolanas; también de las personas naturales y jurídicas, tanto de derecho público como de derecho privado, que se encuentren en el espacio geográfico nacional.

Artículo 323. El Consejo de Defensa de la Nación es el máximo órgano de consulta para la planificación y asesoramiento del Poder Público en los asuntos relacionados con la defensa integral de la Nación, su soberanía y la integridad de su

在预算得到国民大会批准时予以公布。签署协议的机构负责执行政策的行为与目标保持一致。该协议详细规定预期的结果，以及为实现上述结果应制定的政策和采取的行动。法律对年度经济政策协议的特征和提交报告的机制进行规定。

第321条 为确保国家在应对通常收入波动时，在市、区域和国家层面国家支出的稳定，须依据法律规定建立宏观经济稳定基金。该基金的运营规则，以效率、公平和对注入该基金资金的公共实体不予差别对待为基本原则。

第七编
国家安全
第一章
一般规定

第322条 确保国家安全是国家的一项重要职责和责任。国家安全以国家的整体发展为基础。对国家安全进行防御是位于委内瑞拉地理空间内包括公私法人和自然人在内的所有委内瑞拉人的责任。

第323条 国家国防委员会是公权力中，就国家整体防御、主权和地理空间完整相关事务提供规划和建议的最高咨询机构。为此，该机构同时负责确立国家的战略规划。国家国

espacio geográfico. A tales efectos, le corresponde también establecer el concepto estratégico de la Nación. Presidido por el Presidente o Presidenta de la República, lo conforman, además, el Vicepresidente Ejecutivo o Vicepresidenta Ejecutiva, el Presidente o Presidenta de la Asamblea Nacional, el Presidente o Presidenta del Tribunal Supremo de Justicia, el Presidente o Presidenta del Consejo Moral Republicano y los Ministros o Ministras de los sectores de la defensa, la seguridad interior, las relaciones exteriores y la planificación, y otros cuya participación se considere pertinente. La ley orgánica respectiva fijará su organización y atribuciones.

Artículo 324. Sólo el Estado puede poseer y usar armas de guerra. Todas las que existan, se fabriquen o se introduzcan én el país pasarán a ser propiedad de la República sin indemnización ni proceso. La Fuerza Armada Nacional será la institución competente para reglamentar y controlar, de acuerdo con la ley respectiva, la fabricación, importación, exportación, almacenamiento, tránsito, registro, control, inspección, comercio, posesión y uso de otras armas, municiones y explosivos.

Artículo 325. El Ejecutivo Nacional se reserva la clasificación y divulgación de aquellos asuntos que guarden relación directa con la planificación y ejecución de operaciones concernientes a la seguridad de la Nación, en los términos que la ley establezca.

Capítulo II
De los principios de seguridad de la Nación

Artículo 326. La seguridad de la Nación se fundamenta en la corresponsabilidad entre el Estado y la sociedad civil, para dar cumplimiento a los principios de independencia, democracia, igualdad, paz, libertad, justicia, solidaridad, promoción y conservación ambiental y afirmación de los derechos humanos, así como en la satisfacción progresiva de las necesidades individuales y

防委员会由共和国总统领导，由执行副总统、国民大会主席、最高法院院长、共和国道德伦理委员会主席，负责国防事务、内务安全事务、外交事务和规划事务的部长，以及应当参与该委员会的人员组成。相关组织法对国家国防委员会的组织和职权进行规定。

第324条　只有国家有权拥有和使用战争武器。现存的、制造的和进入国内的战争武器，无须补偿，也不经任何程序，一律作为国家财产。国家武装力量是有权依据相关法律管理和控制武器、军火和爆炸品制造、进口、出口、储藏、运输、登记、控制、检查、销售、拥有和使用的机构。

第325条　对于与国家安全相关活动的规划和执行直接相关的事务，国家行政部门依据法律规定保留对其进行分类和对信息披露进行管控的权利。

第二章
国家安全的原则

第326条　国家安全的基础是国家和市民社会承担责任，贯彻独立、民主、平等、和平、自由、公正、团结、促进和保护环境、维护人权，以及不断满足委内瑞拉个人和集体

colectivas de los venezolanos y venezolanas, sobre las bases de un desarrollo sustentable y productivo de plena cobertura para la comunidad nacional. El principio de la corresponsabilidad se ejerce sobre los ámbitos económico, social, político, cultural, geográfico, ambiental y militar.

Artículo 327. La atención de las fronteras es prioritaria en el cumplimiento y aplicación de los principios de seguridad de la Nación. A tal efecto, se establece una franja de seguridad de fronteras cuya amplitud, regímenes especiales en lo económico y social, poblamiento y utilización serán regulados por la ley, protegiendo de manera expresa los parques nacionales, el hábitat de los pueblos indígenas allí asentados y demás áreas bajo régimen de administración especial.

Capítulo III
De la Fuerza Armada Nacional

Artículo 328. La Fuerza Armada Nacional constituye una institución esencialmente profesional, sin militancia política, organizada por el Estado para garantizar la independencia y soberanía de la Nación y asegurar la integridad del espacio geográfico, mediante la defensa militar, la cooperación en el mantenimiento del orden interno y la participación activa en el desarrollo nacional, de acuerdo con esta Constitución y con la ley. En el cumplimiento de sus funciones, está al servicio exclusivo de la Nación y en ningún caso al de persona o parcialidad política alguna. Sus pilares fundamentales son la disciplina, la obediencia y la subordinación. La Fuerza Armada Nacional está integrada por el Ejército, la Armada, la Aviación y la Guardia Nacional, que funcionan de manera integral dentro del marco de su competencia para el cumplimiento de su misión, con un régimen de seguridad social integral propio, según lo establezca su respectiva ley orgánica.

Artículo 329. El Ejército, la Armada y la Aviación tienen como responsabilidad esencial la planificación, ejecución y control de las operaciones

的需要等原则，以整个国家有效地可持续发展为基础。责任原则适用于经济、社会、政治、文化、地理、环境和军事等领域。

第327条　国家安全诸原则的实现首要落实在边境安全事务上。为保证边境安全，设立边境安全带，并由法律确立边境安全带的宽度、该范围内特殊的经济社会制度，以及该区域内的居住和使用规定。根据该法律规定的方式保护区域内的国家公园、土著人居住区和该特别管理制度下的其他区域。

第三章
国家武装力量

第328条　国家武装力量是国家组织的保障国家独立和主权完整、确保领土完整的主要职业化机构。国家武装力量不得带有任何政治倾向，依据本宪法和法律，通过军事防御和合作，维护国内秩序、保护参与国家发展的各项活动。国家武装力量专为国家履行其职能，任何情况下都不服务于任何个人或政党。国家武装力量的根本基础是纪律、服从和听令。国家武装力量，由陆军、海军、空军和国家警卫队组成，在为履行其使命相匹配的职责范围和整体社会安全体系内，依据相关组织法以整体的方式运行。

第329条　陆军、海军和空军承担计划、执行和监督国防所需军事行动的根本职责。国

militares requeridas para asegurar la defensa de la Nación. La Guardia Nacional cooperará en el desarrollo de dichas operaciones y tendrá como responsabilidad básica la conducción de las operaciones exigidas para el mantenimiento del orden interno del país. La Fuerza Armada Nacional podrá ejercer las actividades de policía administrativa y de investigación penal que le atribuya la ley.

Artículo 330. Los o las integrantes de la Fuerza Armada Nacional en situación de actividad tienen derecho al sufragio de conformidad con la ley, sin que les esté permitido optar a cargo de elección popular, ni participar en actos de propaganda, militancia o proselitismo político.

Artículo 331. Los ascensos militares se obtienen por mérito, escalafón y plaza vacante. Son competencia exclusiva de la Fuerza Armada Nacional y estarán regulados por la ley respectiva.

Capítulo IV
De los órganos de seguridad ciudadana

Artículo 332. El Ejecutivo Nacional, para mantener y restablecer el orden público, proteger a los ciudadanos y ciudadanas, hogares y familias, apoyar las decisiones de las autoridades competentes y asegurar el pacífico disfrute de las garantías y derechos constitucionales, de conformidad con la ley, organizará:

1. Un cuerpo uniformado de policía nacional.
2. Un cuerpo de investigaciones científicas, penales y criminalísticas.
3. Un cuerpo de bomberos y bomberas y administración de emergencias de carácter civil.
4. Una organización de protección civil y administración de desastres.

Los órganos de seguridad ciudadana son de carácter civil y respetarán la dignidad y los derechos humanos, sin discriminación alguna.

家警卫队为执行上述活动提供合作，同时为提供维护国内秩序所需的行动承担基本责任。国家武装力量可依据法律规定执行行政类警事活动和刑事调查活动。

第330条　国家武装力量组成人员依据法律规定享有选举权，但不得竞选任何须经民选才能当选的职务，也不得参与政治宣传、攻势或游说。

第331条　军人的晋升依据其功勋，依照级别和因职位空缺进行。军人的晋升权限专属于国家武装力量，并依据相关法律规定。

第四章
公民安全机构

第332条　国家行政部门依据法律规定维持和重建公共秩序，保护公民个人和家庭，支持相关当局的决定，确保和平享有宪法保障和宪法权利。国家行政部门负责组织：

1. 统一的国家警察队伍。

2. 科学的刑事侦查队伍。

3. 民用消防和应急管理队伍。

4. 民事保护和灾难管理组织。

各公民安全机构具有民事性质，应当尊重人格尊严和人权，不得进行任何歧视。

La función de los órganos de seguridad ciudadana constituye una competencia concurrente con los Estados y Municipios en los términos establecidos en esta Constitución y en la ley.

TÍTULO VIII
DE LA PROTECCIÓN DE ESTA CONSTITUCIÓN
Capítulo I
De la garantía de esta Constitución

Artículo 333. Esta Constitución no perderá su vigencia si dejare de observarse por acto de fuerza o porque fuere derogada por cualquier otro medio distinto al previsto en ella.

En tal eventualidad, todo ciudadano investido o ciudadana investida o no de autoridad, tendrá el deber de colaborar en el restablecimiento de su efectiva vigencia.

Artículo 334. Todos los jueces o juezas de la República, en el ámbito de sus competencias y conforme a lo previsto en esta Constitución y en la ley, están en la obligación de asegurar la integridad de esta Constitución.

En caso de incompatibilidad entre esta Constitución y una ley u otra norma jurídica, se aplicarán las disposiciones constitucionales, correspondiendo a los tribunales en cualquier causa, aun de oficio, decidir lo conducente.

Corresponde exclusivamente a la Sala Constitucional del Tribunal Supremo de Justicia, como jurisdicción constitucional, declarar la nulidad de las leyes y demás actos de los órganos que ejercen el Poder Público dictados en ejecución directa e inmediata de esta Constitución o que tengan rango de ley, cuando colidan con aquella.

各公民安全机构的职能，依据本宪法和法律规定，与各州和市构成共有权限。

第八编
本宪法的保护
第一章
本宪法的保障

第333条 不得通过武力和非本宪法规定的任何其他废除方式使得本宪法丧失其效力。

每个公民，不论是否供职于权力部门，在发生上述不当事件时，都有为恢复本宪法的切实效力而提供合作的义务。

第334条 共和国的所有法官在其职权范围内，均有义务依据本宪法和法律的规定，确保本宪法的完整性。

法官在其审理的任何案件中，本宪法与法律或其他法律规定之间出现不一致时，无须当事人请求而依其职权，适用宪法条款进行裁决。

对与宪法相抵触的法律，以及行使公共权力的机构制定的直接实施本宪法的法案和具有法律地位的法案，最高法院宪法庭作为行使宪法管辖权的机构，具有专有的宣布其无效的权力。

REPÚBLICA BOLIVARIANA DE VENEZUELA
ASAMBLEA NACIONAL CONSTITUYENTE

Artículo 335. El Tribunal Supremo de Justicia garantizará la supremacía y efectividad de las normas y principios constitucionales; será el máximo y último intérprete de esta Constitución y velará por su uniforme interpretación y aplicación. Las interpretaciones que establezca la Sala Constitucional sobre el contenido o alcance de las normas y principios constitucionales son vinculantes para las otras Salas del Tribunal Supremo de Justicia y demás tribunales de la República.

Artículo 336. Son atribuciones de la Sala Constitucional del Tribunal Supremo de Justicia:

1. Declarar la nulidad total o parcial de las leyes nacionales y demás actos con rango de ley de la Asamblea Nacional, que colidan con esta Constitución.

2. Declarar la nulidad total o parcial de las Constituciones y leyes estadales, de las ordenanzas municipales y demás actos de los cuerpos deliberantes de los Estados y Municipios dictados en ejecución directa e inmediata de esta Constitución y que colidan con ella.

3. Declarar la nulidad total o parcial de los actos con rango de ley dictados por el Ejecutivo Nacional, que colidan con esta Constitución.

4. Declarar la nulidad total o parcial de los actos en ejecución directa e inmediata de esta Constitución, dictados por cualquier otro órgano estatal en ejercicio del Poder Público, cuando colidan con ésta.

5. Verificar, a solicitud del Presidente o Presidenta de la República o de la Asamblea Nacional, la conformidad con esta Constitución de los tratados internacionales suscritos por la República, antes de su ratificación.

6. Revisar en todo caso, aun de oficio, la constitucionalidad de los decretos que declaren estados de excepción dictados por el Presidente o Presidenta de la República.

7. Declarar la inconstitucionalidad de las omisiones del poder legislativo municipal, estadal o nacional cuando haya dejado de dictar las normas o

408

第335条　最高法院确保宪法规则和原则具有权威性和效力。最高法院是宪法的最高和最终解释者，负责宪法的统一解释和适用。最高法院的解释具有最高法律效力。最高法院宪法庭对宪法规则、宪法原则的内容和范围所作出的解释，对最高法院其他庭和共和国其他法院具有约束力。

第336条　最高法院宪法庭具有下列职权：

1. 国家立法和国民大会制定的具有法律效力的其他法案与宪法相抵触的，宣布其全部或部分无效。

2. 州宪法、州法律、市政条例和各州及市有关部门规定的直接实施本宪法的其他法案与本宪法相抵触的，宣布其全部或部分无效。

3. 国家行政部门指定具有法律效力的法案与本宪法相抵触的，宣布其全部或部分无效。

4. 行使公权力的其他任何州立机构制定的直接实施本宪法的法案与本宪法相抵触的，宣布其全部或部分无效。

5. 应共和国总统或国民大会申请，对共和国已经签署的国际条约在进行批准前，根据本宪法对其进行审查。

6. 对共和国总统宣布进入例外状态的所有命令，无须当事人请求而依其职权审查其合宪性。

7. 宣布市、州、国家立法机关因疏忽而未依据本宪法的要求制定的相关规范或措施构成违宪，或是因制定的规范和措施不完全符合宪法的要求构成违宪。最高法院宪法庭也有权对上述

medidas indispensables para garantizar el cumplimiento de esta Constitución, o las haya dictado en forma incompleta; y establecer el plazo y, de ser necesario, los lineamientos de su corrección.

8. Resolver las colisiones que existan entre diversas disposiciones legales y declarar cuál debe prevalecer.

9. Dirimir las controversias constitucionales que se susciten entre cualesquiera de los órganos del Poder Público.

10. Revisar las sentencias definitivamente firmes de amparo constitucional y de control de constitucionalidad de leyes o normas jurídicas dictadas por los tribunales de la República, en los términos establecidos por la ley orgánica respectiva.

11. Las demás que establezcan esta Constitución y la ley.

Capítulo II
De los estados de excepción

Artículo 337. El Presidente o Presidenta de la República, en Consejo de Ministros, podrá decretar los estados de excepción. Se califican expresamente como tales las circunstancias de orden social, económico, político, natural o ecológico, que afecten gravemente la seguridad de la Nación, de las instituciones y de los ciudadanos y ciudadanas, a cuyo respecto resultan insuficientes las facultades de las cuales se disponen para hacer frente a tales hechos. En tal caso, podrán ser restringidas temporalmente las garantías consagradas en esta Constitución, salvo las referidas a los derechos a la vida, prohibición de incomunicación o tortura, el derecho al debido proceso, el derecho a la información y los demás derechos humanos intangibles.

Artículo 338. Podrá decretarse el estado de alarma cuando se produzcan catástrofes, calamidades públicas u otros acontecimientos similares que pongan

规范和措施经修改构成合宪确定时间界限，有权在必要时对纠正上述不足提供指导方针。

8. 解决不同法律规定之间的冲突，宣布其中具有优先效力的法律规定。

9. 解决任何公权力机构之间的宪法争议。

10. 根据相关组织法的规定，对共和国法院依据宪法进行保护的规定和法律法规中关于宪法监督的规定作出的最终确定判决进行审查。

11. 本宪法和法律规定的其他职权。

第二章
例外状态

第337条 共和国总统通过部长会议，有权宣布进入例外状态。进入例外状态必须满足社会、经济、政治、自然或生态环境严重影响到国家安全、国家制度安全和公民安全，现有权力已不足以应对上述问题的情形。进入例外状态的，本宪法规定的保障可以受到临时限制，但不得包括涉及生命权、禁止不公开逮捕或酷刑、正当程序的权利、知情权以及其他尚未规定的人权。

第338条 发生严重危及国家和公民安全的自然灾害、公共灾难和其他类似事件的，可

seriamente en peligro la seguridad de la Nación, o de sus ciudadanos y ciudadanas. Dicho estado de excepción durará hasta treinta días, siendo prorrogable hasta por treinta días más.

Podrá decretarse el estado de emergencia económica cuando se susciten circunstancias económicas extraordinarias que afecten gravemente la vida económica de la Nación. Su duración será de hasta sesenta días, prorrogable por un plazo igual.

Podrá decretarse el estado de conmoción interior o exterior en caso de conflicto interno o externo, que ponga seriamente en peligro la seguridad de la Nación, de sus ciudadanos y ciudadanas, o de sus instituciones. Se prolongará hasta por noventa días, siendo prorrogable hasta por noventa días más.

La aprobación de la prórroga de los estados de excepción corresponde a la Asamblea Nacional. Una ley orgánica regulará los estados de excepción y determinará las medidas que pueden adoptarse con base en los mismos.

Artículo 339. El decreto que declare el estado de excepción, en el cual se regulará el ejercicio del derecho cuya garantía se restringe, será presentado, dentro de los ocho días siguientes de haberse dictado, a la Asamblea Nacional o a la Comisión Delegada, para su consideración y aprobación, y a la Sala Constitucional del Tribunal Supremo de Justicia, para que se pronuncie sobre su constitucionalidad. El decreto cumplirá con las exigencias, principios y garantías establecidos en el Pacto Internacional de Derechos Civiles y Políticos y en la Convención Americana sobre Derechos Humanos. El Presidente o Presidenta de la República podrá solicitar su prórroga por un plazo igual, y será revocado por el Ejecutivo Nacional o por la Asamblea Nacional o por su Comisión Delegada, antes del término señalado, al cesar las causas que lo motivaron.

La declaración del estado de excepción no interrumpe el funcionamiento de los órganos del Poder Público.

以宣布进入戒备状态。该例外状态可持续不超过三十日，并可以再延长三十日。

出现严重影响国家经济生活的非常规经济情况的，可以宣布进入非常经济状态。非常经济状态可持续六十日，并可以延长相同期限。

出现严重危及国家、公民或国家制度安全的内部冲突或外部冲突，可以宣布进入内部动乱状态或外部动乱状态。该状态可持续九十日，并可以再延长九十日。

国民大会负责批准例外状态的延期。制定组织法，对例外状态以及因例外状态可以采取的措施进行规定。

第339条 宣布进入例外状态的命令中，应当明确限制予以保障的权利实施，并在公布上述命令后八日内提交国民大会或其授权的委员会供其审议和批准，并提交最高法院宪法庭供其对上述命令的合宪性作出裁决。宣布进入例外状态的命令，必须遵守《公民权利和政治权利国际公约》以及《美洲人权公约》确立的要求、原则和保障。共和国总统有权申请将例外状态延长相同期限，国家行政部门、国民大会或国民大会的授权委员会可以在指定的例外状态的期限届满前，因构成宣布例外状态的原因丧失而对宣布进入例外状态的命令予以撤销。

宣布进入例外状态，并不中断公权力机构行使其职能。

TÍTULO IX
DE LA REFORMA CONSTITUCIONAL

Capítulo I
De las enmiendas

Artículo 340. La enmienda tiene por objeto la adición o modificación de uno o varios artículos de esta Constitución, sin alterar su estructura fundamental.

Artículo 341. Las enmiendas a esta Constitución se tramitarán en la forma siguiente:

1. La iniciativa podrá partir del quince por ciento de los ciudadanos inscritos y las ciudadanas inscritas en el Registro Civil y Electoral; o de un treinta por ciento de los o las integrantes de la Asamblea Nacional o del Presidente o Presidenta de la República en Consejo de Ministros.

2. Cuando la iniciativa parta de la Asamblea Nacional, la enmienda requerirá la aprobación de ésta por la mayoría de sus integrantes y se discutirá, según el procedimiento establecido en esta Constitución para la formación de leyes.

3. El Poder Electoral someterá a referendo las enmiendas a los treinta días siguientes a su recepción formal.

4. Se considerarán aprobadas las enmiendas de acuerdo con lo establecido en esta Constitución y en la ley relativa al referendo aprobatorio.

5. Las enmiendas serán numeradas consecutivamente y se publicarán a continuación de esta Constitución sin alterar el texto de ésta, pero anotando al pie del artículo o artículos enmendados la referencia de número y fecha de la enmienda que lo modificó.

Capítulo II
De la reforma constitucional

Artículo 342. La reforma constitucional tiene por objeto una revisión parcial de esta Constitución y la sustitución de una o varias de sus normas que no modifiquen la estructura y principios fundamentales del texto constitucional.

委内瑞拉玻利瓦尔共和国
全国制宪大会

第九编
宪法改革
第一章
宪法修正

第340条　宪法修正旨在增加或修改宪法的个别或某些条款，但不得改变本宪法的基本结构。

第341条　通过宪法修正应遵循下列程序：

1. 作出宪法修正动议的权力属于在公民与选举登记处登记的至少百分之十五的公民，或国民大会至少百分之三十的组成人员，或共和国总统通过部长会议行使。

2. 由国民大会启动宪法修正动议时，须根据本宪法规定的立法程序进行讨论，并获得国民大会组成人员的多数通过。

3. 选举权部门应在正式收悉宪法修正草案三十日内交付公民投票表决。

4. 所谓宪法修正草案的批准，应当依据本宪法和关于通过公民投票表决通过法案的法律规定。

5. 宪法修正以连续形式编排，在不改变宪法文本的前提下将修正文本附在宪法文本后部予以公布，但应以脚注的形式对被修正的条款进行注释，并注明修正的序号和时间。

第二章
宪法改革

第342条　宪法改革旨在对本宪法的部分内容进行重新规定，或对个别或某些规定进行更换，但不得修改本宪法文本的基本结构和基本原则。

La iniciativa de la reforma de esta Constitución podrán tomarla la Asamblea Nacional mediante acuerdo aprobado por el voto de la mayoría de sus integrantes; el Presidente o Presidenta de la República en Consejo de Ministros; o un número no menor del quince por ciento de los electores inscritos y electoras inscritas en el Registro Civil y Electoral que lo soliciten.

Artículo 343. La iniciativa de reforma constitucional será tramitada por la Asamblea Nacional en la forma siguiente:

1. El proyecto de reforma constitucional tendrá una primera discusión en el período de sesiones correspondiente a la presentación del mismo.

2. Una segunda discusión por Título o Capítulo, según fuere el caso.

3. Una tercera y última discusión artículo por artículo.

4. La Asamblea Nacional aprobará el proyecto de reforma constitucional en un plazo no mayor de dos años, contados a partir de la fecha en la cual conoció y aprobó la solicitud de reforma.

5. El proyecto de reforma se considerará aprobado con el voto de las dos terceras partes de los o las integrantes de la Asamblea Nacional.

Artículo 344. El proyecto de reforma constitucional aprobado por la Asamblea Nacional se someterá a referendo dentro de los treinta días siguientes a su sanción. El referendo se pronunciará en conjunto sobre la reforma, pero podrá votarse separadamente hasta una tercera parte de ella, si así lo aprobara un número no menor de una tercera parte de la Asamblea Nacional o si en la iniciativa de reforma así lo hubiere solicitado el Presidente o Presidenta de la República o un número no menor del cinco por ciento de los electores inscritos y electoras inscritas en el Registro Civil y Electoral.

Artículo 345. Se declarará aprobada la reforma constitucional si el número de votos afirmativos, es superior al número de votos negativos. La iniciativa de

行使宪法改革动议的权力须满足：国民大会经其多数组成人员表决赞成达成的决议；或共和国总统通过部长会议；或是在公民与选举登记处登记的至少百分之十五公民。

第343条　国民大会提出宪法改革时，遵守下列程序：

1. 宪法改革草案在其提出的立法会会期内进行第一轮讨论。

2. 根据宪法改革的内容，逐编逐章地进行第二轮讨论。

3. 逐条进行第三轮，也是最后一轮讨论。

4. 国民大会在自受理和通过宪法改革申请之日起，在不超过两年内对宪法改革草案作出是否批准的决定。

5. 国民大会组成人员三分之二以上赞成宪法改革草案的，宪法改革草案视为通过。

第344条　宪法改革草案获得国民大会通过后，自其通过之日起三十日内交付公民投票表决。宪法改革草案须作为整体，决定是否予以通过。但经国民大会至少三分之一组成人员同意，或由共和国总统作出宪法改革动议时，或是相当于公民与选举登记处登记的至少百分之五选民要求，可对宪法改革草案其中的三分之一及以上部分进行分别批准。

第345条　赞成票多于反对票的，宪法改革获得通过。宪法改革动议未予通过的，在国

reforma constitucional que no sea aprobada, no podrá presentarse de nuevo en un mismo período constitucional a la Asamblea Nacional.

Artículo 346. El Presidente o Presidenta de la República estará obligado u obligada a promulgar las enmiendas o reformas dentro de los diez días siguientes a su aprobación. Si no lo hiciere, se aplicará lo previsto en esta Constitución.

Capítulo III
De la Asamblea Nacional Constituyente

Artículo 347. El pueblo de Venezuela es el depositario del poder constituyente originario. En ejercicio de dicho poder, puede convocar una Asamblea Nacional Constituyente con el objeto de transformar el Estado, crear un nuevo ordenamiento jurídico y redactar una nueva Constitución.

Artículo 348. La iniciativa de convocatoria a la Asamblea Nacional Constituyente podrán tomarla el Presidente o Presidenta de la República en Consejo de Ministros; la Asamblea Nacional, mediante acuerdo de las dos terceras partes de sus integrantes; los Concejos Municipales en cabildo, mediante el voto de las dos terceras partes de los mismos; o el quince por ciento de los electores inscritos y electoras inscritas en el Registro Civil y Electoral.

Artículo 349. El Presidente o Presidenta de la República no podrá objetar la nueva Constitución.

Los poderes constituidos no podrán en forma alguna impedir las decisiones de la Asamblea Nacional Constituyente.

Una vez promulgada la nueva Constitución, ésta se publicará en la Gaceta Oficial de la República Bolivariana de Venezuela o en la Gaceta de la Asamblea Nacional Constituyente.

民大会的同一个宪法规定的任期内，不得重新提起宪法改革动议。

第346条　共和国总统有义务于宪法修正案或宪法改革案通过后十日内将其颁布。共和国总统未按期颁布的，适用本宪法的相关规定。

第三章
全国制宪大会

第347条　原始制宪权属于委内瑞拉人民。人民为变革国家、设置新的法律秩序和起草新宪法召集全国制宪大会，行使原始制宪权。

第348条　下列情形可行使召集全国制宪大会的动议：共和国总统通过部长会议；国民大会三分之二组成人员同意；市政委员会召开会议并经三分之二组成人员投票通过；或在公民与选举登记处登记的百分之十五公民认可。

第349条　共和国总统无权对新宪法提出反对。

现有权力部门不得以任何方式阻止全国制宪大会的决定。

新宪法一经颁布，同时在《委内瑞拉玻利瓦尔共和国官方公报》或《全国制宪大会公报》上刊登。

Artículo 350. El pueblo de Venezuela, fiel a su tradición republicana, a su lucha por la independencia, la paz y la libertad, desconocerá cualquier régimen, legislación o autoridad que contraríe los valores, principios y garantías democráticos o menoscabe los derechos humanos.

DISPOSICIÓN DEROGATORIA

Única. Queda derogada la Constitución de la República de Venezuela decretada el veintitrés de enero de mil novecientos sesenta y uno. El resto del ordenamiento jurídico mantendrá su vigencia en todo lo que no contradiga esta Constitución.

DISPOSICIONES TRANSITORIAS

Primera. La ley especial sobre el régimen del Distrito Capital, prevista en el artículo 18 de esta Constitución, será aprobada por la Asamblea Nacional Constituyente y preservará la integridad territorial del Estado Miranda. Mientras se aprueba la ley especial, se mantiene en vigencia el régimen previsto en la Ley Orgánica del Distrito Federal y en la Ley Orgánica de Régimen Municipal.

Segunda. Mientras se dicta la ley prevista en el artículo 38 de esta Constitución, sobre adquisición, opción, renuncia y recuperación de la nacionalidad, se considerarán con domicilio en Venezuela los extranjeros o extranjeras que habiendo ingresado y permanecido legalmente en el territorio nacional, hayan declarado su intención de fijar domicilio en el país, tengan medios lícitos de vida y hayan residido en Venezuela ininterrumpidamente durante dos años.

Por residencia se entenderá la estadía en el país con ánimo de permanecer en él. Las declaraciones de voluntad previstas en los artículos 32, 33 y 36 de esta

委内瑞拉玻利瓦尔共和国
全国制宪大会

第350条　委内瑞拉人民，忠诚于共和传统，为独立、和平和自由而斗争，否认违反民主价值、民主原则、民主保障或侵犯人权的制度、立法和权力。

废止性规定

独立条　颁布于一九六一年一月二十三日的《委内瑞拉共和国宪法》特此废除。其余与本宪法不抵触的法律规定仍然有效。

过渡性规定

第一条　根据本宪法第18条的规定制定的关于首都区管理的特别法，须经全国制宪大会批准，并确保米兰达州的地域完整。在该特别法通过之前，联邦区组织法和市政管理组织法中有关管理相关的规定仍然有效。

第二条　在本宪法第38条规定的有关国籍获得、选择、放弃和重新获得的法律颁布之时，已进入并合法停留在委内瑞拉境内的外国人，且已经宣布希望在委内瑞拉确定住所地、具有合法方式谋生、已经连续在委内瑞拉之内居住满两年的，认为其住所地位于委内瑞拉。

所谓居所，应理解为在一国境内逗留且具有持续居住的意愿。关于本宪法第32条、第

421

REPÚBLICA BOLIVARIANA DE VENEZUELA
ASAMBLEA NACIONAL CONSTITUYENTE

Constitución se harán en forma auténtica por la persona interesada cuando sea mayor de edad, o por su representante legal, si no ha cumplido veintiún años.

Tercera. La Asamblea Nacional, dentro de los primeros seis meses siguientes a su instalación, aprobará:

1. Una reforma parcial del Código Penal para incluir el delito de desaparición forzada de personas, previsto en el artículo 45 de esta Constitución. Mientras no se apruebe esta reforma se aplicará, en lo que sea posible, la Convención Interamericana Sobre Desaparición Forzada de Personas.

2. Una ley orgánica sobre estados de excepción.

3. Una ley especial para establecer las condiciones y características de un régimen especial para los Municipios José Antonio Páez y Rómulo Gallegos, del Estado Apure. Para la elaboración de esta ley, se oirá la opinión del Presidente o Presidenta de la República, de la Fuerza Armada Nacional, de la representación que designe el Estado en cuestión y demás instituciones involucradas en la problemática fronteriza.

Cuarta. Dentro del primer año, contado a partir de su instalación, la Asamblea Nacional aprobará:

1. La legislación sobre la sanción a la tortura, ya sea mediante ley especial o reforma del Código Penal.

2. Una ley orgánica sobre refugiados o refugiadas y asilados o asiladas, acorde con los términos de esta Constitución y los tratados internacionales sobre la materia ratificados por Venezuela.

3. Mediante la reforma de la Ley Orgánica del Trabajo, un nuevo régimen para el derecho a prestaciones sociales reconocido en el artículo 92 de esta Constitución, el cual integrará el pago de este derecho de forma proporcional al tiempo de servicio y calculado de conformidad con el último salario devengado, estableciendo un lapso para su prescripción de diez años. Durante este lapso, mientras no entre en vigencia la reforma de la ley seguirá aplicándose de forma transitoria el régimen de la prestación

422

委内瑞拉玻利瓦尔共和国
全国制宪大会

33条和第36条规定的意愿表达，对于已经达到法定成年的，应当以能反映其真实意思的方式进行；对于尚未年满二十一岁的，由其法定代理人作出。

第三条 国民大会在其设立后的前六个月内，通过：

1. 《刑法典》的部分条款的修正案，以纳入本宪法第45条规定的强迫人员失踪罪。在上述修正案通过之前，适用《美洲国家间关于人员强迫失踪的公约》中可以适用的规定。

2. 关于例外状态的组织法。

3. 关于规定实行特别制度的阿普雷州何塞·安东尼奥·巴鄂斯市和罗慕洛·加列戈斯市的条件和特点的特别法。制定该法的过程中，须听取共和国总统、国家武装力量总司令、所涉及州委派的代表，及所有涉及边境问题的机构的代表的意见。

第四条 国民大会在其设立后的一年内，通过：

1. 关于制裁酷刑罪的立法，可以采用特别法的形式或《刑法典》修正案的形式进行规定。

2. 关于难民与庇护的组织法，其规定与本宪法和委内瑞拉批准的相关国际条约中的规定保持一致。

3. 《劳动组织法》修正案，对本宪法第92条承认的获得劳动者遣散费的权利设立新的规定。此规定应建立依据工作时间和离职前薪金标准计算遣散费的规定，并为此项权利设立长达十年的诉讼时效期间。该修正案生效之前，由现行《劳动组织法》建立并实施的根

de antigüedad establecido en la Ley Orgánica del Trabajo vigente. Asimismo, contemplará un conjunto de normas integrales que regulen la jornada laboral y propendan a su disminución progresiva, en los términos previstos en los acuerdos y convenios de la Organización Internacional del Trabajo suscritos por la República.

4. Una ley orgánica Procesal del Trabajo que garantice el funcionamiento de una jurisdicción laboral autónoma y especializada, y la protección del trabajador o trabajadora en los términos previstos en esta Constitución y en las leyes. La Ley Orgánica Procesal del Trabajo estará orientada por los principios de gratuidad, celeridad, oralidad, inmediatez, prioridad de la realidad de los hechos, la equidad y rectoría del juez o jueza en el proceso.

5. La legislación referida al Sistema Judicial, a la Administración Pública Nacional, al Poder Ciudadano, al Poder Electoral y a la legislación tributaria, de régimen presupuestario y de crédito público.

   Una ley orgánica sobre la defensa pública. Hasta tanto se sancione dicha ley, la Comisión de Funcionamiento y Reestructuración del Sistema Judicial estará a cargo del desarrollo y operatividad efectiva del Sistema Autónomo de la Defensa Pública, a los fines de garantizar el derecho a la defensa.

6. Una ley que desarrolle la hacienda pública estadal estableciendo, con apego a los principios y normas de esta Constitución, los tributos que la compongan, los mecanismos de su aplicación y las disposiciones que la regulen.

7. La legislación que desarrolle los principios constitucionales sobre el régimen municipal. De conformidad con ella, los órganos legislativos de los Estados procederán a sancionar los instrumentos normativos que correspondan a la potestad organizadora que tienen asignada con respecto a los Municipios y demás entidades locales y a la división politicoterritorial en cada jurisdicción. Se mantienen los Municipios y parroquias existentes hasta su adecuación al nuevo régimen previsto en dicho ordenamiento.

8. La ley a la cual se ajustará el Banco Central de Venezuela. Dicha ley fijará, entre otros aspectos, el alcance de las funciones y forma de organización

据工龄计算的办法继续生效。同样地，还应当根据国际劳工组织的协议和共和国签署的协定的规定，设立一套关于工作时间，并推动不断减少工作时间的全面标准。

4. 《劳动诉讼组织法》，以保证自主和专门化的劳动管辖体系运行和根据本宪法和法律的规定对劳动者进行保护。《劳动诉讼组织法》以诉讼的免费、迅速、口头、即时、优先考虑事实、公平和法官主导原则为指导。

5. 司法权体系、国家公共管理、公民权、选举权、税法、预算制度和公共财政制度相关的立法。

关于公共防卫相关的组织法。直至此法通过，司法系统运行和重建委员会负责公共防卫自治系统的发展和有效运作，以保证防卫权的行使。

6. 保证各州公共财政发展的法律，该法律制定税金的组成、其运行的机制，以及管理的规定应与本宪法确立的原则和规定相一致。

7. 关于市政管理中发展本宪法规定的原则的立法。依照该立法，各州的立法机构根据分配给各市、地方实体和各政治单元的管辖权限制定规范性立法。现有各市和市辖区域的制度，在上述规范性立法规定的新管理制度出台前，继续予以适用。

8. 调整委内瑞拉中央银行的法律。该法应作出包括但不仅限于以下方面的规定：该实体的职能范围和组织形式；其主席和董事会成员的职权、任期、选任方式、免职、不得兼

del instituto; el funcionamiento, período, forma de elección, remoción, régimen de incompatibilidades y requisitos para la designación de su Presidente o Presidenta y Directores o Directoras; las reglas contables para la constitución de sus reservas y el destino de sus utilidades; la auditoría externa anual de las cuentas y balances, a cargo de firmas especializadas, seleccionadas por el Ejecutivo Nacional; y el control posterior por parte de la Contraloría General de la República en lo que se refiere a la legalidad, sinceridad, oportunidad, eficacia y eficiencia de la gestión administrativa del Banco Central de Venezuela.

La ley establecerá que el Presidente o Presidenta y demás integrantes del Directorio del Banco Central de Venezuela representarán exclusivamente el interés de la Nación, a cuyo efecto fijará un procedimiento público de evaluación de los méritos y credenciales de las personas postuladas a dichos cargos.

La ley establecerá que al Poder Ejecutivo corresponderá la designación del Presidente o Presidenta del Banco Central de Venezuela y, al menos, de la mitad de sus Directores o Directoras; y establecerá los términos de participación del Poder Legislativo Nacional en la designación y ratificación de estas autoridades.

9. La ley del cuerpo de policía nacional. En dicha ley se establecerá el mecanismo de integración del Cuerpo Técnico de Vigilancia del Tránsito y Transporte Terrestre al cuerpo de policía nacional.

Quinta. En el término no mayor de un año, a partir de la entrada en vigencia de esta Constitución, la Asamblea Nacional dictará una reforma del Código Orgánico Tributario que establezca, entre otros aspectos:

1. La interpretación estricta de las leyes y normas tributarias, atendiendo al fin de las mismas y a su significación económica, con el objeto de eliminar ambigüedades.

2. La eliminación de excepciones al principio de no retroactividad de la ley.

职规定和任职资格；建立储备金的会计规则和使用目的；考虑到委内瑞拉中央银行行政事务工作的法定性、严肃性、时效性、效果和效率，每年由国家行政权部门选择的专业机构对账户和收支状况进行独立审计，并受共和国总审计署的控制。

该法规定委内瑞拉中央银行的主席和其他董事会成员仅代表国家利益，其任职依据对候选人进行的业绩和任职资格的公开评估程序予以确定。

该法规定行政权部门有权向委内瑞拉中央银行指派主席和至少半数的董事会成员，并规定国家立法权部门有权对上述人员进行指定和批准。

9. 有关国家警察部队的法律。该法应当规定陆路运输技术监督部门纳入国家警察部队的机制。

第五条 在本宪法生效之日起不超过一年之内，国民大会颁布《税法组织法典》修正案，规定下列事项：

1. 考虑到有关税收的法律法规的目的和重要经济意义，严格解释有关税收的法律和规定，以消除歧义。

2. 在法不溯及既往的原则下废除原法律规定的例外情况。

3. Ampliar el concepto de renta presunta con el objeto de dotar con mejores instrumentos a la administración tributaria.

4. Eliminar la prescripción legal para delitos tributarios graves, los cuales deben ser tipificados en el Código Orgánico Tributario.

5. La ampliación de las penas contra asesores o asesoras, bufetes de abogados o de abogadas, auditores externos o auditoras externas y otros u otras profesionales que actúen en complicidad para cometer delitos tributarios, incluyendo períodos de inhabilitación en el ejercicio de la profesión.

6. La ampliación de las penas y la severidad de las sanciones contra delitos de evasión fiscal, aumentando los períodos de prescripción.

7. La revisión de atenuantes y agravantes de las sanciones para hacerlas más estrictas.

8. La ampliación de las facultades de la administración tributaria en materia de fiscalización.

9. El incremento del interés moratorio para disuadir la evasión fiscal.

10. La extensión del principio de solidaridad, para permitir que los directores o directoras y asesores o asesoras respondan con sus bienes en caso de convalidar delitos tributarios.

11. La introducción de procedimientos administrativos más expeditos.

Sexta. La Asamblea Nacional, en un lapso de dos años, legislará sobre todas las materias relacionadas con esta Constitución. Se le dará prioridad a las leyes orgánicas sobre pueblos indígenas, educación y fronteras.

Séptima. A los fines previstos en el artículo 125 de esta Constitución, mientras no se apruebe la ley orgánica correspondiente, la elección de los y las representantes indígenas a la Asamblea Nacional, a los Consejos Legislativos y a los Concejos Municipales, se regirá por los siguientes requisitos de postulación y mecanismos:

3. 扩大推算收入的概念，以便向税收行政部门提供更好的法律依据。

4. 废除严重侵犯税收制度犯罪的法定追诉时效，《税法组织法典》中应当对严重侵犯税收制度犯罪的类型化作出规定。

5. 扩大对顾问、律师事务所、外部审计师和其他专业人员共同实施税收相关犯罪进行的刑罚，包括设立其在一段时间内不得从事相关专业工作。

6. 增加逃税罪的刑罚和制裁程度，延长法定追诉时效。

7. 对减轻和加重情节进行重新规定，从而使制裁更加严格。

8. 扩大税收行政部门在管制领域的权限。

9. 增加拖欠税费的利息率以防止逃税行为。

10. 扩大连带原则，一旦确定构成税收相关罪行，允许董事会成员或财务顾问以其财产承担责任。

11. 引入更迅速的行政程序。

第六条　国民大会在两年之内通过有关本宪法所有相关问题的立法。优先通过有关土著人民、教育和边境相关的组织法。

第七条　为执行本宪法第125条的规定，在尚未通过相关组织法前进行的国民大会、州立法会、市政委员会选举时，依据以下推选条件和机制产生土著代表：

Todas las comunidades u organizaciones indígenas podrán postular candidatos y candidatas que sean indígenas.

Es requisito indispensable, para ser candidato o candidata, hablar su idioma indígena y cumplir con, al menos, una de las siguientes condiciones:

1. Haber ejercido un cargo de autoridad tradicional en su respectiva comunidad.

2. Tener conocida trayectoria en la lucha social en pro del reconocimiento de su identidad cultural.

3. Haber realizado acciones en beneficio de los pueblos y comunidades indígenas.

4. Pertenecer a una organización indígena legalmente constituida con un mínimo de tres años de funcionamiento.

Se establecerán tres regiones: Occidente, compuesta por los Estados Zulia, Mérida y Trujillo; Sur, compuesta por los Estados Amazonas y Apure; y Oriente, compuesta por los Estados Bolívar, Delta Amacuro, Monagas, Anzoátegui y Sucre.

Cada uno de los Estados que componen las regiones elegirá un representante. El Consejo Nacional Electoral declarará electo al candidato o electa a la candidata que hubiere obtenido la mayoría de los votos válidos en su respectiva región o circunscripción.

Los candidatos o las candidatas . indígenas estarán en el tarjetón de su respectivo Estado o circunscripción y todos los electores y electoras de ese Estado podrán votarlos o votarlas.

Para los efectos de la representación indígena en los Consejos Legislativos y en los Concejos Municipales de los Estados y Municipios con población indígena, se tomará el censo oficial de 1992 de la Oficina Central de Estadística e Informática. Las elecciones se realizarán de acuerdo con las normas y requisitos aquí establecidos.

El Consejo Nacional Electoral garantizará, con apoyo de expertos o expertas indigenistas y organizaciones indígenas, el cumplimiento de los requisitos aquí señalados.

所有土著人民的团体和组织有权推选土著候选人。

成为土著候选人必须能使用其土著语言进行交流，并符合下列至少一项条件：

1. 曾在该团体中担任传统权威职位。

2. 公认参与推动承认其文化认同的社会活动。

3. 曾参与维护土著人民和团体的福祉的活动。

4. 隶属于合法建立的土著组织，且该组织已至少运行三年。

建立三个地区：西部地区，包括苏利亚州、梅里达州和特鲁希略州；南部地区，包括亚马逊州和阿普雷州；东部地区，包括玻利瓦尔州、阿马库罗三角洲州、莫纳加斯州、安索阿特吉州和苏克雷州。

组成上述地区的每个州选举一名代表。国家选举委员会宣布在相关地区或区域内获得多数有效选票的候选人作为代表。

土著候选人应当出现在其州或该区域选举的选票上，该州内的所有选民有权对土著候选人进行投票。

为保障土著人民所在的州和市的州立法会、市政委员会中具有土著代表，依据中央统计和信息办公室1992年进行的官方普查数据予以确定。根据本条规定的规则和要求进行选举。

国家选举委员会在土著人专家和土著人民组织的帮助下，保证履行本条所列的要求。

Octava. Mientras no se promulguen las nuevas leyes electorales previstas en esta Constitución los procesos electorales serán convocados, organizados, dirigidos y supervisados por el Consejo Nacional Electoral.

Para el primer período del Consejo Nacional Electoral, previsto en esta Constitución, todos sus integrantes serán designados o designadas simultáneamente. En la mitad del período, dos de sus integrantes serán renovados o renovadas de acuerdo con lo establecido en la ley orgánica correspondiente.

Novena. Mientras no se dicten las leyes relativas al Capítulo IV del Título V de esta Constitución, se mantendrán en vigencia las leyes orgánicas del Ministerio Público y de la Contraloría General de la República. En cuanto a la Defensoría del Pueblo, el o la titular será designado o designada de manera provisoria por la Asamblea Nacional Constituyente. El Defensor o Defensora del Pueblo adelantará lo correspondiente a la estructura organizativa, integración, establecimiento de presupuesto e infraestructura física, tomando como base las atribuciones que le establece esta Constitución.

Décima. Lo dispuesto en el numeral 4 del artículo 167 de esta Constitución sobre la obligación que tienen los Estados de destinar un mínimo del cincuenta por ciento del situado constitucional a la inversión, entrará en vigencia a partir del primero de enero del año dos mil uno.

Decimoprimera. Hasta tanto se dicte la legislación nacional relativa al régimen de las tierras baldías, la administración de las mismas continuará siendo ejercida por el Poder Nacional, conforme a la legislación vigente.

Decimosegunda. La demarcación del hábitat indígena a que se refiere el artículo 119 de esta Constitución, se realizará dentro del lapso de dos años contados a partir de la fecha de entrada en vigencia de esta Constitución.

第八条　本宪法规定的新的选举法颁布前，选举程序由国家选举委员会负责召集、组织、领导和监督。

为保证本宪法规定的国家选举委员会在其第一个任期得以开展工作，其所有组成成员同时产生。当此任期过半时，依据相关组织法的规定替换其中两名组成成员。

第九条　本宪法第五编第四章规定的相关法律尚未制定前，关于公共部、共和国总审计署的组织法仍然有效。人民卫士办公室的负责人由全国制宪大会临时指派。人民卫士以本宪法规定的职权为基础，推进人民卫士办公室的相关组织结构、组成、预算建立和结构建设。

第十条　本宪法第167条第4项规定的各州有义务将至少百分之五十宪法性财政分配收入用于投资的规定，自二零零一年一月一日起生效。

第十一条　关于闲置土地制度相关的国家立法制定前，国家权力部门继续依据现行立法对该事项进行管理。

第十二条　本宪法第119条规定的土著人民的居住划界，须在本宪法生效之日起两年内进行。

Decimotercera. Hasta tanto los Estados asuman por ley estadal las competencias referidas en el numeral 7 del artículo 164 de esta Constitución, se mantendrá el régimen vigente.

Decimocuarta. Mientras no se dicte la legislación que desarrolle los principios de esta Constitución sobre el régimen municipal, continuarán plenamente vigentes las ordenanzas y demás instrumentos normativos de los Municipios, relativos a las materias de su competencia y al ámbito fiscal propio, que tienen atribuido conforme al ordenamiento jurídico aplicable antes de la sanción de esta Constitución.

Decimoquinta. Hasta tanto se apruebe la legislación a que se refiere el artículo 105 de esta Constitución, se mantendrá .en vigencia el ordenamiento jurídico aplicable antes de la sanción de esta Constitución.

Decimosexta. Para el enriquecimiento del acervo histórico de la Nación, el cronista de la Asamblea Nacional Constituyente coordinará lo necesario para salvaguardar las grabaciones o registros que de las sesiones y actividades de la Asamblea Nacional Constituyente se realizaron en imagen, en sonido; en documentos escritos, digitales, fotográficos o hemerográficos; y en cualquier otra forma de documento elaborado.

Todos estos documentos quedarán bajo la protección del Archivo General de la Nación.

Decimoséptima. El nombre de la República, una vez aprobada esta Constitución, será "República Bolivariana de Venezuela", tal como está previsto en su artículo uno. Es obligación de las autoridades e instituciones, tanto públicas como privadas, que deban expedir registros, títulos o cualquier otro documento, utilizar el nombre de "República Bolivariana de Venezuela", de manera inmediata.

第十三条 各州依据国家立法进行本宪法第164条第7项规定的征收前，维持现行制度。

第十四条 在市政管理制度中贯彻本宪法规定原则的立法制定前，各市制定的关于其权限和本级财政范围的规章和其他规范性文书，只要依据本宪法颁布前制定的法律规定可以适用，继续充分有效。

第十五条 本宪法第105条规定的事项的立法通过前，本宪法颁布前制定的可以适用的法律规定继续有效。

第十六条 为丰富国家的历史遗产，全国制宪大会的记录者尽可能协调各种方式，对全国制宪大会所有活动和会议中的文件、数字、照片、定期出版物以及其他任何形式的文件，以图像、声音的方式进行保存和记录。

所有上述文件交予国家档案总署，由其进行保护。

第十七条 本宪法一经通过，共和国的国名即为"委内瑞拉玻利瓦尔共和国"，该国名在本宪法文本第一条中已经规定。所有公私权力机构和组织有义务立即在其记录、证书和其他文件中使用"委内瑞拉玻利瓦尔共和国"的名称。

En trámites rutinarios las dependencias administrativas agotarán el inventario documental de papelería; su renovación se hará progresivamente con la mencionada denominación, en un plazo que no excederá de cinco años.

La circulación de monedas acuñadas y billetes emitidos con el nombre de "República de Venezuela", estará regulada por la reforma de la Ley del Banco Central de Venezuela contemplada en la Disposición Transitoria cuarta de esta Constitución, en función de hacer la transición a la denominación "República Bolivariana de Venezuela".

Decimoctava. A los fines de asegurar la vigencia de los principios establecidos en el artículo 113 de esta Constitución, la Asamblea Nacional dictará una ley que establezca, entre otros aspectos, el organismo de supervisión, control y fiscalización que deba asegurar la efectiva aplicación de estos principios y las disposiciones y demás reglas que los desarrollen.

La persona que presida o dirija este organismo será designada por el voto de la mayoría de los diputados o diputadas a la Asamblea Nacional, previo informe favorable de una comisión especial designada de su seno al efecto.

La ley establecerá que los funcionarios o funcionarias de la Administración Pública y los jueces o juezas llamados o llamadas a conocer y decidir las controversias relacionadas con las materias a que se refiere el artículo 113 de esta Constitución, observen, con carácter prioritario y excluyente, los principios allí definidos y se abstengan de aplicar cualquier disposición susceptible de generar efectos contrarios a ellos.

La ley establecerá en las concesiones de servicios públicos, la utilidad para el concesionario o concesionaria y el financiamiento de las inversiones estrictamente vinculadas a la prestación del servicio, incluyendo las mejoras y ampliaciones que la autoridad competente considere razonables y apruebe en cada caso.

处理日常事务的行政单位在用尽库存公文用纸后，逐步更换为包括上述国名的公文用纸，但该期间不得超过五年。

流通中的铸有或印有"委内瑞拉共和国"名称的硬币和纸币，根据本宪法过渡性规定第四条中的《委内瑞拉中央银行法》的修正案规定，实现向铸有或印有"委内瑞拉共和国"名称的硬币和纸币转变。

第十八条 为了保证本宪法第113条规定的原则的效力，国民大会制定法律对各方面的监督、控制和管制的机构进行规定，确保原则、规定及其发展出的其他规则的切实适用。

该机构的主席或领导人员由国民大会代表的多数赞成予以任命，并由国民大会指定的特别委员会就此任命作出报告。

法律进行规定，由行使公共管理的公务人员和法官采用优先和由其独家受理的方式，依据本宪法确立的原则，负责评估和裁决本宪法第113条规定的事项的相关争议，同时避免适用可能使结果背道而驰的其他任何规定。

法律设立公共服务的特许制度，规定受特许权受让人的利益、与此公共服务密切相关投资的来源，包括规定不同情况下改善和扩大规模时相关权力机构认为是否合理，以及该权力机构的批准。

DISPOSICIÓN FINAL

Única. Esta Constitución entrará en vigencia el mismo día de su publicación en la Gaceta Oficial de la República de Venezuela, después de su aprobación por el pueblo mediante referendo.

Aprobada por el pueblo de Venezuela, mediante referendo constituyente, a los quince días del mes de diciembre de mil novecientos noventa y nueve, y proclamada por la Asamblea Nacional Constituyente en Caracas, a los veinte días del mes de diciembre de mil novecientos noventa y nueve. Año 189° de la Independencia y 140° de la Federación.

Luis Miquilena

El Presidente de la Asamblea Nacional Constituyente,

Isaías Rodríguez

Primer Vicepresidente de la Asamblea Nacional Constituyente,

Aristóbulo Istúriz

Segundo Vicepresidente de la Asamblea Nacional Constituyente,

委内瑞拉玻利瓦尔共和国
全国制宪大会

最后规定

独立条　本宪法自其经公民投票表决通过后，于《委内瑞拉共和国官方公报》公布之日起生效。

由委内瑞拉人民一九九九年十二月十五日通过制宪公民投票通过，并由全国制宪会议一九九九年十二月二十日于加拉加斯宣布。适逢独立纪年第189年，联邦纪年第140年。

路易斯·米基雷纳

全国制宪大会主席

伊萨亚斯·罗德里格斯

全国制宪大会第一副主席

阿里斯多布罗·伊斯杜里斯

全国制宪大会第二副主席

REPÚBLICA BOLIVARIANA DE VENEZUELA
ASAMBLEA NACIONAL CONSTITUYENTE

Los constituyentes nacionales

ALBERTO FRANCESCHI

ALFREDO PEÑA

ALLAN BREWER CARIAS

ANGELA ZAGO

CLAUDIO FERMÍN

EARLE HERRERA

EDMUNDO CHIRINOS

EUSTOQUIO CONTRERAS

GUILLERMO GARCÍA PONCE

HERMANN ESCARRÁ

国家制宪会议成员

阿尔贝尔多·弗兰西斯奇

阿尔弗雷多·培尼亚

阿岩·布鲁尔·卡里亚斯

安赫拉·萨果

格劳蒂奥·费尔明

厄阿尔勒·埃雷拉

阿德蒙德·奇里诺斯

埃乌斯托奇奥·孔特雷拉斯

吉耶尔摩·加尔西亚·庞塞

埃尔曼·埃斯卡拉

JESÚS RAFAEL SULBARÁN

JORGE OLAVARRÍA

LEOPOLDO PUCHI

LUIS VALLENILLA

MANUEL QUIJADA

MARISABEL DE CHAVEZ

PABLO MEDINA

PEDRO ORTEGA DÍAZ

REYNA ROMERO GARCÍA

RICARDO COMBELLAS

TAREK WILLIAM SAAB

委内瑞拉玻利瓦尔共和国
全国制宪大会

赫苏斯·拉斐尔·苏尔巴兰

乔治·奥兰瓦尼亚

莱奥波尔多·普奇

路易斯·巴仁尼亚

曼努埃尔·基哈达

玛丽萨贝尔·德·查韦斯

巴勃罗·梅迪娜

佩德罗·奥尔德加·迪亚斯

雷伊娜·罗梅罗·加尔西亚

利卡尔多·克贝亚思

达雷克·威廉·萨博

443

REPÚBLICA BOLIVARIANA DE VENEZUELA
ASAMBLEA NACIONAL CONSTITUYENTE

VINÏCIO ROMERO MARTÍNEZ

DISTRITO FEDERAL

DESIRÉE SANTOS AMARAL

ELIÉZER OTAIZA CASTILLO

ERNESTO ALVARENGA

FREDDY BERNAL ROSALES

JULIO CESAR ALVIÁREZ

NICOLAS MADURO MOROS

SEGUNDO MELÉNDEZ

VLADIMIR VILLEGAS

ESTADO AMAZONAS

LIBORIO GUARULLA GARRIDO

委内瑞拉玻利瓦尔共和国
全国制宪大会

比尼西奥·罗梅罗·马尔丁内斯

联邦区制宪会议成员

德斯雷·桑托斯·爱玛莱尔

艾丽泽·奥泰萨·卡斯蒂略

埃尔涅斯托·阿尔瓦伦加

弗莱迪·伯纳尔·罗萨莱斯

胡里奥·塞萨尔·阿尔维亚雷斯

尼古拉斯·马杜罗·莫罗斯

塞古多·梅伦德斯

弗拉迪米尔·维耶加斯

亚马逊州制宪会议成员

利博里奥·瓜路亚·加里多

NELSON SILVA

ESTADO ANZOÁTEGUI

ÁNGEL RODRÍGUEZ

DAVID DE LIMA SALAS

DAVID FIGUEROA

ELÍAS LÓPEZ PORTILLO

GUSTAVO PEREIRA

ESTADO APURE

CRISTOBAL JIMÉNEZ

RAFAEL RODRÍGUEZ FERNÁNDEZ

纳尔逊·西里维娅

安索阿特吉州制宪会议成员

安赫尔·罗德里格斯

大卫·德·利马·萨拉斯

大卫·菲戈罗阿

艾利亚斯·洛佩斯·波尔蒂略

古斯达沃·佩雷拉

阿普雷州制宪会议成员

克里斯多瓦尔·吉梅内斯

拉斐尔·罗德里格斯·费尔南德斯

ESTADO ARAGUA

ALBERTO JORDÁN

ANTONIO DI GIAMPAOLO

CARLOS TABLANTE

HUMBERTO PRIETO

OSCAR FEO

ESTADO barinas

FRANCISCO VISCONTI OSORIO

JOSÉ LEÓN TAPIA CONTRERAS

ESTADO BOLÍVAR

ALEJANDRO SILVA MARCANO

委内瑞拉玻利瓦尔共和国
全国制宪大会

阿拉瓜州制宪会议成员

阿尔伯托·霍尔丹·埃尔南德斯

安东尼奥·迪·詹保罗

卡洛斯·泰布兰特

胡姆贝托·普瑞托

奥斯卡·菲奥

巴里纳斯州制宪会议成员

弗朗西斯科·维斯康蒂·奥索里奥

何塞·雷昂·达比亚·孔特雷拉斯

玻利瓦尔州制宪会议成员

亚历山大·西里瓦·马尔卡诺

ANTONIO BRICEÑO

DANIEL DÍAZ

LEONEL JIMÉNEZ CARUPE

VICTORIA MATA

ESTADO CARABOBO

ELIO GÓMEZ GRILLO

MANUEL VADELL GRATEROL

AMÉRICO DÍAZ NUÑEZ

BLANCANIEVE PORTOCARRERO

DIEGO SALAZAR

安东尼奥·布里塞尼奥

丹尼尔·迪亚斯

莱昂内尔·吉梅内斯·卡鲁比

维多利亚·马塔

卡拉沃沃州制宪会议成员

埃利奥·戈梅斯·格里略

曼努尔·巴德尔·格拉特罗尔

阿美利哥·迪亚斯·努涅斯

布兰卡尼尔维·波托卡雷罗

迭戈·萨拉查尔

FRANCISCO AMELIACH ORTA

JUAN JOSÉ MARÍN LAYA

OSCAR NAVAS TORTOLERO

SAÚL ORTEGA

ESTADO COJEDES

HAYDÉE DE FRANCO

JUAN BAUTISTA PÉREZ

ESTADO DELTA AMACURO

CÉSAR PÉREZ MARCANO

RAMÓN ANTONIO YÁNEZ

弗朗西斯科·何塞·阿梅利亚奇·奥尔塔

胡安·何塞·马琳·拉亚

奥斯卡·纳瓦斯·托尔托雷洛

萨乌尔·奥特加

科赫德斯州制宪会议成员

阿伊特·德·佛朗哥

胡安·巴蒂斯塔·佩雷斯

阿马库罗三角洲州制宪会议成员

塞萨尔·佩雷斯·马尔卡诺

拉莫·安东尼奥·亚内斯

ESTADO FALCÓN

JESÚS MONTILLA APONTE

SOL MUSSETT DE PRIMERA

YOEL ACOSTA CHIRINOS

ESTADO GUARICO

ÁNGEL EUGENIO LANDAETA

PEDRO SOLANO PERDOMO

RUBEN ALFREDO ÁVILA ÁVILA

ESTADO LARA

ANTONIO JOSÉ GARCÍA

ENRIQUE PERAZA

委内瑞拉玻利瓦尔共和国
全国制宪大会

法尔孔州制宪会议成员

赫苏斯·蒙迪亚·阿庞特

索尔·姆塞特·德·普莉美拉

约埃尔·阿科斯塔·茨里诺斯

瓜里科州制宪会议成员

安赫尔·埃乌赫尼奥·兰达埃塔

佩德罗·索拉诺·佩尔多莫

鲁本·阿尔费雷多·阿维拉·阿维拉

拉腊州制宪会议成员

安东尼奥·何塞·加尔西亚

恩里克·佩拉萨

HENRI FALCÓN

LENIN ROMERO

LUIS REYES REYES

MIRNA VIES DE ÁLVAREZ

REINALDO ROJAS

ESTADO MÉRIDA

ADÁN CHÁVEZ FRÍAS

FLORENCIO PORRAS ECHEZURÍA

PAUSIDES REYES GÓMEZ

亨利·法尔孔

雷宁·罗梅罗

路易斯·雷耶斯·雷耶斯

米尔纳·毕耶斯·德·阿尔瓦雷斯

雷纳尔多·罗哈斯

梅里达州制宪会议成员

亚当·查韦斯·弗里亚斯

弗罗伦西奥·波拉斯·埃彻苏里亚

巴布斯德斯·雷耶斯·戈梅斯

ESTADO MIRANDA

ELÍAS JAUA MILANO

FREDDY GUTIÉRREZ

HAYDÉE MACHÍN

JOSÉ VIELMA MORA

JOSÉ RANGEL AVALOS

LUIS GAMARGO

MIGUEL MADRIZ

RAÚL ESTE

RODOLFO SANZ

WILLIAM LARA

米兰达州制宪会议成员

埃利亚斯·豪阿·米拉诺

弗莱迪·古铁雷斯

阿伊德·玛青

何塞·比艾尔玛·莫拉

何塞·兰赫尔·阿瓦洛斯

路易斯·卡玛尔戈

米盖尔·马德里斯

劳尔·艾斯特

鲁道夫·桑斯

威廉·拉娜

República Bolivariana de Venezuela
Asamblea Nacional Constituyente

WILLIAM OJEDA

ESTADO MONAGAS

JOSÉ BRICEÑO TORREALBA

MARELIS PÉREZ MARCANO

NUMA ROJAS VELÁSQUEZ

ESTADO NUEVA ESPARTA

ALEXIS NAVARRO ROJAS

VIRGILIO ÁVILA VIVAS

ANTONIA MUÑOZ

MIGUEL GARRANCHÁN VELÁSQUEZ

委内瑞拉玻利瓦尔共和国
全国制宪大会

威廉·奥赫达

莫纳加斯州制宪会议成员

何塞·布里塞尼奥·托莱埃尔巴

马雷利斯·佩雷斯·马尔卡诺

努玛·罗哈斯·贝拉斯克斯

新埃斯帕塔州制宪会议成员

亚历克西斯·纳瓦罗·罗哈斯

比尔希里奥·阿维拉·维瓦斯

安东尼娅·蒙洛斯

米盖尔·格兰查安·贝拉斯克斯

República Bolivariana de Venezuela
Asamblea Nacional Constituyente

WILMAR CASTRO SOTELDO

ESTADO SUCRE

JESÚS MOLINA VILLEGAS

JOSÉ LUIS MEZA

LUIS ACUÑA CEDEÑO

ESTADO TÁCHIRA

IRIS VARELA RANGEL

RONALD BLANCO LA CRUZ

SAMUEL LÓPEZ RIVAS

TEMÍSTOCLES SALAZAR

威玛尔·卡斯特罗·索特尔多

苏克雷州制宪会议成员

赫苏斯·莫利纳·维利加斯

何塞·路易斯·梅萨

路易斯·奥古斯托·阿库尼亚·塞德尼奥

塔奇拉州制宪会议成员

伊利斯·瓦雷拉·兰赫尔

罗纳尔德·布兰科·拉·克鲁兹

塞穆尔·洛佩斯·尼瓦斯

特密斯多克雷斯·萨拉查

República Bolivariana de Venezuela
Asamblea Nacional Constituyente

ESTADO TRUJILLO

GERARDO MÁRQUEZ

GILMER VILORIA

ESTADO VARGAS

ANTONIO RODRÍGUEZ

JAIME BARRIOS

ESTADO YARACUY

BRAULIO ALVAREZ

NESTOR LEÓN HEREDIA

ESTADO ZULIA

ALBERTO URDANETA

特鲁希略州制宪会议成员

赫拉尔多·马尔克斯

吉曼·维多利亚

瓦尔加斯州制宪会议成员

安东尼奥·罗德里格斯

加依梅·巴里奥斯

亚拉奎州制宪会议成员

布拉乌利奥·埃尔瓦雷斯

内斯托尔·莱昂·艾雷斯亚

苏利亚州制宪会议成员

阿尔伯托·乌尔丹内达

República Bolivariana de Venezuela
Asamblea Nacional Constituyente

ATALA URIANA

FROILÁN BARRIOS NIEVES

GASTÓN PARRA LUZARDO

GEOVANY FINOL FERNÁNDEZ

JORGE LUIS DURAN CENTENO

LEVY ARRON ALTER VALERO

MARIA DE QUEIPO

MARIO ISEA BOHORQUEZ

RAFAEL COLMENAREZ

ROBERTO JIMÉNEZ MAGGIOLLO

阿塔拉·乌莉安娜

弗罗依兰·巴里奥斯·尼维斯

卡斯顿·巴拉·卢萨尔多

乔瓦尼·菲诺尔·费尔南德斯

豪尔赫·路易斯·杜兰·圣特诺

利维·亚纶·阿尔特尔·瓦莱罗

玛利亚·德·基伊博

马里奥·伊塞安·博霍尔克斯

拉斐尔·科尔蒙纳雷斯

罗伯特·吉米内斯·马乔洛

SILVESTRE VILLALOBOS

YLDEFONSO FINOL

LAS COMUNIDADES INDÍGENAS

GUILLERMO GUEVARA

JOSÉ LUIS GONZÁLEZ

NOELÍ POCATERRA

LOS SECRETARIOS

ELVIS AMOROSO   ALEJANDRO ANDRADE

西尔维斯特雷·维亚罗伯斯

伊尔德方索·菲诺尔

土著人民制宪会议成员

吉耶摩·格瓦拉

何塞·路易斯·冈萨雷斯

诺尔里·博卡特拉

秘书

埃尔维斯·阿莫罗斯　　　　亚历桑德罗·安德拉德

República Bolivariana de Venezuela
Asamblea Nacional Constituyente

Enmienda N° 1
de la Constitución
de la República Bolivariana
de Venezuela
1999

Sancionada por la Asamblea Nacional
el 14-01-2009, aprobada por el Pueblo Soberano,
en Referéndum Constitucional, el 15-02-2009
y promulgada por el Presidente
de la República Bolivariana de Venezuela,
Hugo Chávez Frías, el 19-02-2009.

委内瑞拉玻利瓦尔共和国
全国制宪大会

委内瑞拉
玻利瓦尔共和国
1999年
宪法
第一修正案

国民大会

2009年1月14日制定，人民主权经宪法公民投票，

2009年2月15日通过

委内瑞拉玻利瓦尔共和国总统

乌戈·查韦斯·弗里亚斯，

2009年2月19日颁布。

LA ASAMBLEA NACIONAL
DE LA REPÚBLICA BOLIVARIANA DE VENEZUELA
DECRETA

la siguiente,

ENMIENDA N° 1 DE LA CONSTITUCIÓN
DE LA REPÚBLICA BOLIVARIANA DE VENEZUELA

Artículo 1. Se enmienda la Constitución de la República Bolivariana de Venezuela, mediante la modificación de los artículos 160, 162, 174, 192 y 230, en la forma siguiente:

Artículo 160. El gobierno y administración de cada Estado corresponde a un Gobernador o Gobernadora. Para ser Gobernador o Gobernadora se requiere ser venezolano o venezolana, mayor de veinticinco años y de estado seglar.

El Gobernador o Gobernadora será elegido o elegida por un período de cuatro años por mayoría de las personas que voten. El Gobernador o Gobernadora podrá ser reelegido o reelegida.

Artículo 162. El Poder Legislativo se ejercerá en cada Estado por un Consejo Legislativo conformado por un número no mayor de quince ni menor de siete integrantes, quienes proporcionalmente representarán a la población del Estado y de los Municipios. El Consejo Legislativo tendrá las atribuciones siguientes:

1. Legislar sobre las materias de la competencia estadal.

2. Sancionar la Ley de Presupuesto del Estado.

3. Las demás que establezcan esta Constitución y la ley.

Los requisitos para ser integrante del Consejo Legislativo, la obligación de rendición anual de cuentas y la inmunidad en su jurisdicción territorial, se regirán por las normas que esta Constitución establece para los diputados y diputadas a la

国民大会
委内瑞拉玻利瓦尔共和国
制定

如下，

委内瑞拉玻利瓦尔共和国
宪法第一修正案

第一条 对委内瑞拉玻利瓦尔共和国宪法第160条、第162条、第174条、第192条和第230条进行修改，形成如下形式修正：

第160条 州长负责各州的管理和行政事务。州长必须是年满二十五岁的委内瑞拉人，且不是神职人员。

州长经由参加选举的多数票产生，任期四年。州长可连选连任。

第162条 立法权由各州的立法会行使。立法会的组成人数根据州和各市的人口数按比例确定，由七至十五人组成。立法会具有下列职权：

1. 针对州权限范围内的事务制定法律。

2. 批准州的预算法。

3. 本宪法和法律规定的其他职权。

关于州立法会组成人员的任职要求、提交年度财务报告的义务，以及在其管辖范围内的豁免，适用本宪法对国民大会议员制定的规则中可以使用的规则。州立法会成员由选举

Asamblea Nacional, en cuanto les sean aplicables. Los legisladores o legisladoras estadales serán elegidos o elegidas por un período de cuatro años, pudiendo ser reelegidos o reelegidas. La ley nacional regulará el régimen de la organización y el funcionamiento del Consejo Legislativo.

Artículo 174. El gobierno y la administración del Municipio corresponderán al Alcalde o Alcaldesa, quien será también la primera autoridad civil. Para ser Alcalde o Alcaldesa se requiere ser venezolano o venezolana, mayor de veinticinco años y de estado seglar. El Alcalde o Alcaldesa será elegido o elegida por un período de cuatro años por mayoría de las personas que votan, y podrá ser reelegido o reelegida.

Artículo 192. Los diputados o diputadas a la Asamblea Nacional durarán cinco años en el ejercicio de sus funciones, pudiendo ser reelegidos o reelegidas.

Artículo 230. El período presidencial es de seis años. El Presidente o Presidenta de la República puede ser reelegido o reelegida.

Artículo 2. Imprímase íntegramente la Constitución de la República Bolivariana de Venezuela, y publíquese a continuación de esta Constitución la Enmienda sancionada y anótese al pie de los artículos 160, 162, 174, 192 y 230 del texto constitucional la referencia de número y fecha de esta Enmienda.

Sancionada por la Asamblea Nacional a los catorce días del mes de enero de dos mil nueve y aprobada por el pueblo soberano de la República Bolivariana de Venezuela, mediante referendo constitucional, a los quince días del mes de febrero de dos mil nueve. Año 198° de la Independencia y 149° de la Federación.

CILIA FLORES
Presidenta de la Asamblea Nacional

SAÚL ORTEGA CAMPOS
Primer Vicepresidente

JOSÉ ALBORNOZ URBANO
Segundo Vicepresidente

产生，任期四年，可连选连任。国家立法对州立法会的组织和运行进行规定。

第174条　市政管理由市长负责，市长也是市政民事权利的第一负责人。市长必须是委内瑞拉人，年满二十五岁，且不得是神职人员。市长经选举，由参与选举的选民的多数票产生，任期四年，可连选连任。

第192条　国民大会代表的任期为五年，其代表可连选连任。

第230条　总统任期六年。共和国总统可连选连任。

第二条　完整印刷全部《委内瑞拉玻利瓦尔共和国宪法》，并在本宪法之后连续地公布修正内容，在宪法文本的第160条、第162条、第174条、第192条和第230条作出脚注，注明修正的序号和时间。

国民大会二零零九年一月十四日制定，并由委内瑞拉玻利瓦尔共和国人民主权经宪法公民投票于二零零九年二月十五日通过。适逢独立纪年第198年，联邦纪年第149年。

希丽亚·弗洛雷斯
国民大会主席

萨乌·奥特加·坎波斯　　　何塞·阿尔博尔诺斯·乌尔瓦诺

第一副主席　　　　　　　　　第二副主席

AMAZONAS

MONTENEGRO NÚÑEZ JUAN ANTONIO

PALAU PATIÑO DIÓGENES EDGILDO

YGARZA JULIO HARON

ANZOÁTEGUI

TACHINÁMO GARCÍA HENRY JOSÉ

ARÓNICA CARREYÓ EDUARDO

RODRÍGUEZ RAUSEO CARMEN ANTONIA

SÁNCHEZ CHACÓN LUIS EDUARDO

亚马逊州

蒙特内格罗·努涅斯·胡安·安东尼奥

帕劳·巴蒂尼奥·第欧根尼·埃德希尔多

伊加尔萨·胡里奥·哈荣

安索阿特吉州

塔茨纳摩·加尔西亚·亨利·何塞

阿罗尼卡·卡雷略·爱德华多

罗德里格斯·劳乌赛奥·卡门·安东尼娅

桑切斯·查孔·路易斯·爱德华多

MÁRQUEZ RODRÍGUEZ HUGO RAFAEL

RODRÍGUEZ GAMBOA ÁNGEL LUIS

HERRERA SILVA EARLE JOSÉ

RODRÍGUEZ LONGART VICENTE JOSÉ

APURE

EL GATRIF MIZHER FAHD

ESPINOZA LEÓN CARLOS ROQUE

GONZÁLEZ WILFREDO

马尔克斯·罗德里格斯·乌戈·拉斐尔

罗德里格斯·甘博亚·安赫尔·路易斯

埃雷拉·席尔瓦·厄尔·何塞

罗德里格斯·龙嘉尔特·维森特·何塞

阿普雷州

艾尔·加迪里弗·米契尔·法赫德

埃斯皮诺萨·莱昂·卡洛斯·罗格

冈萨雷斯·维尔弗雷多

DELGADO CAMEJO RAFAEL ANTONIO

JIMÉNEZ CRISTÓBAL LEOBARDO

ARAGUA

GÓMEZ ABRÈU EDIS EMILIO

QUERALES RODRÍGUEZ WILLIAM ANTONIO

NIEVES COLMENARES ELEAZAR

FIGUERA GONZÁLEZ OSCAR RAMÓN

AMOROSO ELVIS EDUARDO

GARCÍA ISMAEL CONCEPCIÓN

BASTIDAS MARTÍNEZ PEDRO ANTONIO

德尔加多·卡梅霍·拉斐尔·安东尼奥

吉梅内斯·克里斯托弗·列奥瓦纳多

阿拉瓜州

戈麦斯·阿布鲁·艾迪斯·埃米利奥

格拉雷斯·罗德里格斯·威廉·安东尼奥

尼艾维斯·科尔梅纳雷斯·艾琳亚萨尔

菲格拉·冈萨雷斯·奥斯卡·拉蒙

阿莫鲁索·埃尔维斯·爱德华多

加西亚·伊斯梅尔·康塞普西翁

巴斯蒂达斯·马丁内斯·佩德罗·安东尼奥

DAZA ROY ALBERTO

ESCARRÁ MALAVÉ CARLOS

BARINAS

PÉREZ BETANCOURT WILMER RAFAEL

GUALDRÓN GONZALO JOSÉ

GRATEROL CAMACHO JESÚS ERNESTO

PEÑA GONZÁLEZ GEOVANNI JOSÉ

AZUAJE CORDERO WILMER JOSÉ

达萨·罗伊·阿尔伯托

埃斯卡拉·马拉维·卡洛斯

巴里纳斯州

佩雷斯·贝当古·维尔摩·拉斐尔

瓜尔特隆·冈萨洛·何塞

格拉特罗尔·卡马乔·赫苏斯·欧内斯特

佩尼亚·冈萨雷斯·吉奥瓦尼·何塞

阿苏亚赫·科尔德隆·维尔摩·何塞

REPÚBLICA BOLIVARIANA DE VENEZUELA
ASAMBLEA NACIONAL CONSTITUYENTE

BOLÍVAR

GIL BARRIOS RAFAEL DARÍO

MARCANO CASTILLO ÁNGEL BAUTISTA

CABELLO ROJAS DILUVINA DE JESÚS

RÍOS BOLÍVAR RAFAEL ÁNGEL

EL ZABAYAR SAMARA ADEL

SOLÍS SORRENTINO BERKIS CLARET

MOLINA JUAN JOSÉ

MEDINA CARRASCO PASTORA COROMOTO

玻利瓦尔州

吉尔·巴里奥斯·拉斐尔·达里奥

马尔卡诺·卡斯蒂略·安赫尔·巴蒂斯塔

卡贝略·罗哈斯·蒂卢维娜·德·赫苏斯

里奥斯·玻利瓦尔·拉斐尔·安赫尔

埃尔·萨巴亚尔·萨马拉·阿德尔

索利斯·索伦迪诺·贝尔克斯·克拉雷特

莫利纳·胡安·何塞

梅迪娜·卡拉斯科·帕斯托拉·克罗摩托

CARABOBO

MONTILLA ORTEGA CARMEN SARITA

ISRRAEL ANTONIO SOTILLO INFANTE

GÓMEZ DENIS OSMAR ENRIQUE

GARCÍA PRADO ORLANDO FEDOR

ÁLVAREZ BRACAMONTE RAÚL JESÚS

AMELIACH ORTA FRANCISCO JOSÉ

GÓMEZ LÓPEZ DOUGLAS EDUARDO

卡拉沃沃州

蒙迪亚·奥特加·卡门·萨丽塔

伊斯莱尔·安东尼奥·索蒂略·因凡特

戈梅斯·丹尼斯·奥斯玛尔·恩里克

加西亚·普拉多·奥兰多·菲多尔

阿尔瓦雷斯·布拉卡蒙特·劳尔·赫苏斯

阿梅利亚奇·奥尔塔·弗朗斯西科·何塞

戈梅斯·洛佩斯·道格拉斯·爱德华多

VÁSQUEZ GUZMÁN FERNANDO ANTONIO

VALLS BRIZUELA LAURA MARÍA

COJEDES

PIRELA SÁNCHEZ HAYDEN OVANDO

PÉREZ JUAN BAUTISTA

SALAZAR ASDRÚBAL COROMOTO

MILANO RODRÍGUEZ JHONNY OWEE

DELTA AMACURO

MARCANO RODRÍGUEZ OMAR

巴斯克斯·库斯曼·费尔南多·安东尼奥

巴耶斯·劳拉·玛利亚

科赫德斯州

毕雷拉·桑切斯·海登·奥凡达

佩雷斯·胡安·巴蒂斯塔

萨拉萨尔·奥斯图卢瓦尔·克罗摩多

米兰·罗德里格斯·杰尼·奥弗

阿马库罗三角洲州

马尔卡诺·罗德里格斯·奥马尔

República Bolivariana de Venezuela
Asamblea Nacional Constituyente

TAMARONIS LOA DEL VALLE

HERNÁNDEZ RODRÍGUEZ HENRY JOSÉ

GONZÁLEZ CAMEJO ENRIQUE JOSÉ

DISTRITO CAPITAL

SANTOS AMARAL DESIRÉE

GARCÍA BRAVO REINALDO ALFREDO

MEDINA ROJAS CARLOS ALFREDO

DUGARTE PADRÓN JUAN CARLOS

BLANCO LUIS BELTRÁN

塔玛洛尼斯·洛亚·德尔·巴耶

埃尔南德斯·罗德里格斯·亨利·何塞

冈萨雷斯·卡梅霍·恩里克·何塞

首都区

桑托斯·阿玛拉尔·德希赫

加西亚·布拉博·雷伊纳尔多·阿尔费雷多

梅迪娜·罗哈斯·卡洛斯·阿尔费雷多

杜加尔特·巴特隆·胡安·卡洛斯

布兰科·路易斯·贝尔特兰

VIVAS VELAZCO DARÍO

SILVA MAGALLANES TIRSO DEL VALLE

LANDER MORENO PEDRO TOMÁS

RÍOS FLOR MARÍA

FALCÓN

MÉNDEZ GONZÁLEZ ANDRÉS ELOY

MANAURE REYES ALEYDYS ARGELIA

委内瑞拉玻利瓦尔共和国
全国制宪大会

维瓦斯·贝拉斯科·达里奥

席尔瓦·玛加雅内斯·迪尔索·德尔·巴耶

兰德尔·莫雷诺·佩德罗·托马斯

里奥斯·弗洛尔·玛利亚

法尔孔州

蒙德斯·冈萨雷斯·安德烈斯·厄罗伊

玛娜乌雷·雷耶斯·阿雷伊德伊斯·阿尔赫利亚

DAAL ULISES RAMÓN

BALDAYO LÓPEZ HENRY RAFAEL

EIZAGA RUJANO MARIS NOHEMI

CASTELLAR PADILLA ALBERTO EFRAÍN

GUÁRICO

CONTRERAS DÍAZ EUSTOQUIO

MARÍN LAYA JUAN JOSÉ

OROPEZA SUÁREZ MARÍA ANTONIA

ROJAS ROJAS MIGUEL RAFAEL

达阿尔·乌丽瑟斯·拉蒙

巴尔达略·洛佩斯·亨利·拉斐尔

艾尔萨迦·罗哈斯·玛利亚·诺赫米

卡斯特亚尔·巴蒂亚·阿尔伯托·埃弗拉因

瓜里科州

孔特雷拉斯·迪亚斯·埃乌斯托基奥

马琳·拉亚·胡安·何塞

欧罗佩萨·苏亚雷斯·玛利亚·安东尼娅

罗哈斯·罗哈斯·米盖尔·拉斐尔

LARA

ESCALONA COLINA JOSÉ RAFAEL

GONZÁLEZ PASTOR PAUCIDES

LUGO RODRÍGUEZ IVÁN JOSÉ

PERAZA ROJAS DENIS ALBERTO

CONTRERAS HERNÁNDEZ LUIS ANTONIO

URDANETA PEREIRA BRICCIO JOSÉ

MORA JOSÉ DAVID

委内瑞拉玻利瓦尔共和国
全国制宪大会

拉腊州

埃斯卡洛纳·格里纳·何塞·拉斐尔

冈萨雷斯·巴斯托尔·巴乌斯德斯

卢果·罗德里格斯·伊万·何塞

佩拉萨·罗哈斯·德内斯·阿尔伯托

孔特雷拉斯·埃尔南德斯·路易斯·安东尼奥

乌尔丹内塔·培雷伊拉·布里西奥·何塞

莫拉·何塞·大卫

FERRER GERMÁN DARÍO

CALZADILLA PERAZA JOSÉ SIMÓN

MÉRIDA

BRICEÑO MÉNDEZ MANUEL JOSÉ

CAMACHO ARAUJO OBDULIO JOSÉ

ÁVILA ÁVILA MARÍA ALEJANDRA

RAMÍREZ ROSALES JOSÉ OSCAR

CARMONA RODRÍGUEZ OSMAR

IGLESIAS PINO WILMER ARQUÍMEDES

费雷尔·赫尔曼·达里奥

卡尔萨蒂亚·佩拉萨·何塞·西蒙

梅里达州

布里塞尼奥·蒙德斯·马努埃尔·何塞

卡马乔·阿拉乌霍·欧布杜里奥·何塞

阿维拉·阿维拉·玛利亚·亚历山德拉

拉米雷斯·罗萨雷斯·何塞·奥斯卡

卡尔莫纳·罗德里格斯·欧斯曼尔

伊格莱希亚斯·皮诺·威尔梅尔·阿尔基梅德斯

MIRANDA

RUÍZ ESPINOZA MODESTO ANTONIO

LEONETT CANALES FÉLIX

MONTIEL MEDINA AUGUSTO VLADIMIR

BARRERA MORALES MAIGUALIDA ESTHER

MATUTE GUAYAMO ROMELIA CELESTINA

JIMÉNEZ RODRÍGUEZ TULIO AMADO

ÁLVAREZ GONZÁLEZ JESÚS ALBERTO

米兰达州

鲁依丝·埃斯皮诺萨·莫德斯托·安东尼奥

莱昂内特·卡纳雷斯·菲尼斯

蒙迪艾尔·梅迪娜·奥古斯托·弗拉蒂米尔

巴雷拉·莫拉雷斯·马伊瓜利达·艾斯特尔

马杜特·瓜亚诺·罗梅里亚·赛蕾丝蒂娜

吉梅内斯·罗德里格斯·杜里奥·阿玛多

阿尔瓦雷斯·冈萨雷斯·赫苏斯·阿尔伯托

MORALES AURORA JOSEFINA

BRAVO QUEVEDO IROSHIMA JENNIFER

ECHEZURÍA RODRÍGUEZ CARLOS FRANCISCO

MACHÍN FERRER HAYDÉE JOSEFINA

GAMARGO LAGONELL LUIS ALFREDO

ÁLVAREZ ALFONZO CARMEN TRINIDAD

MONAGAS

VILLALBA SÁNCHEZ MANUEL ENRIQUE

DÍAZ SALAZAR LUIS ÁNGEL

莫拉雷斯·奥乌罗拉·何塞菲娜

布拉沃·切维多·伊洛什玛·詹妮弗

埃切苏利亚·罗德里格斯·卡洛斯·弗朗西斯科

玛奇因·费雷尔·阿伊德·何塞菲娜

加玛尔戈·拉戈内尔·路易斯·阿尔弗雷德

阿尔瓦雷斯·阿方索·卡门·特立尼达

莫纳加斯州

比拉尔瓦·桑切斯·马努埃尔·恩里格

迪亚斯·萨拉萨尔·路易斯·安赫尔

CABELLO PALMA GIRARDOT JOSÉ

FIGUEROA CHACÍN SANTANA

DOMÍNGUEZ VALDERRAMA JESÚS ENRIQUE

PÉREZ MARCANO MARELIS JOSEFINA

NUEVA ESPARTA

MILLÁN MARÍN JUAN JOSÉ

GARCÍA FERNÁNDEZ JUAN SALVADOR

卡维略·巴尔玛·希拉尔多特·何塞

菲格罗亚·查孔·桑塔纳

多明戈斯·巴尔德拉玛·赫苏斯·恩里格

佩雷斯·马尔卡诺·马雷利斯·何塞菲娜

新埃斯帕塔州

米岩·马琳·胡安·何塞

加西亚·埃尔南德斯·胡安·萨尔瓦多

HERNÁNDEZ CEDEÑO RÉGULO FELIPE

PACHECO OSORIO MARÍA DEL ROSARIO

PORTUGUESA

HERNÁNDEZ PARRA PORFIRIO DE JESÚS

MURGA RIVAS ALFREDO

RODRÍGUEZ GARCÍA JOSÉ ERNESTO

LARA BARRIOS ZARK ALFREDO

TORREALBA OJEDA FRANCISCO ALEJANDRO

GUTIÉRREZ BRICEÑO RICARDO ANTONIO

埃尔南德斯·塞德尼奥·雷古洛·菲利普

巴切科·欧索里奥·玛利亚·德尔·罗萨里奥

波图格萨州

埃尔南德斯·巴拉·波费里奥·德·赫苏斯

姆尔加·里瓦斯·阿尔弗雷德

罗德里格斯·加西亚·何塞·欧内斯特

拉蜡·巴里奥斯·萨尔克·阿尔弗雷德

托雷阿尔瓦·欧荷达·佛朗西斯科·亚历亨特罗

古蒂尔雷斯·布里塞尼奥·理查多·安东尼奥

SUCRE

JIMÉNEZ ÁLVAREZ BERNARDO JOSÉ

GARCÍA FONT HERMES GREGORIO

VALLENILLA MENDOZA YARITZA MARGARITA

RODRÍGUEZ JOSÉ DEL CARMEN

REGNAULT ROJAS JOSÉ RAMÓN

MARCANO GONZÁLEZ ERASMO ARISTALCO

TÁCHIRA

GARCÍA JARPA JULIO FERNANDO

MOGOLLÓN DE GUERRERO SANTA XIOMARA

TASCÓN GUTIÉRREZ LUIS

SANGUINO CÁRDENAS JOSÉ RICARDO

苏克雷州

吉梅内斯·阿尔瓦雷斯·贝尔纳尔多·何塞

加西亚·芬特·艾尔梅斯·格雷戈里奥

巴耶尼亚·门多萨·亚力特萨·玛格丽塔

罗德里格斯·何塞·德尔·卡门

雷格纳乌特·罗哈斯·何塞·拉莫

马尔卡诺·冈萨雷斯·艾拉斯谟·爱丽斯达尔科

塔奇拉州

加西亚·哈尔巴·胡里奥·费尔南多

莫戈隆·德·格雷罗·圣塔·西奥马拉

塔斯孔·古蒂厄雷斯·路易斯

桑吉诺·卡尔德纳斯·何塞·里卡多

VARELA RANGEL MARÍA IRIS

LUCENA GONZÁLEZ EDGAR DE JESÚS

PACHECO ALVIÁREZ HERNÁN

TRUJILLO

MORENO VILORIA JULIO BERNARDO

PÉREZ CRISTANCHO OSCAR FRANCISCO

MENDOZA JOVER JUAN JOSÉ

LEAL BRICEÑO ORÉSTERES JESÚS

巴雷拉·兰赫尔·玛利亚·伊利斯

卢塞纳·冈萨雷斯·埃德加尔·德·赫苏斯

帕切科·阿尔瓦雷斯·埃尔南

特鲁希略州

莫雷诺·毕洛丽亚·胡里奥·贝纳尔多

佩雷斯·克里斯坦乔·奥斯卡·弗朗斯西科

门多萨·霍维拉·胡安·何塞

雷亚尔·布里塞尼奥·欧雷斯特雷斯·赫苏斯

GIL RODRÍGUEZ MALAQUIAS

YARACUY

GAMARRA MANZABEL CARLOS ALBERTO

CAPELLA MATEO RICARDO

ALVAREZ BRAULIO JOSÉ

SÁEZ BORDONES CARMEN LISETH

SÁNCHEZ LÓPEZ TOMÁS RAFAEL

VARGAS

ESCALONA PRADO SIMÓN ENRIQUE

希尔·罗德里格斯·马拉基亚斯

亚拉奎州

加马拉·曼萨贝尔·卡洛斯·阿尔贝托

卡佩亚·马特奥·理查多

阿尔瓦雷斯·布拉乌里奥·何塞

桑恩斯·波尔多内斯·卡门·里塞奇

桑切斯·洛佩斯·托马斯·拉斐尔

瓦尔加斯州

埃斯卡洛纳·普拉多·西蒙·恩里格

VERA ROJAS OSWALDO EMILIO

D'AMELIO CARDIET TANIA

DE FREITAS RODRÍGUEZ JOSÉ GUIDO

ZULIA

ORTEGA RÍOS CALIXTO ANTONIO

RÍOS BECERRA EDIS ALFONSO

BRICEÑO DE QUEIPO MARÍA DE LA PAZ

CEDEÑO MÁRQUEZ JENNY ELINA

佩拉·罗哈斯·欧斯瓦尔多·埃米利奥

德·阿梅里奥·卡尔迪艾特·丹妮娅

德·弗雷依塔斯·罗德里格斯·何塞·库伊多

苏利亚州

奥特加·里奥斯·加利克斯托·安东尼奥

里奥斯·贝塞拉·艾迪斯·阿方索

布里塞尼奥·德·格伊博·玛利亚·德·拉·帕斯

塞德尼奥·马尔克斯·珍妮·艾莉娜

ISEA BOHORQUEZ MARIO RICARDO

CABELLO LISANDRO JOSÉ

SAAB SAAB IMAD

OSORIO LÓPEZ OMAR JESÚS

GONZÁLEZ GONZÁLEZ LIBES DE JESÚS

QUINTERO VALENCIA ROBERTO ANTONIO

SOUKI RINCÓN RAFIC

PEÑA PINEDA ELISEO RAMÓN

MONTIEL ARCADIO JOSÉ

伊萨尔·博霍尔科斯·马里奥·理查多

卡梅略·拉桑特罗·何塞

萨博·萨博·伊玛德

欧索里奥·洛佩斯·欧玛尔·赫苏斯

冈萨雷斯·冈萨雷斯·理贝斯·德·赫苏斯

金特罗·瓦伦西亚·罗伯特·安东尼奥

索乌奇·里孔·拉菲克

佩尼亚·皮内达·埃利塞奥·拉蒙

蒙迪艾尔·阿尔卡蒂奥·何塞

PALOMARES VERDE ÉNDER DE JESÚS

LÓPEZ ALMAO FRANCISCO

REPRESENTACIÓN INDÍGENA

POCATERRA DE OBERTO NOELÍ

PÉREZ RAMOS ESTEBAN ARGELIO

POYO CASCANTE JOSÉ AMADOR

Los Secretarios

IVÁN ZERPA GUERRE
Secretario

VÍCTOR CLARK BOSCÁN
Subsecretario

委内瑞拉玻利瓦尔共和国
全国制宪大会

帕洛玛雷斯·维尔德·恩德尔·德·赫苏斯

洛佩斯·阿尔玛奥·弗朗西斯科

土著人民代表

博卡特拉·德·奥伯托·诺埃里

佩雷斯·拉莫斯·埃斯特班·阿尔赫利奥

博略·卡斯坎特·何塞·阿玛多尔

伊万·塞尔帕·格雷罗　　　　维克多·克拉克·波斯坎
秘书长　　　　　　　　　　　副秘书长

Plaza Pérez Bonalde de Catia Parroquia Sucre Municipio Libertador, en Caracas, a los diecinueve días del mes de febrero de dos mil nueve. Años 198° de la Independencia, 149° de la Federación y 11° de la Revolución Bolivariana.

Cúmplase,
(L.S.)

HUGO CHAVEZ FRIAS

Refrendado
El Vicepresidente Ejecutivo
(L.S.)

RAMON ALONZO CARRIZALEZ RENGIFO

Refrendado
El Ministro del Poder Popular del
Despacho de la Presidencia
(L.S.)

LUIS RAMON REYES REYES

Refrendado
El Ministro del Poder Popular para
Relaciones Interiores y Justicia
(L.S.)

TARECK EL AISSAMI

Refrendado
El Ministro del Poder Popular para
Relaciones Exteriores
(L.S.)

NICOLAS MADURO MOROS

委内瑞拉玻利瓦尔共和国
全国制宪大会

　　佩雷斯·伯纳尔德广场，卡迪亚，苏克雷区，解放者玻利瓦尔市，加拉加斯大都市区，二零零九年二月十九日。适逢独立纪年第198年，联邦纪年第149年，玻利瓦尔革命纪年第11年。

予以执行，
（印章）   乌戈·查韦斯·弗里亚斯

会签
执行副总统
（印章）   拉蒙·阿隆索·卡里萨雷斯·伦希福

会签
人民政权
总统办公室主任
（印章）   路易斯·拉蒙·雷耶斯·雷耶斯

会签
人民政权
内务和司法部长
（印章）   塔雷克·艾尔·阿伊萨米

会签
人民政权
外交部长
（印章）   尼古拉斯·马杜罗·莫罗斯

Refrendado
El Ministro del Poder Popular para
Economía y Finanzas
(L.S.)

ALI RODRIGUEZ ARAQUE

Refrendado
El Ministro del Poder Popular para
la Defensa
(L.S.)

GUSTAVO REYES RANGEL BRICEÑO

Refrendado
El Ministro del Poder Popular para
las Industrias Ligeras y Comercio
(L.S.)

WILLIAN ANTONIO CONTRERAS

Refrendado
El Ministro del Poder Popular para
las Industrias Básicas y Minería
(L.S.)

RODOLFO EDUARDO SANZ

Refrendado
La Ministra del Poder Popular para
el Turismo
(L.S.)

OLGA CECILIA AZUAJE

Refrendado
El Ministro del Poder Popular para
la Agricultura y Tierras
(L.S.)

ELIAS JAUA MILANO

Refrendado
El Ministro del Poder Popular para
la Educación Superior
(L.S.)

LUIS ACUÑA CEDEÑO

Refrendado
El Ministro del Poder Popular para
la Educación
(L.S.)

HECTOR NAVARRO

Refrendado
El Ministro del Poder Popular para
la Salud
(L.S.)

JESUS MARIA MANTILLA OLIVEROS

委内瑞拉玻利瓦尔共和国
全国制宪大会

会签
人民政权
经济和财政部长   阿里·罗德里格斯·阿拉克
（印章）

会签
人民政权
国防部长   古斯达沃·雷耶斯·兰赫尔·布里塞尼奥
（印章）

会签
人民政权
轻工业和商务部长   威廉·安东尼奥·孔特雷拉斯
（印章）

会签
人民政权
基础工业和矿业部长   罗多尔夫·爱德华多·桑斯
（印章）

会签
人民政权
旅游部长   奥尔加·阿苏亚赫
（印章）

会签
人民政权
农业和土地部长   埃利亚斯·哈乌亚·米兰诺
（印章）

会签
人民政权
高等教育部长   路易斯·阿古尼亚·塞德尼奥
（印章）

会签
人民政权
教育部长   赫克托·纳瓦罗
（印章）

会签
人民政权
卫生部长   赫苏斯·玛利亚·蒙迪亚·格耶诺斯
（印章）

Refrendado
El Ministro del Poder Popular para
el Trabajo y Seguridad Social
(L.S.)

ROBERTO MANUEL HERNANDEZ

Refrendado
El Ministro del Poder Popular para
la Infraestructura
(L.S.)

DIOSDADO CABELLO RONDON

Refrendado
El Ministro del Poder Popular para
la Energía y Petróleo
(L.S.)

RAFAEL DARIO RAMIREZ CARREÑO

Refrendado
La Ministra del Poder Popular para
el Ambiente
(L.S.)

YUVIRI ORTEGA LOVERA

Refrendado
El Ministro del Poder Popular para
la Planificación y Desarrollo
(L.S.)

HAIMAN EL TROUDI

Refrendado
La Ministra del Poder Popular para
Ciencia y Tecnología
(L.S.)

NURIS ORIHUELA GUEVARA

Refrendado
El Ministro del Poder Popular para
la Comunicación y la Información
(L.S.)

JESSE CHACON ESCAMILLO

Refrendado
El Ministro del Poder Popular para
la Economía Comunal
(L.S.)

PEDRO MOREJON CARRILLO

Refrendado
El Ministro del Poder Popular para
la Alimentación
(L.S.)

FELIX RAMON OSORIO GUZMAN

委内瑞拉玻利瓦尔共和国
全国制宪大会

会签
人民政权
劳动和社会保障部长   罗伯特·马努埃尔·埃尔南德斯
（印章）

会签
人民政权
基础设施部长   迪奥斯塔多·卡维略·罗东
（印章）

会签
人民政权
能源和石油部长   拉斐尔·达里奥·拉米雷斯·卡雷尼奥
（印章）

会签
人民政权
环境部长   雨米莉·奥特加·罗维拉
（印章）

会签
人民政权
规划和发展部长   埃伊曼·艾尔·特洛乌迪
（印章）

会签
人民政权
科学和技术部长   努比斯·欧利乌尔拉·切瓦拉
（印章）

会签
人民政权
通信和新闻部长   杰西·查孔·埃斯卡米略
（印章）

会签
人民政权
公共经济部长   佩德罗·莫雷弘·卡里约
（印章）

会签
人民政权
粮食部长   菲利克斯·拉蒙·欧索里奥·库斯曼
（印章）

Refrendado
El Ministro del Poder Popular para
la Cultura
(L.S.)

HECTOR ENRIQUE SOTO CASTELLANOS

Refrendado
El Ministerio del Poder Popular para
la Vivienda y Hábitat
(L.S.)

FRANCISCO DE ASIS SESTO NOVAS

Refrendado
La Ministra del Poder Popular para
la Participación y Protección Social
(L.S.)

ERIKA DEL VALLE FARIAS PEÑA

Refrendado
La Ministra del Poder Popular para
el Deporte
(L.S.)

VICTORIA MERCEDES MATA GARCIA

Refrendado
La Ministra del Poder Popular para
las Telecomunicaciones y la Informática
(L.S.)

SOCORRO ELIZABETH HERNANDEZ

Refrendado
La Ministra del Poder Popular para
los Pueblos Indígenas
(L.S.)

NICIA MALDONADO MALDONADO

Refrendado
La Ministra de Estado para
Asuntos de la Mujer
(L.S.)

MARIA LEON

委内瑞拉玻利瓦尔共和国
全国制宪大会

会签
人民政权
文化部长 　　　　　　　　　赫克托尔·恩里格·索多·卡斯特亚诺斯
（印章）

会签
人民政权
住房和居住部长 　　　　　　弗朗西斯科·德·阿西斯·塞斯托·诺瓦斯
（印章）

会签
人民政权
参与和社会保护部长 　　　　艾丽卡·德尔·巴耶·弗里亚斯·佩尼亚
（印章）

会签
人民政权
体育部长 　　　　　　　　　维多利亚·梅尔塞德斯·玛塔·加西亚
（印章）

会签
人民政权
电信和信息部长 　　　　　　索科罗·伊莉莎贝斯·埃尔南德斯
（印章）

会签
人民政权
土著人事务部长 　　　　　　尼尔西亚·马尔多纳多·马尔多纳多
（印章）

会签
人民政权
妇女事务部长 　　　　　　　玛利亚·莱昂
（印章）